HEYNE <

W0389839

Zana Muhsen
Andrew Crofts

Verschleppt im Jemen

Die verzweifelte Suche nach meiner Schwester Nadja

Aus dem Englischen von Ursula Pesch

WILHELM HEYNE VERLAG
MÜNCHEN

Die Originalausgabe
A PROMISE TO NADIA.
The true story of a British slave in the Yemen
erschien bei Little, Brown and Company, London

Umwelthinweis:
Dieses Buch wurde auf chlor- und säurefreiem Papier gedruckt.

Redaktion: Werner Wahls

Deutsche Erstausgabe 04/2005
Copyright © 2002 by Zana Muhsen
Published by Arrangement with Zana Muhsen and Andrew Crofts
Copyright © 2005 der deutschsprachigen Ausgabe
by Wilhelm Heyne Verlag, München,
in der Verlagsgruppe Random House GmbH
www.heyne.de
Printed in Germany 2005
Umschlaggestaltung: Hauptmann und Kampa Werbeagentur,
München – Zürich
Umschlagillustration: BJ Formento/Corbis
Satz: Gramma GmbH, Germering
Druck und Bindung: GGP Media GmbH, Pößneck

ISBN 3-453-64500-6

Inhalt

Einleitung

Der Kampf gegen die Unterdrückung von Frauen und die Ausbeutung von Kindern gehört meiner Meinung nach zu den wichtigsten Aufgaben der modernen Zivilisation. In westlichen Ländern hat man in beiden Bereichen große Fortschritte erzielt. Frauen haben nun in praktisch allen Lebensbereichen das Recht auf Chancengleichheit. Kinder werden durch eine Vielzahl von Gesetzen und Kontrollen vor Ausbeutung geschützt.

Was sich hinter verschlossenen Türen in den Familien abspielt, ist jedoch manchmal eine ganz andere Geschichte. Noch immer gibt es Männer, die ihre körperliche Überlegenheit nutzen, um ihre Partnerinnen zu beherrschen und ihre Kinder zu tyrannisieren. Die sexuelle Ausbeutung von Kindern ist ein Verbrechen, das jedermann mit Abscheu erfüllt. Doch immer wieder machen neue Enthüllungen deutlich, wie weit verbreitet dieser Missbrauch ist.

Während der Kampf gegen die Unterdrückung der Frau und die Ausbeutung von Kindern in den Industriestaaten fortgesetzt wird, hält man in vielen Ländern der Dritten Welt an Bräuchen fest, die Millionen von Frauen und Kindern praktisch zu Sklaven machen. Die Ärmsten der Welt werden oft schon mit erbärmlich kleinen Summen dazu gebracht, ihre Kinder, vor allem Mädchen, in die Prostitution oder in die Ehe zu verkaufen. In manchen Ländern ist es noch heute üblich, Kinderbräute im Alter von elf oder zwölf Jahren zu ihren Ehemännern zu schicken. Dagegen können sie sich nicht wehren. Sie werden einfach von ihren Vätern den Vätern ihrer zukünftigen Ehemänner übergeben.

Die meisten dieser Mädchen führen ab diesem Zeitpunkt das Leben einer Sklavin. Sie leisten sexuelle Dienste, die ihre Gesundheit gefährden, und gebären ihren Ehemännern in viel zu jungen Jahren Kinder. Sie arbeiten von morgens bis abends, um ihren Männern und älteren Mitgliedern der Gemeinschaften, in denen sie leben, zu dienen, und sie altern vor ihrer Zeit. Sie sind ohne finanzielle Mittel und haben keine Möglichkeit, ihrem Schicksal zu entfliehen. Im Grunde genommen hätten sie rechtlich gesehen natürlich die Freiheit, ihr Zuhause zu verlassen, wenn sie das wollten. Aber wo sollen sie hingehen? Wie sich ernähren? Und was wird aus ihren Kindern?

Die meisten dieser Frauen bleiben bei ihren Kindern, bis auch diese in die Ehe verkauft werden, und sind inzwischen dann zu alt oder zu müde, gegen die Ausbeutung einer weiteren Generation junger Leute anzukämpfen. (Wenn man zwanzig oder dreißig Jahre lang wie eine Sklavin gearbeitet hat und gesundheitlich stark angeschlagen ist, wird man wahrscheinlich dankbar sein, wenn der Sohn mit einer gesunden, kräftigen jungen Frau verheiratet wird, die einem einen Teil der Arbeit abnehmen kann und es einem ermöglicht, sich auszuruhen.)

Welch grauenvolles Leben diese Menschen führen, erfahren wir im Westen erst, wenn ein Mädchen aus einem Industriestaat sich als Sklavin in der Dritten Welt wiederfindet, schließlich freikommt und ihre Geschichte erzählen kann.

1980 wurden Zana und Nadja Muhsen, zwei Mädchen aus Birmingham in England, von ihrem Vater zu einer »Urlaubsreise« in den Jemen mitgenommen, wo er sie als Kinderbräute an zwei seiner Freunde verkaufte. Zana gelang acht Jahre später die Rückkehr nach England, doch musste sie ihren kleinen Sohn zurücklassen. Vor ihrer Abreise versprach sie ihrer Schwester Nadja, von England aus alles dafür zu tun, sie und die Kinder aus dem Jemen herauszuholen.

Zana bat mich, ihr dabei zu helfen, die Erfahrungen der Schwestern in einem Buch festzuhalten. *Noch einmal meine Mutter sehen* erregte internationales Aufsehen. Über zwei Millionen Exemplare wurden verkauft, Millionen Menschen in Europa erfuhren über Fernsehen und Zeitungen von dem Schicksal der Mädchen. Die Empörung war groß. Zana hoffte, all das würde dazu führen, dass Nadja und die Kinder sofort nach Hause gebracht würden. Aber das geschah nicht. Nadja kehrte nicht nach England zurück. Sie saß genauso hoffnungslos in der Falle wie alle anderen Kinderbräute in der Dritten Welt.

In diesem Buch, *Verschleppt im Jemen*, beschreibt Zana, wie sie und ihre Mutter Miriam in den vergangenen zehn Jahren den Kampf um Nadja fortgesetzt haben. Ihre Geschichte erzählt auch davon, wie ein Großteil der ärmsten Frauen und Kinder der Welt leben müssen.

Zana berichtet von ihrer Auseinandersetzung mit der jemenitischen und der britischen Regierung. Sie erzählt von Menschen, die sie mit vorgetäuschten Hilfsangeboten um das Geld brachten, das sie mit ihrem ersten Buch verdiente.

Während die Politiker weiterhin jegliche Verantwortung von sich weisen und die internationale Gemeinschaft sich darüber streitet, wer für Nadja zuständig ist, kämpft diese um ihr Leben. Zana und Miriam suchen noch immer nach einer Möglichkeit, Nadja zu erreichen, bevor sich ihr Gesundheitszustand weiter verschlechtert. Die beiden Frauen hoffen auch, dass Zana ihren Sohn sehen kann, bevor er erwachsen geworden ist.

Verschleppt im Jemen ist eine ergreifende Geschichte über Ineffizienz und Korruption, Betrug und Diebstahl, die jedes Vorstellungsvermögen übersteigt. Sie zeugt von dem Mut und der Hartnäckigkeit, die Zana, ihre Mutter und ihre Familie bei dem Kampf an den Tag legen, Zanas Versprechen einzulösen, und enthüllt, auf welche Weise noch heute Frauen und Kinder täglich versklavt werden.

Es ist eine Geschichte von Hoffnung und Verzweiflung. Hoffnung, dass sich durch den Kampf um Gerechtigkeit von Menschen wie Zana Muhsen die Dinge zum Besseren wenden werden, und Angst davor, dass es nicht rechtzeitig gelingen wird, Nadja aus der Hölle zu befreien.

Im Verlauf dieses Berichtes versucht Zana auch, die Fragen tausender Menschen zu beantworten, die ihr nach *Noch einmal meine Mutter sehen* geschrieben haben und wissen wollten, wie sie es schafft, sich in England wieder ein Leben aufzubauen.

Andrew Crofts

KAPITEL 1

Noch einmal meine Mutter sehen

Noch immer wache ich mitten in der Nacht schweißgebadet und vor Angst zitternd auf, weil ich geträumt habe, ich sei zehn Jahre später wieder in den Jemen gereist, um Nadja zu besuchen, und säße nun erneut in der Falle.

Ich fühle dann noch immer alles so deutlich, als sei es Realität. Ich spüre die Enge des Raumes, in dem wir sitzen, und die neugierigen Blicke der Dorfbewohner, die uns beobachten. Einige von ihnen schauen mich argwöhnisch und feindselig an. Andere beschimpfen mich lautstark, weil ich ihnen so viele Probleme verursacht, sie vor aller Welt bloßgestellt und so viel Schande über sie gebracht habe.

In meinen Träumen wissen sie, wie sehr wir sie hassen und dass wir alles versuchen werden, ihnen zu entkommen. Sie wissen, dass wir sie als unsere Feinde betrachten, und haben trotz all ihrer Überlegenheit Angst vor uns. Sie haben die Macht, über unser Leben zu bestimmen, während wir offensichtlich nichts weiter tun können, als sie in Verlegenheit zu bringen und ihnen von Zeit zu Zeit Unannehmlichkeiten zu bereiten.

Aber ich bin nicht mehr ganz so machtlos wie in den acht Jahren, in denen ich dort lebte, weder in meinen

Albträumen noch im wirklichen Leben. Ich weiß jetzt, dass ich kämpfen und die eine oder andere Schlacht gewinnen kann. Und dennoch, die jemenitischen Männer haben noch immer das Sagen. Noch immer können sie uns drohen, uns beschimpfen und uns Angst einjagen, Angst um unser Leben und das Leben unserer Kinder. Noch immer können sie mit Nadja machen, was sie wollen, und wir scheinen nichts dagegen unternehmen zu können. Sie können unsere Kinder verkaufen, sie zur Arbeit zwingen oder sie wegschicken.

Manchmal träume ich, ich hätte mein Auto mitgenommen – dieses kostbare Symbol der Freiheit, das mir so lieb und teuer ist – und es sei mir gelungen, Nadja und die Kinder in den Wagen zu zwängen, in dem auch noch einige Freunde und Verwandte aus England sitzen. Es ist ein kleines Auto, und wir sitzen so dicht gedrängt, dass unser lauter Herzschlag wie ein einziger klingt, während wir versuchen, den Motor zu starten und loszufahren. Die Männer kommen näher, und ich weiß, dass der Wagen uns keinen Schutz bieten wird, es sei denn, ich kriege ihn schnell in Gang. Sie werden uns überwältigen, werden das Auto umkippen und uns wie Münzen aus einem Sparschwein herausschütteln. Wir müssen fort, aber wir sind zu viele für den kleinen Wagen und überfordern ihn.

(In Wirklichkeit würde mein kleiner Renault niemals die Gebirgspfade überstehen, die zu den Dörfern der Mukbana führen. Wir würden in der Wüste festsitzen und wären ihnen erneut ausgeliefert. Aber das sind Träume, und deshalb gebe ich die Hoffnung nicht auf, dass ich meine Schwester retten kann.)

Wir reden alle arabisch, weil wir wissen, dass Nadjas Kinder kaum Englisch können. Unsere Stimmen klingen schrill und panisch, während wir versuchen, das wütende Geschrei der Männer zu übertönen. Eigentlich ist das Englisch der Kinder gar nicht schlecht, wenn man bedenkt, dass sie, abgesehen von den gelegentlichen Besuchen in Ta'izz, nie aus dem Dorf herausgekommen sind. Dennoch sprechen wir arabisch.

Alle Männer sind bewaffnet, so wie sie es tatsächlich waren, als 1987 Journalisten des *Observer* in die Mukbana kamen und versuchen wollten, uns zu retten. Sie haben den Finger am Abzug. Drohend fuchteln sie mit ihren Waffen. Ich zweifle nicht daran, dass sie sie benutzen werden. Es würde keine rechtlichen Konsequenzen für sie haben. Wer würde je wissen, dass ein paar Frauen und Kinder in den Bergen der Mukbana verschwunden sind? Seit jeher verschwinden hier Menschen, und niemand erfährt, was mit ihnen geschieht. Das Einzige, was die Männer davon abhält, uns zu töten, ist, dass sie dann niemanden hätten, der sich um ihre Kinder und ihren Haushalt kümmert. Niemanden, der das Wasser trägt oder die Hände in die heißen Öfen steckt. Der Brennholz heranschleppt und die Felder bestellt.

Wir können den Flughafen sehen (als ob wir in Wirklichkeit jemals so nahe an ihn herankommen würden!), doch irgendwie gelingt es nicht, ihn wirklich zu erreichen. Er ist zum Greifen nahe, eine Verbindung zur Außenwelt und zu Menschen, die uns freundlich gesinnt sind, und doch bleibt er quälend unerreichbar. Wir wissen, dass wir ein Flugzeug besteigen könnten und dass unser Martyrium vorbei wäre, würden wir nur dorthin gelangen.

Aber in dem Traum schaffen wir es nie. Ich fahre aus dem Schlaf hoch und ringe nach Luft. Im kalten Licht der Realität scheint der Traum von einer Befreiung unerfüllbar zu sein, und mir ist schlecht vor lauter Verzweiflung.

Im wirklichen Leben bricht der Kontakt zu Nadja manchmal einfach für mehrere Jahre ab, und wir wissen dann nicht, ob sie tot ist oder noch lebt. Würde man uns sagen, sie sei bei der Geburt eines weiteren Kindes oder an Malaria gestorben, könnten wir nie das Gegenteil beweisen. Aber in meinen Träumen sind wir bereit, alles zu wagen, denn das ist unsere einzige Möglichkeit, diesen Männern zu entkommen. Lieber würden wir sterben, als den Rest unseres Lebens ihre Sklavinnen zu sein.

Manchmal träume ich, dass ich mit Nadja in ihrem Haus im Dorf bin und dass wir Vorbereitungen für ihre Rückkehr nach England treffen. Dann rieche ich alle Gerüche und spüre, wie die Fliegen um unsere Gesichter schwirren, als wollten sie uns wahnsinnig machen. Nadja besitzt nichts, was sie mitnehmen möchte, doch die Kinder brauchen ein paar Dinge. Es scheint ewig zu dauern, bis sie alles zusammengesucht hat. Ich spüre, wie Panik in mir hochsteigt, die Gelegenheit könnte verstreichen und man würde uns sagen, dass wir nicht weg könnten. Ich dränge Nadja zur Eile, aber sie scheint mich nicht zu hören. Sie macht einfach unverwandt in dem ihr eigenen schleppenden Tempo weiter.

Manchmal kommt Mohammed, Nadjas Mann, ins Zimmer und entschuldigt sich für alles, was er ihr angetan hat. Wir ignorieren ihn und schweigen aus Angst, etwas zu sagen, das ihn verärgern und dazu veranlassen könnte, uns Befehle zuzubrüllen und damit von unserem Vorhaben abzuhalten. Wir bringen es nicht fertig, ihm zu sagen, dass wir ihm vergeben. Das wäre einfach zu viel. Die Zeit für Entschuldigungen ist längst vorbei. Der Schmerz dauert schon zu lange und Verzeihen ist nicht mehr möglich. Wir wollen nur die Chance haben, zumindest einen Teil des Albtraums vergessen zu können.

Wenn ich nach diesen nächtlichen Reisen wieder zu mir komme, bin ich erleichtert, in England, in Sicherheit, frei und bei meiner Familie zu sein. Doch dann fällt mir ein, dass ein Teil des Albtraums noch immer Realität ist. Meine kleine Schwester ist noch immer im Jemen und wird in einem Tempo alt und krank, das sich niemand, der es nicht gesehen hat, vorstellen kann, und die Trauer kehrt zurück. Sie schnürt mir die Luft ab, mein Magen krampft sich zusammen und Tränen schießen mir in die Augen. Ich weiß, dass im gleichen Moment, in dem ich hier in Birmingham in meinem Bett liege und Paul, mein Lebensgefährte, friedlich neben mir schlummert, einer der Menschen, die ich auf dieser Welt am meisten liebe, langsam zu Tode gequält wird. Und ich scheine nichts dagegen unternehmen zu können. Ich habe keine Hoffnung mehr, fühle mich hilflos und bin unsäglich traurig.

Aber mein Leben muss dennoch weitergehen.

Ich habe meine Kinder, für die es sich lohnt zu leben, und unseren Alltag, der mich ablenkt. Ich lebe in einem freien Land. Ich kann weitgehend tun, was ich will, nur eines nicht: Ich kann meine Schwester nicht sehen, kann nicht mit ihr reden und weiß, über die quälenden Erinnerungen und Fantasien hinaus, nicht, was in ihrem Leben vor sich geht. Trotz allem, was ich zu tun versucht habe, nie werde ich das Gefühl los, sie im Stich gelassen zu haben. Denn ich habe ihr versprochen, sie nach Hause zu holen. Und sie ist noch immer dort!

Ich kann mir sehr gut vorstellen, wie ihr Leben aussieht, denn ich habe ja einmal das gleiche Leben geführt. Ich habe die gleichen Entbehrungen kennen gelernt, die Schikanen, die Monotonie, die anstrengende Arbeit, die Vergewaltigungen, Schläge und Erniedrigungen, und war gesundheitlich genauso angeschlagen wie Nadja. Jedes Mal, wenn ich aufwache, wird mir bewusst, dass ein weiterer Tag in ihrem Leben vergangen ist, ein weiterer vergeudeter Tag, an dem sie glücklich und frei hätte sein sollen.

Ich weiß, dass ich einen weiteren Tag von meinem Sohn Marcus fern gehalten wurde und dass ich das, was wir beide verloren haben, nie werde nachholen können. Ein weiterer Tag seines Lebens ist vergangen, ohne dass ich weiß, was er getan oder erreicht hat. Ich habe seine Entwicklung nicht verfolgen können, ihn nicht in den Arm nehmen können, wenn er sich verletzt hat oder krank war. Ich habe keine Ahnung, ob jemand meinen Platz in seinem Leben eingenommen hat, nachdem ich unter der Bedingung, Marcus dort zu lassen, nach Hause durfte. Keiner hat mir gesagt, ob und wie er mit dem Schock fertig geworden ist, seine Mummy zu verlieren, die Frau, an die er sich die ersten zwei Jahre seines Lebens so sehr geklammert hat. Ich habe keine Ahnung, wie er sich charakterlich entwickelt hat und wie es ihm gesundheitlich geht. Ich weiß nicht, wie seine Stimme klingt und ob er ein fröhliches oder eher ein trauriges Kind ist.

Wer weckt ihn morgens? Wer passt auf, dass er ordentlich isst und sauber zur Schule geht? Wer sorgt dafür, dass er fleißig ist, damit er eine anständige Arbeit bekommt und der stumpfsinnigen Plackerei im Dorf entkommen kann? Ich werde es nie erfahren, und es bricht mir das Herz. Wenn sein Großvater oder sein Vater ihn dazu zwingen wollen, wie ein Sklave zu arbeiten, zur Armee zu gehen oder für Geld irgendein Mädchen zu heiraten, dann ist keiner da, der ihm sagt, dass er das nicht tun muss. Keiner, der ihm erklärt, dass es außerhalb des Dorfes eine freie Welt gibt und er nur einen Weg finden muss, dorthin zu gelangen. Er ist ein Junge, und es wird ihm schließlich gelingen, aus dem Dorf herauszukommen. Doch wie viel wird er leiden müssen, bevor es so weit ist? Wird er so grausam und egoistisch werden wie sein Vater und Großvater und all die anderen Männer, denen er in der Mukbana begegnet?

In den letzten zehn Jahren ist nicht ein Tag vergangen, an dem ich nicht geweint habe. Ich denke an Nadja und Marcus, und ich muss mich in ein ruhiges Eckchen zurückziehen, damit die Kinder nicht sehen, wie traurig ich bin. Um ihretwillen möchte ich die Normalität wahren. Ich will nicht, dass sie später an ihre Kindheit zurückdenken und das Bild einer ständig weinenden Mutter vor Augen haben. Doch manchmal erwischen sie mich.

Cyan ist erst vier. Ein- oder zweimal hat sie mich weinen sehen. Sie hat genügend Unterhaltungen mitbekommen, genügend Bruchstücke aus Fernsehsendungen aufgeschnappt, um sich vorstellen zu können, dass irgendetwas nicht stimmt.

»Ich weiß, warum du weinst, Mummy«, sagt sie. »Wegen Opa, oder? Weil er Tante Nadja nicht nach Hause kommen lässt.«

Sie hat meinen Vater nie kennen gelernt, ihn aber

im Fernsehen gesehen, und sie hat panische Angst vor ihm. Sobald sein Gesicht auf dem Bildschirm erscheint, läuft sie weg und versteckt sich. In ihrer Vorstellung ist er zum schwarzen Mann geworden, der kleinen Mädchen ihre Mütter wegnimmt, wie ein Bösewicht aus irgendeinem Märchen. Und es gibt nichts, was ich ihr sagen könnte, um ihre Sichtweise zu ändern. Ich würde ihn niemals an sie ranlassen, denn ich hätte Angst, er könnte ihr das Gleiche antun wie seinen eigenen Kindern. Er wird also keine Möglichkeit haben, sie jemals für sich einzunehmen und ihr die Angst zu nehmen. Ehrlich gesagt ist er genauso schlimm und gefährlich, wie sie ihn sich in ihrer kindlichen Fantasie vorstellt.

Ich habe den Kindern nur erzählt, dass sie im Jemen eine Tante Nadja und viele Cousinen und Cousins haben. Ich habe Liam, dem ersten Kind, das ich nach meiner Rückkehr nach England bekam, kurz erklärt, was mir passiert ist, und ihm gesagt, dass er einen älteren Bruder im Jemen hat, aber er will keine Einzelheiten wissen.

Ich habe ihm erzählt, dass mein Vater mich wie eine Sklavin verkauft hat, weil ich möchte, dass er versteht, was Sklaverei bedeutet. Ich möchte, dass meine Kinder die Grundzüge der Geschichte verstehen, sobald sie dazu in der Lage sind, aber ich will ihnen keine Angst einjagen. Eines Tages werden sie wissen, dass sie einen Großvater haben, der so entsetzliche Dinge über schwarzhäutige Menschen wie meinen Lebensgefährten Paul und Liams Vater Jimmy sagt, dass man ihn einmal sogar vor das Race Relations Board (Kommission für ethnische Gleichstellung) gezerrt hat. Doch dafür ist die Zeit noch nicht reif.

Denjenigen, die zum ersten Mal von meiner Geschichte hören, möchte ich erklären, wie alles begann. Ich war fünfzehn und meine Schwester Nadja vierzehn. Wir standen uns so nahe, wie es zwei Schwestern nur möglich ist. Ich liebte Nadja mehr als jeden anderen Menschen auf der Welt. Wir verstanden uns unglaublich gut und ich fühlte mich immer verantwortlich für sie. Wir lebten mit unseren Eltern, unseren beiden anderen Schwestern Tina und Ashia und unserem kleinen Bruder Mo in Birmingham.

Dad war Jemenit, und als wir ins Teenageralter kamen, versuchte er, uns streng muslimisch zu erziehen. Er verbot uns, mit Jungs auszugehen, er wollte einfach nicht, dass wir so lebten wie unsere Freunde. Ich stand kurz vor meinem Schulabschluss und wollte Kindergärtnerin werden. Ich ärgerte mich über seine Strenge. Doch in diesem Alter ärgern sich die meisten jungen Mädchen über ihre Eltern. Es schien alles ganz normal zu sein.

Als Nadja zu Unrecht beschuldigt wurde, einen Ring von einem Stand auf dem Markt gestohlen zu haben, glaubte Dad sich in seinen Befürchtungen, mit uns würde es mal ein böses Ende nehmen, bestätigt und begann, Pläne zu schmieden, uns vor dem üblen Einfluss des Westens »zu retten«. Er fragte uns, ob wir Lust hätten, im Jemen Urlaub zu machen. Sein Vorschlag klang sehr verlockend. Im Jemen, so sagte er, könnten wir Wettrennen auf Pferden durch die Wüste machen und auf Kamelen reiten. Wir würden Burgen in den Sand bauen und so weiter. Wir waren begeistert.

Ich flog voraus, und zwar mit Abdul Khada, einem Freund meines Vaters. Nadja sollte uns in ein paar Wochen mit Gowad, einem weiteren Freund, folgen.

Wir kannten beide Männer seit vielen Jahren, und Mum war sich sicher, dass sie auf uns Acht geben würden.

Es begann als großartiges, wenn auch ziemlich beängstigendes Abenteuer, denn es war mein erster Flug, meine erste Reise ins Ausland. Die fremdartige arabische Kultur und der Lebensstil waren ein Schock – von den Toiletten und dem Essen bis hin zur Hitze und den Insekten. Es war eine völlig neue Erfahrung, die ich voll und ganz auskosten wollte. Erst einige Tage nach meiner Ankunft fand ich heraus, was wirklich passiert war. Mein Vater hatte mich als Braut für Abdul Khadas dreizehnjährigen Sohn Abdullah verkauft.

Und plötzlich war ich, das englische Schulmädchen aus Birmingham, zu einer jemenitischen Bäuerin geworden. Man erwartete von mir, den Männern der Familie zu dienen und zu gehorchen, täglich Wasser, das auf dem Kopf getragen wurde, von meilenweit her anzuschleppen, zu kochen, zu putzen und meinem »Ehemann« sexuell zu Diensten zu sein.

Man brachte mich zu meiner neuen Familie nach Hockail, einem völlig abgeschiedenen Dorf, von wo aus es keinerlei Möglichkeit gab, mit der Außenwelt in Kontakt zu treten. Ein Dorf, in dem alle Männer Waffen trugen und in dem sich für die Frauen seit Jahrhunderten nichts geändert zu haben schien.

Am meisten zu schaffen machte mir anfangs die Vorstellung, dass meine geliebte Schwester Nadja, die noch nicht einmal fünfzehn war, das gleiche Schicksal erwartete. Die Familie ihres »Ehemanns« wohnte in Aschube, einem Nachbardorf etwa eine halbe Stunde Fußmarsch entfernt. Besagter Ehemann hieß Mohammed und war ebenfalls erst dreizehn Jahre alt.

Zunächst war ich mir sicher, dass Mum Alarm schlagen würde, wenn wir nach dem zweiwöchigen Urlaub nicht zurückkamen, und dass die Regierung dann nach uns suchen lassen würde, aber wir erfuhren natürlich nicht, was draußen in der Welt vor sich ging. Tatsächlich versuchte Mum verzweifelt herauszufinden, wo wir waren, denn Dad weigerte sich, es ihr zu sagen. Und die Regierung erklärte, dass sie nichts für uns tun könne, da wir die doppelte Staatsangehörigkeit hätten und sowieso jetzt verheiratet seien.

Meine Mutter ist nicht sonderlich robust, weder körperlich noch seelisch, aber sie hat eine außergewöhnliche Willenskraft. Sie hatte zwar aufgrund der Art und Weise, wie sie in der Vergangenheit von meinem Vater behandelt worden war, bereits zwei Nervenzusammenbrüche hinter sich, weigerte sich aber dennoch strikt, ihm zu gehorchen. Er verlangte, dass sie schwieg und sich in ihr Schicksal ergab, aber sie lief weiterhin von Pontius zu Pilatus, um herauszufinden, was mit ihren Töchtern passiert war. Sie schrieb Briefe, führte Telefonate und suchte Gott und die Welt auf, wenn auch ohne Erfolg.

Nach sechs Jahren gelang es mir, einen Brief an sie aus dem Jemen herauszuschmuggeln, sodass sie wusste, wo sie nach uns suchen musste. Es war unglaublich mutig von ihr, sich in ein so feindseliges Land aufzumachen, in dem sie leicht von der Bildfläche hätte verschwinden können, ohne dass es irgendjemanden in England groß gekümmert hätte.

Nadja und ich dachten, sie könne uns, sobald sie da wäre, sofort mit zurücknehmen. Aber so einfach war die Sache nicht. Zunächst berichtete sie den britischen Medien von unserem Schicksal, und der *Observer* schickte einen Journalisten und einen Fotografen in den Jemen, die ihre Geschichte bestätigen sollten. Nadja und ich dachten, die beiden würden uns mit nach Hause nehmen, aber so wie Mum mussten auch sie uns zurücklassen. Doch sie versprachen, uns so schnell wie möglich dort herauszuholen. Wir wussten, dass sie sich bei der Suche nach uns in große Gefahr begeben hatten, fühlten uns aber dennoch von ihnen im Stich gelassen, als sie ohne uns wieder abreisten.

Der Kampf mit den jemenitischen Behörden dauerte zwei Jahre, bevor man mir schließlich gestattete, nach England zurückzukehren, jedoch ohne meinen Sohn Marcus.

Marcus ist inzwischen ein Teenager, und ich habe ihn seit dem Tag, an dem ich nach Hause geflogen bin und Nadja versprochen habe, alles dafür zu tun, sie und die Kinder zu befreien, nicht mehr gesehen. Nadja hatte damals zwei Kinder, eines davon ein Mädchen, Tina. Wir wussten beide um das Schicksal, das junge Mädchen in dieser Gesellschaft erwartet, und Nadja brachte es einfach nicht übers Herz, Tina alleine ihrem Schicksal zu überlassen.

Ich muss einiges von Mums Entschlossenheit geerbt haben. Ich habe mich immer für Nadja verantwortlich gefühlt und war fest entschlossen, sie aus Aschube herauszuholen, und wenn es Jahre dauern sollte. Doch ich ahnte nicht, wie schwierig das sein würde, ahnte nicht, wie viele Leute uns im Weg stehen und wie weit diese Leute gehen würden, um uns zu betrügen und zu belügen. Ich ging davon aus, dass die britische Regierung, sobald ich im Westen war und unsere Geschichte erzählen konnte, darauf bestehen würde, dass man Nadja und die Kinder gehen ließ. Es würde vielleicht ein paar

Wochen oder sogar Monate dauern – im Jemen brauchte man ja, wie ich wusste, mit allem etwas länger –, aber irgendwann würde es so weit sein.

Am Anfang konnten wir noch mit Nadja telefonieren, weil sie in der Stadt Ta'izz geblieben war, doch dann verschwand sie, für uns unerreichbar, in den Bergen. Sie schien wie vom Erdboden verschluckt, war uns wie Sand durch die Finger geglitten. Ich wurde von Schuldgefühlen überwältigt, denn während ich frei war, wurde sie noch immer gefangen gehalten, und ich verlor die Hoffnung, sie jemals wieder finden zu können.

Nach einem Jahr – ich hatte mich langsam wieder an das Leben im Westen gewöhnt und mich vergeblich an alle möglichen offiziellen Stellen gewandt, um Nadja und die Kinder nach Hause zu holen –, beschloss ich, ein Buch zu schreiben. Ich nahm Kontakt mit Andrew Crofts auf und wir machten uns an die Arbeit. Die Schrecken jener Jahre noch einmal zu durchleben war beinahe unerträglich, doch das musste ich in den folgenden Jahren noch oft tun. Immer wieder erzählte ich meine Geschichte und immer in der Hoffnung, schließlich auf jemanden zu stoßen, der mir würde helfen können.

Es war schwer, einen britischen Verlag für die Geschichte zu interessieren. Alle erinnerten sich daran, im *Observer* von uns gelesen zu haben, aber niemand schien der Ansicht zu sein, unsere Geschichte sei ein ganzes Buch wert. Der Journalist des *Observer*, der dazu beigetragen hatte, dass ich aus dem Jemen herauskam, hatte unsere Geschichte ebenfalls zu Papier gebracht, und die Verleger meinten, die Öffentlichkeit sei an weiteren Storys über uns nicht interessiert.

Schließlich gelang es, einen Verlag zu interessieren. Allerdings sah es nicht danach aus, dass der Verleger, als das Buch schließlich erschien, eine große Werbekampagne würde starten können. Wir konnten nämlich nicht so viele Interviews geben, wie wir es gerne getan hätten, weil Mum und ich einen Prozess gegen Dad, Gowad und Abdul Khada angestrengt hatten. Wir fürchteten, wir könnten den Prozess gefährden, und das Projekt schien im Sande zu verlaufen. Außerdem gehörte der Verlag Robert Maxwell und wurde nach seinem Tod verkauft. Niemand kümmerte sich groß um ein kleines Taschenbuch mit dem Titel *Noch einmal meine Mutter sehen.*

Schließlich landete das Manuskript bei ausländischen Verlagen und mit einem Mal änderte sich alles. Zuerst flog ein deutscher Verleger nach London, um sich mit uns zu treffen, und machte ein großzügiges Angebot für die deutschen Rechte. Dann warteten die Franzosen mit einem ähnlichen Angebot auf. Sobald der Ball ins Rollen gekommen war, traf ein Angebot nach dem anderen ein. Innerhalb weniger Monate hatten wir Verträge mit Verlegern aus Ländern wie Schweden, Dänemark, Israel und der Türkei abgeschlossen. Die Filmrechte waren verkauft, und wenige Jahre später machte die BBC für Radio Four sogar ein Hörspiel daraus.

Alle ausländischen Verleger baten mich, in ihrem Land mit Presseinterviews und Fernsehauftritten für das Buch zu werben. Sie machten ihre Sache wirklich gut, ja so hervorragend, dass die neuen Besitzer des britischen Verlages – die keinen rechtlichen Einschränkungen unterworfen waren, weil wir die Klage gegen Dad und die anderen zurückgenommen hatten – beschlossen, es als gebundene Ausgabe herauszugeben. Diese bekam einen neuen Einband mit einem ergreifenden Foto von Nadjas Augen, dem Einzigen, was von ihrem verschleierten Gesicht zu sehen war.

Doch es waren die Franzosen, die sich unsere Geschichte wirklich zu Herzen nahmen und sie 1992 in Frankreich zum Bestseller des Jahres machten. Das öffentliche Aufsehen war enorm. Niemand mochte glauben, dass ein solcher Skandal in der heutigen Welt noch möglich sei.

Seitdem haben wir viele Jahre damit verbracht, auf Anrufe zu warten, die nie kamen. Wir wollen die Leute, von denen wir glauben, dass sie ihr Bestes tun, nicht drängen.

Nicht dass ihnen unser Schicksal gleichgültig wäre. Ein Mann namens Pierre zum Beispiel, der in Kanada lebt, stellte eine Website für Nadja ins Netz. Er bat die Leute, ihm ihren Namen und ihre Adresse zu schicken. Für jede Antwort erschien eine neue Kerze auf dem Bildschirm. Tausende reagierten. Jetzt benutzt Pierre diese Unterschriftenlisten, um sie der britischen und der jemenitischen Regierung vorzulegen.

Aber es läuft immer nach demselben Muster ab: Anfänglich sind alle erpicht darauf, uns zu helfen – oder scheinen es zumindest zu sein –, und dann geht irgendetwas schief. Regierungsbeamte, Zeitungsjournalisten, Mitarbeiter von Wohltätigkeitsorganisationen, Verleger, Filmemacher und Mitglieder von Hilfsorganisationen finden unsere Geschichte unglaublich, wenn sie sie zum ersten Mal hören. Die meisten von ihnen brechen in Tränen aus. Zweifellos können sie sich vorstellen, wie sie sich fühlen würden, wenn ihnen oder ihren Kindern etwas so Schreckliches passierte.

Sie sind erschüttert, dass so etwas heutzutage noch möglich ist, und versichern uns, dass sie eine Lösung finden werden. Sie sind empört und wütend. Manche sagen, sie würden am liebsten sofort in den Jemen fliegen und Nadja und die Kinder dort herausholen – und jeden, der ihnen im Weg steht, mit bloßer Hand umbringen.

Nach jedem dieser Treffen steigt unsere Hoffnung ins Unermessliche, und wir glauben, endlich jemanden getroffen zu haben, der etwas für uns tun kann. Wir gehen nach Hause und warten darauf, von dem Betreffenden zu hören.

Schließlich halten wir es nicht mehr aus und rufen an, um herauszufinden, was los ist. Und dann stellt sich heraus, dass aus all den guten Absichten nichts geworden ist. Die meisten geben angesichts all der Lügen und der ganzen Bürokratie einfach auf. Einige haben falsche Versprechungen gemacht und uns nur unser Geld gestohlen. Andere haben sich mittlerweile einreden lassen, wir seien ein hoffnungsloser Fall und davon besessen, Nadja zu befreien, statt endlich aufzugeben und sie in Ruhe zu lassen.

Es ist uns einfach unbegreiflich. Wir sind gesetzestreue Bürger, können aber niemanden finden, der uns hilft, ein Unrecht wieder gutzumachen – eines, das für uns und die Allgemeinheit, die von uns in Büchern und Zeitungen liest, so offensichtlich ist.

Wir haben gehört, dass Nadja jetzt sechs Kinder hat. Wenn Sie dies lesen, könnten es sogar noch mehr sein. Wir wissen, dass Nadja hinkt, weil wir es bei kurzen Begegnungen und in den Filmbruchstücken gesehen haben, die zu uns durchkamen. Aber wir wissen nicht, warum. Wir wissen nicht, was man ihr angetan hat. Und wir befürchten das Schlimmste.

Zum ersten Mal fiel mir ihr Hinken auf, als wir mit einem französischen Kamerateam zu einem vereinbarten Treffen in den Jemen flogen, aber ich verdrängte es. Später erwähnte Mum es mir gegenüber. Ich wünschte, es wäre ihr nicht aufgefallen, denn sie hat es in all den Jahren nie vergessen können.

Nadja hat weiße Pigmentflecken auf der vertrocknet wirkenden Haut, ihre Arme und Hände sind dürr, ihr Gesicht eingefallen. Sie sieht müde und schwach aus, so anders als das schöne Mädchen mit den strahlenden Augen, das 1980 dorthin kam, anders auch als die junge Frau mit den traurigen Augen, deren Foto Millionen Menschen rührte, als unsere Geschichte 1987 erstmals im *Observer* erschien. Aber ich weiß, dass sie, auch wenn sie sich äußerlich stark verändert hat, in ihrem Inneren noch immer meine kleine Schwester ist, der temperamentvolle Wildfang, der für alles zu haben war und immer lachte. Hinter ihrem ausdruckslosen Blick verbergen sich ihre Wesenszüge, die sie unter ihrer Verzweiflung begraben und in den Jahren der Plackerei, der Schmerzen und des Elends vergessen hat.

Ich brauche mir nur Fotos ihrer gebrechlichen Gestalt und ihres gequälten Blicks anzusehen, und ich weiß, was sie denkt. Ich weiß, dass ich es selbst gedacht habe: dass ich dort draußen sterben, in ein Stück weißes Tuch eingewickelt und einfach in der Erde begraben werden würde, ohne dass jemand, der mir wirklich nahe steht, darum wüsste. Die Männer des Dorfes würden sich um das Loch im Boden versammeln, die Frauen aus der Ferne zuschauen und resigniert und traurig den Kopf schütteln. Die Männer würden die kleinen Kinder unter den weiblichen Verwandten aufteilen und dann wieder zur Tagesordnung übergehen.

Mum würde es vielleicht nie herausfinden, obwohl es gut möglich wäre, dass mein Vater oder einer seiner Freunde der Versuchung, ihr den Tod eines ihrer Kinder unter die Nase zu reiben, nicht widerstehen könnte. Nadja muss genauso große Angst davor haben wie ich damals. Obwohl der Tod vielleicht auch eine Erlösung wäre.

Wenn Mum und ich über Nadja reden, sind wir irgendwann unweigerlich bei Mums Sorgen um Nadjas Gesundheit. Jeder, der Kinder hat, wird wissen, dass man sich immer Sorgen um sie macht, egal wie alt sie sind. Wenn man sie um sich hat, kann man so lange auf sie einreden, bis sie zum Arzt gehen und man endlich wieder beruhigt ist. Wenn sie in eine schlechte Ehe hineingeraten sind, kann man ihnen zumindest Ratschläge geben, ihnen das Leben leichter machen und sie im Fall einer Scheidung unterstützen. Wenn man weiß, dass die eigene Tochter von ihrem Partner geschlagen wird, kann man sie bei sich aufnehmen. Aber Mum hat diese Möglichkeit nicht. Manchmal kann sie jahrelang nicht mit Nadja sprechen. Dann malt sie sich das Schlimmste aus.

Wir wissen, dass Nadja keine Möglichkeit hat, ärztliche Hilfe in Anspruch zu nehmen. Wir haben keine Ahnung, ob sie Schmerzen hat. Wer weiß, vielleicht ist sie dagegen immun geworden, denn das passiert, wenn man, ohne Hoffnung auf Linderung, tagein, tagaus mit ihnen leben muss. Man verdrängt sie, damit man weiterleben kann.

Ich erinnere mich an die Schmerzen, die ich damals hatte, und daran, wie ich sie ignorierte und weitermachte. Ich wollte mich auf keinen Fall von ihnen unterkriegen lassen. Ich glaubte schließlich, sie gehörten einfach zu meinem Leben dazu – und für die Frauen in den Dörfern tun sie das ja auch. Solange Nadja nichts von ihren Problemen erzählt, solange sie stillschweigend den anderen Mitgliedern der Familie dient, wird niemand auf die Idee kommen, sie zu einem Arzt zu bringen oder jemanden zu finden, der ihr helfen kann.

Ich erinnere mich, wie schockiert ich war über die primitive Lebensweise der Frauen in den Dörfern des Jemen. Ich weiß, dass es den Millionen Menschen, die mein Buch *Noch einmal meine Mutter sehen* gelesen haben, ähnlich erging. Ich weiß es, weil sie mir schreiben. Ich erhalte Briefe in jeder erdenklichen Sprache, Brief von Leuten, die wissen wollen, was weiterhin mit Nadja und mir geschehen ist. Einige der Briefe sind lang und voller Zorn und Empörung. Jeder von ihnen bringt mich zum Weinen.

Einer der ersten Briefe kam aus Sizilien, und zwar von einem Mann, der behauptete, zur Mafia zu gehören. Er schrieb mir, wie empört er sei und dass er vorhabe, einen Privathubschrauber zu mieten und in den Jemen zu fliegen, um Nadja und die Kinder zu retten. Die meisten Briefe sind realistischer. Sie stammen von gewöhnlichen Menschen, die ihr Mitgefühl bekunden, wissen möchten, wie es uns seit Erscheinen des Buches ergangen ist, fragen, ob sie uns auf irgendeine Weise helfen können, und mir von ihrem Leben berichten.

Ein alter Mann schrieb mir aus Südafrika. Er sagte, er sei bettlägerig, und erzählte mir dann seine ganze Lebensgeschichte. Er redete mit mir, als seien wir alte Freunde. Er hatte das Buch gelesen und das Gefühl, mich gut genug zu kennen, um mir all seine Geheimnisse anzuvertrauen. Es war ein wunderbarer Brief, der mich zutiefst berührt hat.

Mehr als die Hälfte der Briefe stammen von Frauen. Ich denke, sie können besser verstehen, wie es ist, unfrei zu sein. Sie können nachvollziehen, wie es möglich ist, sich nach außen hin nichts anmerken zu lassen, obwohl man innerlich nach Hilfe schreit.

Ich würde gern jeden dieser Briefe beantworten und sagen: »Ja, bitte, tun Sie, was in Ihrer Macht steht«, aber mir fehlen die organisatorischen und zeitlichen Voraussetzungen dafür. All der Zorn und die Freundlichkeit, von denen die Briefe zeugen, verpuffen, weil wir keine Möglichkeit haben, sie zu koordinieren. So viele Menschen sind bereit, sich lautstark für uns einzusetzen, aber uns fehlen die Mittel, ihre Stimmen zu bündeln, damit sie zu jenen vordringen, die die Entscheidungen treffen.

Der Ton der Briefe macht deutlich, dass die Leute davon ausgehen, alles habe ein gutes Ende genommen. Sie denken, dass Nadja und die Kinder inzwischen wieder bei uns zu Hause in England sind und der Albtraum vorüber ist. Niemand kann sich vorstellen, dass unsere Qualen noch schlimmer geworden sind als zu der Zeit, als ich noch eine Gefangene in den Bergen der Mukbana war.

Wie ist es möglich, dass wir trotz all der Publicity und allgemeinen Empörung nichts erreicht haben? Wie kann ein Mädchen, das im Alter von vierzehn Jahren gekidnappt wurde, nach mehr als zwanzig Jahren noch immer eine Gefangene sein, obwohl die ganze Welt von ihrem Elend weiß? Wie kann in diesem »aufgeklärten Zeitalter« etwas so Schreckliches passieren?

1992 überstürzten sich die Ereignisse, sodass ich mir sicher war, Nadja und die Kinder bald bei uns in England zu haben. Ich war mir sicher, dass ich, auch wenn es einige Jahre länger gedauert hatte als angenommen, mein Versprechen würde halten und Nadja nach Hause bringen können.

KAPITEL 2

»Zana, sag deiner Schwester guten Tag.«

Bernard Fixot, der französische Verleger von *Noch einmal meine Mutter sehen*, hatte versprochen, eifrig die Werbetrommel für das Buch zu rühren, das in Frankreich den Titel *Vendues!* trug, *Verkauft!*. Er hat sein Versprechen voll und ganz gehalten. Der große Durchbruch kam, als ich zur Talk-Show *Sacrée Soirée* eingeladen wurde. Diese Show, moderiert von Jean-Pierre Foucault, gehört zu den beliebtesten Sendungen Frankreichs und lockt Millionen Zuschauer vor den Bildschirm.

Als man mir davon erzählte, war ich schrecklich nervös. Live vor einem Millionenpublikum aufzutreten und zu versuchen, mich mithilfe von Dolmetschern verständlich zu machen und gleichzeitig mitzukriegen, was um mich herum vor sich ging, schien mir eine fast unlösbare Aufgabe zu sein. Doch die Leute hinter den Kulissen waren sehr freundlich und sprachen mir Mut zu. Und als der große Moment gekommen war, hatte ich mich einigermaßen beruhigt.

Immer war jemand vom Verlag da, um mir zu helfen, und ich hatte Mum bei mir. Manchmal war der Druck so groß, dass ich am liebsten zurück nach England gerannt und mich in mein Schlafzimmer verkrochen hätte, aber ich wusste, dass ich es für Nadja tun musste. Es war unsere große Chance. Wenn ich einem so großen Publikum wie diesem mein Anliegen deutlich machen konnte, würde sicher Bewegung in die Sache kommen. Meine größte Sorge war, ob ich es in der mir zur Verfügung stehenden Zeit schaffen würde, die Sache überzeugend darzustellen. Es war eine so lange und komplizierte Geschichte.

Es war nicht zu übersehen, wie aufgeregt ich war, und alle taten ihr Bestes, um mich zu beruhigen. Man hatte mir eine eigene Garderobe mit meinem Namen an der Tür gegeben. Dort gab es Champagner und Cocktailhappen und Glühlampen rund um den Spiegel, genau wie im Film. Ich erwartete nicht, wie ein Star behandelt zu werden, und in gewisser Weise fühlte ich mich unbehaglich und schuldig. Ich wollte nicht, dass die Leute dachten, ich sei auf einer Art Egotrip, wo Nadja doch noch immer im Jemen war und nicht gemeinsam mit mir die Geschichte erzählen konnte. Andererseits war es ein Zeichen, dass man das Buch ernst nahm, und das war gut.

Während ich hinter den Kulissen auf meinen Auftritt wartete, wurde ich immer nervöser. Die Kameras liefen, die Musik spielte und Jean-Pierre plauderte munter in Französisch drauflos. Ich hörte, dass er meinen Namen erwähnte, hatte aber keine Ahnung, was er sagte. Dann plötzlich trieb man mich auf die Bühne.

Die Scheinwerfer waren heiß, als ich hinausging, und bei dem Gedanken an das Publikum, das mich mit enthusiastischem Beifall begrüßte, und an die Millionen Menschen, die von zu Hause aus zusahen, fühlte ich mich ganz wackelig auf den Beinen. Die Kameras schwenkten zu mir herüber, und es war schwer, die Gesichter in der Menge zu erkennen, was ich jedoch als angenehm empfand. Ich konzentrierte mich auf Jean-Pierre, der mich freundlich willkommen hieß und dafür sorgte, dass ich es auf dem Sofa bequem hatte. Er unterhielt sich eine Weile mit mir und allmählich ließ meine Anspannung nach. Ich spürte, dass das Publikum an dem, was ich zu sagen hatte, interessiert war und mitfühlend zu sein schien.

Ich wusste allerdings nicht, dass die Produzenten auch den Presseattaché der jemenitischen Botschaft in Paris, Abdul Amir Chawki, eingeladen hatten. Nachdem Jean-Pierre mir die Nervosität genommen hatte, bat er mich, ihm zu vertrauen, und verkündete dann, dass Chawki jetzt kommen und die Geschichte aus seiner Sicht darstellen würde.

Einen Moment lang kehrte die Panik zurück, doch als Chawki hereinkam, verspürte ich nur noch Wut. Ich hätte ihn am liebsten geschlagen. Mum saß direkt neben mir und starrte Chawki so zornig an, als wolle sie ihn umbringen. Das Publikum klang bereits ungehalten und ich fühlte mich gleich besser. Ich wusste, dass es auf unserer Seite war, und ich war bereit für einen Kampf.

Chawki strotzte wie all die anderen Männer, mit denen ich es im Jemen zu tun gehabt hatte, vor übertriebenem Selbstbewusstsein, aber das hier war nicht der Jemen. Wir befanden uns in einem französischen Fernsehstudio, und er konnte nicht einfach mit mir reden, als sei ich schwachsinnig, nur weil ich eine Frau war. Ich spürte, wie mit der Wut, die in mir aufstieg, auch mein Mut zunahm.

»Mr. Abdul Amir Chawki«, sagte Jean-Pierre, »können Sie Folgendes beantworten: Ist es möglich, dass

Zanas Sohn, ihre Schwester und deren Kinder zurück nach Großbritannien kommen? Welche Haltung nehmen Sie und Ihr Land in dieser Frage ein?«

Chawki mimte Aufrichtigkeit und lächelte süßlich. Es war offensichtlich, dass er daran gewöhnt war, mit der Presse umzugehen, aber er hatte die Stimmung in diesem Studio falsch eingeschätzt. Er war davon ausgegangen, unser Martyrium ganz einfach als absurde Geschichte abtun zu können. Seine Selbstsicherheit wirkte unangenehm arrogant.

»Es ist eine schreckliche und traurige Situation und ich habe Verständnis für Zana«, sagte er von oben herab. »Es ist ein Drama und es ist die Schuld ihres Vaters. Es wurde viel Zeit vergeudet, als sie in diesem Dorf im Jemen versteckt waren.«

Jean-Pierre, den Chawkis Ausweichmanöver offensichtlich irritierte, unterbrach ihn. »Da Sie die Situation für inakzeptabel halten, was können Sie tun, um Zana und ihrer Schwester zu helfen?«

»Diese Geschichte geht mir sehr nahe.« Chawki legte die Hand aufs Herz, so als würde es ihm gleich brechen. »Ich bin ein Mensch. Meine Botschaft und der Jemen haben viel dafür getan, das Problem zu lösen.«

Das war zu viel! Diesen Unsinn wollte ich mir nicht länger anhören. »Sie hätten vor zwölf Jahren etwas unternehmen sollen!«, fuhr ich ihn an. »Sie wussten ganz genau, was los war.«

»Die Regierung erfuhr davon, als alles ans Tageslicht kam«, sprach Chawki seelenruhig weiter, als hätte ich gar nichts gesagt. »Wir haben versucht, das Problem zu lösen, und haben Zana und ihre Schwester sofort unter unseren Schutz gestellt, damit sie nicht länger dem Druck der Familie ausgesetzt waren.«

Sie hatten uns tatsächlich »Schutz« geboten, und zwar so lange, wie sie es für nötig hielten, aber wer schützte Nadja jetzt? Und war Schutz nicht einfach ein anderes Wort für Gefangenschaft? Während sie zu klären versuchten, was mit uns geschehen sollte, waren wir wirklich ein paar Wochen von der schweren Arbeit im Dorf befreit gewesen. Was lediglich bedeutete, dass wir Gefangene der Regierung statt Gefangene der Familien waren, an die Dad uns verkauft hatte. Es war nur ein politisches Spiel, und ich hätte vor Enttäuschung laut losschreien können.

Chawki jedoch kam richtig in Fahrt. Entspannt legte er den Arm auf die Rücklehne des Sofas, auf dem wir beide saßen, so als gehe es an diesem Abend um eine friedliche Debatte unter Freunden. Ich wich vor ihm zurück. Sein Verhalten erinnerte mich an all die gönnerhaften Gesten Abdul Khadas und der anderen Männer. Jean-Pierre sah mich besorgt an. Er befürchtete wohl, dass ich einfach davonstürmen könnte, wenn mir das Ganze zu viel würde. Und das hätte ihm, wie mir später klar wurde, einen Strich durch die Rechnung gemacht, denn er hatte eine weitere Überraschung auf Lager.

»Kann Zana ungehindert in den Jemen zurückgehen und ihre Schwester besuchen?«, fragte er Chawki unumwunden.

Chawki ließ sich nicht aus der Fassung bringen. Er war Profi. »Zana war vom ersten Tag an frei, da sie britische Staatsbürgerin ist. Ihre Mutter war zweimal im Jemen, um ihre Tochter zu besuchen, und Zana hätte mitgehen können.«

Als ob ich das nach acht albtraumartigen Jahren und angesichts der permanenten Gefahr, entführt und zurück ins Dorf gebracht zu werden, gewagt hätte. Ich konnte mir lebhaft vorstellen, mit welcher Freude Abdul Khada sich für all die Dinge, die ich über ihn in meinem Buch geschrieben hatte, an mir rächen würde. Ungeschützt in den Jemen zurückzukehren wäre einem Selbstmord gleichgekommen.

Jean-Pierre wählte seine Worte sehr vorsichtig und schien Chawki eine Falle stellen zu wollen: »Wenn ich morgen oder übermorgen oder auch am Freitag mit Zana – und natürlich *Sacrée Soirée* – in den Jemen fliegen würde, garantieren Sie uns dann, dass wir ihre Schwester und die Kinder sehen können, damit, menschlich gesehen, das Problem schneller gelöst wird?«, fragte er.

»Offiziell gesehen gibt es von unserer Seite kein Problem«, antwortete Chawki. Er ließ sich noch immer kaum aus der Ruhe bringen. Er schwitzte ganz leicht, behielt aber unbeirrt sein gönnerhaftes Lächeln bei.

Mir schwirrte der Kopf. Dass man vorhatte, mich in den Jemen zu bringen, war mir neu. Der Gedanke, Nadja und Marcus zu sehen, war wunderbar, aber gleichzeitig hatte ich Angst, an den Ort zurückzukehren, der mich bis in meine Träume verfolgte. Was, wenn sie mich schnappten, während ich dort war? Was, wenn sie Jean-Pierre ins Gefängnis warfen und mich zurück in die Mukbana brachten? Was, wenn sie einen Autounfall inszenierten oder einen Flugzeugabsturz? Was, wenn sie uns einfach auf offener Straße erschossen?

Jean-Pierre sprach in die Kamera. Ich hörte seine Worte, begriff aber nicht, was er sagte. Ich war zu sehr damit beschäftigt, diese Neuigkeit zu verdauen und mir meine Antwort zu überlegen.

»Nadja ist immer noch im Jemen und hat seit vier Jahren nicht mit ihrer Schwester gesprochen«, verkündete Jean-Pierre.

»Vor vier Jahren«, sagte ich, und meine Augen füllten sich mit Tränen, »hat sie mich gebeten, sie so schnell wie möglich dort rauszuholen.« Ich versuchte angestrengt, meine Gedanken zu ordnen. Ich durfte das Ziel nicht aus den Augen verlieren. Das Wichtigste war das Versprechen, das ich Nadja gegeben hatte. Aber inzwischen war Liam zur Welt gekommen. An ihn musste ich auch denken. Ich wollte nicht, dass er wie Marcus seine Mutter verlor, wenn er sie am nötigsten brauchte.

»In Ta'izz«, sagte Jean-Pierre, »wartet Nadja am Telefon, um mit dir zu sprechen, Zana. Sag deiner Schwester guten Tag ...«

Im Studio war es so still wie in einer Kirche. Ich war völlig verwirrt. Ich hatte versucht, meine Gedanken zu ordnen, und nun sagten sie mir, Nadja warte darauf, mit mir zu sprechen? Das konnte nicht wahr sein.

Alles, was ich hörte, war das Knacken des Telefons, das aus den Lautsprechern dröhnte, als sie die Verbindung mit Ta'izz herstellten. Ich hörte Nadjas Stimme, verstand aber nicht, was sie sagte. Unkontrolliert liefen mir die Tränen herab, als ich mir vorstellte, wie sie am anderen Ende der Leitung herauszufinden versuchte, was los war.

Ich wusste, dass sie von Männern umgeben sein würde, die ihr vorschrieben, was sie sagen oder nicht sagen sollte. Sie würde genauso verwirrt sein wie ich, denn man hatte sie wahrscheinlich ohne Erklärung ans Telefon geholt. Sie würde nichts von dem Buch oder der Fernsehsendung wissen oder warum sie nach so langer Zeit plötzlich mit mir sprechen durfte. Sie würde genauso angestrengt versuchen, zu hören, was ich sagte, wie ich versuchte, sie zu verstehen.

Jean-Pierre verkündigte, dass man die Sendung kurz unterbrechen werde, während ich in einem Büro hinter der Bühne mit Nadja telefonierte. Ich stand noch immer unter Schock, war aber erleichtert, dem Studio, der Hitze und dem Lärm ein paar Minuten entrinnen zu können. Mum kam mit mir. Sie war offensichtlich genauso durcheinander wie ich, und wir versuchten beide, aus dem Ganzen schlau zu werden.

Ich wollte unbedingt schnell zum Telefon, bevor die Verbindung abbrechen würde. Ich konnte mir die Nervosität der Männer in Ta'izz vorstellen. Sie waren wahrscheinlich im Haus von Nasser Saleh, der als Vermittler für Dad, Gowad und Abdul Khada tätig gewesen war. Nadjas Mann Mohammed würde da sein und wahrscheinlich noch mehrere andere. Sie würden darüber streiten, ob es klug sei, was sie da taten, und sicherlich ohne jede Vorwarnung auflegen, wenn sie meinten, sich weitere Peinlichkeiten ersparen zu müssen. Sie konnten jederzeit die schlechte Verbindung dafür verantwortlich machen.

Als wir das Büro erreichten, in dem das Telefon stand, weinte ich so heftig, dass ich nicht mehr sprechen konnte, und Jean-Pierre gab Mum den Hörer. Doch sie weinte nun auch und brachte kein Wort heraus. Ich beruhigte mich und holte tief Luft. Und dann fiel mir nichts anderes ein als die banalen Nettigkeiten, die ich vielleicht gesagt hätte, wenn wir jeden Tag miteinander reden würden.

»Wie geht's dir, Nard?«, fragte ich.

»Ich hab noch ein Kind bekommen, Zane. Ich lebe wieder im Dorf.« Ihr Akzent hatte sich nicht verändert.

Es war, als wären wir noch immer in Birmingham, die beiden vierzehn und fünfzehn Jahre alten Schwestern, die über ihr Privatleben sprachen.

»Was?« Das konnte einfach nicht wahr sein. Ich hatte gehofft, man würde sich in Ta'izz um sie kümmern und sie würde in der Stadt auf das Flugzeug warten, das sie, sobald alles geklärt war, nach England zurückbrachte. Ich hatte mir vorgestellt, sie würde auch nach meiner Abreise den »Schutz« der Behörden genießen, von dem Chawki voller Stolz gesprochen hatte. Jetzt wurde mir klar, dass sie Nadja zurückgebracht hatten und dass sie wieder dasselbe Leben führte, das wir beide früher hatten ertragen müssen. Nur dass ich ihm entkommen war und sie nicht. Die Nachricht, dass sie noch ein Kind bekommen hatte, erschütterte mich. Es bedeutete, dass Mohammed noch immer jederzeit von seinen ehelichen Rechten Gebrauch machen konnte, und bei dem Gedanken, dass meine kleine Schwester ständig vergewaltigt wurde, wurde mir übel. Noch schlimmer war es zu wissen, dass sie die Ärzte nach der Geburt von Tina, ihrem zweiten Kind, vor einer erneuten Geburt gewarnt hatten. Nun hatte sie kurz hintereinander noch zwei bekommen.

Sie kontrollierten Nadja durch ständige Schwangerschaften. Sie hatte alle Hände voll zu tun mit den Kindern, hatte keine Zeit für sich, keine Zeit nachzudenken oder aufzubegehren. Gowad hatte sie von Dad gekauft, damit sie ihm Enkel gebar, und sie würde dieser Pflicht nachkommen, bis wir sie zurück nach England holen konnten oder bis sie starb oder zu alt wurde.

Ich spürte, wie erneut Wut und Enttäuschung in mir hochstiegen. Wir mussten sie da rausholen, und wir mussten es jetzt tun, bevor sie sie mit ihren unersättlichen Anforderungen an ihren schon jetzt so schwachen Körper umbrachten.

Ich stellte ihr noch ein paar Fragen und versuchte herauszufinden, was mit Marcus geschehen war. Und Nadja fragte mich, was in Europa los sei. Ich versuchte, ihr alles zu erklären, was in den letzten vier Jahren passiert war, aber meine Worte überschlugen sich und mit einem Mal war die Leitung tot.

Ich wusste, dass sie sich noch schlimmer fühlen musste als ich. Sie war noch immer, umgeben von lauter Männern, in einem Raum in Ta'izz, nachdem sie ein paar Minuten lang mit ihrer Familie hatte sprechen können und freundliche Stimmen aus der Vergangenheit gehört hatte. Als ich, mit dem Hörer in der Hand, dastand, stellte ich mir vor, wie die Männer sie anschrien und ihr erzählten, was sie hätte sagen sollen, und wie sie sich darüber stritten, was sie als Nächstes tun sollten, während Nadja mit ausdruckslosem, starrem Blick mitten unter ihnen saß und wahrscheinlich noch nicht einmal weinen konnte.

Ich bemühte mich verzweifelt, meine Gedanken zu ordnen, während der Aufnahmeleiter uns zurück zur Bühne führte. Die Musiker beendeten ihr Stück. Das Ganze konnte kaum mehr als einige Minuten gedauert haben, aber ich hatte kein Zeitgefühl mehr.

Und plötzlich waren wir wieder im gleißenden Scheinwerferlicht, Jean-Pierre begrüßte uns und wollte wissen, was passiert war. Ich war mir nicht sicher, ob ich überhaupt ein Wort herausbringen würde. Doch erleichtert stellte ich fest, dass die Wörter von selbst herauswollten.

»Nadja ist zurück im Dorf«, begann ich und hatte das Gefühl, an jedem meiner Worte zu ersticken. »Kurz nach meiner Abreise hat man sie wieder dorthin gebracht. Sie hat noch ein Kind bekommen.« Ich hörte meine eigene Stimme, und diese Neuigkeiten erschütterten mich noch einmal genauso wie in dem Moment, als ich sie von Nadja erfahren hatte.

»Und was ist mit Marcus?«, fragte Jean-Pierre.

»Man hat ihn ihr direkt nach meiner Abreise aus dem Jemen weggenommen. Sie hat ihn seitdem nicht mehr gesehen. Er ist weg. Er ist verschwunden!« Ich war kurz davor, die Kontrolle zu verlieren, als ich an das traurige, dünne Kerlchen dachte, das ich an dem Tag, an dem ich schließlich aus dem Jemen entkommen war, weinend dort zurückgelassen hatte. Doch ich riss mich, so gut es ging, zusammen, obwohl ich vor Wut und Trauer zitterte und mir wünschte, die ganze Tortur wäre endlich vorbei, damit Mum und ich miteinander reden könnten.

»Was wirst du jetzt tun?«, fragte Jean-Pierre. »Wirst du aufgeben?«

»Nein!« Ich stieß das Wort mit der ganzen Kraft meiner Seele hervor. »Niemals! Ich werde niemals aufgeben. Ich will, dass Nadja mit den Kindern nach England kommt und endlich wieder frei ist. Ich werde nicht aufgeben, bevor sie nicht zu Hause ist.«

»Danke, Zana«, sagte Jean-Pierre. »Wir wünschen dir viel Erfolg mit deinem Buch und hoffen, dass Nadja bald frei sein wird.«

Die Show neigte sich dem Ende zu und ich sah mein Gesicht auf den überall im Studio verteilten Monitoren – meine Augen waren rot und meine Wangen nass von Tränen. Das Publikum klatschte zur Musik. Es war vorbei, und ich saß auf dem Sofa und fühlte mich, als sei ich von einem tonnenschweren Laster überrollt worden.

Ich saß aufrecht da, entschlossen, Chawki keine Schwäche zu zeigen. Mum versteckte das Gesicht in den Händen und die Kamera schwenkte sofort zu ihr herüber. Ich beugte mich vor und zog ihr die Hände weg.

»Nicht weinen«, sagte ich. »Lass sie nicht sehen, dass du weinst.«

Während Mum versuchte, sich zu beruhigen, grinste Chawki sie an, und ihr Schmerz verwandelte sich in Wut. Sie stürzte sich auf ihn, packte ihn am Kragen und schrie: »Du Schwein. Du verlogener arabischer Bastard!«

Die Kameras waren ausgeschaltet, aber die Leute applaudierten noch immer. Sie hatten die Show gesehen und wussten, wer log und wer die Wahrheit sagte. Wie wir sahen sie Chawkis selbstgefälligen Gesichtsausdruck. Er stand für die, die Nadja und die Kinder noch immer gefangen hielten. Für ihn waren wir zweifellos nichts weiter als ein bedeutungsloses kleines Ärgernis, vielleicht eine Möglichkeit, seine Karriere im diplomatischen Dienst voranzutreiben.

Bernard Fixot, mein französischer Verleger, zog Mum von Chawki fort und versuchte sie zu beruhigen. Chawki wurde, von den Buhrufen des Publikums sichtlich aus der Fassung gebracht, hinausgeführt. Und dann jubelte das Publikum uns zu und skandierte, als wir schließlich die Bühne verließen: *»Nadja libre, Nadja libre.«*

Wir wussten, dass wir einen großen Schritt nach vorne gemacht hatten. Unsere Geschichte war zu einem Nachrichtenereignis geworden. Die im Showgeschäft übliche Herangehensweise von *Sacrée Soirée* hatte ihr Nachdruck und Glanz verliehen, und dafür waren wir dankbar – wenn auch ein bisschen konsterniert. Aber wenn wir auf diese Weise Nadja zurückholen konnten, dann würden wir gerne damit weitermachen.

Die Millionen von Menschen, die das Drama an den Bildschirmen verfolgt hatten, waren so bewegt und erzürnt wie die Zuschauer im Studio. In den Wochen danach überhäuften sie die jemenitische Botschaft mit Briefen. Auch die Zeitungen befassten sich näher mit der Geschichte und forderten, dass etwas getan werden müsse. Die traurigen Schwestern aus der Mukbana waren zu einem nationalen Skandal geworden. Die Öffentlichkeit wollte mehr über ihre Geschichte wissen und verlangte eine Lösung.

Als den Machern von *Sacrée Soirée* klar wurde, welches Aufsehen sie mit ihrer Sendung erregt hatten, wollten sie aus diesem ungeheuren Interesse natürlich Kapital schlagen. Jean-Pierre fragte mich, ob ich bereit sei, noch einmal in der Sendung aufzutreten und am Tag danach mit ihm und einem Kamerateam nach Ta'izz zu fliegen, wenn man Chawki während der Show darauf festnageln könne, die Sache zu arrangieren.

Ich hatte nach jener ersten Show oft über eine Reise in den Jemen nachgedacht. Mum und ich hatten über kaum etwas anderes gesprochen. Ich wusste, dass es gefährlich war, auch wenn die Leute vom Fernsehen und vom Verlag da sein und mich beschützen würden. Mein Gefühl warnte mich davor, je wieder einen Fuß in dieses Land zu setzen.

Aber ich wusste auch, dass wir im Augenblick Oberwasser hatten. Wenn es uns gelang, den internationalen Druck aufrechtzuerhalten, konnten wir die Jemeniten vielleicht dazu bringen nachzugeben. Die Sache konnte für sie so peinlich werden, dass sie lieber ihr Gesicht verloren und Nadja und die Kinder freiließen, als weiterhin im französischen Fernsehen bloßgestellt zu werden.

Ich sagte Jean-Pierre, ich würde gerne noch einmal in die Show kommen, müsse mir aber erst darüber klar werden, ob ich es verkraften könne, in den Jemen zurückzukehren.

Zu dieser zweiten Show wurde auch Chawki wieder eingeladen. Dieses Mal schien er viel nervöser zu sein als wir. Wir hatten erfahren, dass der jemenitische Botschafter in Paris Nadja und die Kinder gerne sofort herausgelassen hätte, um sich weitere Peinlichkeiten zu ersparen, doch Chawki schien ihn überredet zu haben, nichts zu unternehmen. Und Chawki war bereit, seinen Standpunkt öffentlich zu verteidigen, ja sogar seine Karriere aufs Spiel zu setzen, um die Situation irgendwie zu retten. Und wir versuchten mit allen Mitteln, ihn zu überlisten.

Wieder gab er sich gönnerhaft und versicherte, ich könne in den Jemen gehen, wann immer ich wolle. »Natürlich« könne ich meine Familie besuchen. Ich glaube, er ging davon aus, dass ich sowieso niemals den Mut dazu aufbringen würde. Er konnte weiterhin bedeutungslose Einladungen aussprechen und es so aussehen lassen, als versuchte er, die Situation zu lösen, während ich Schwierigkeiten machte und ihnen Hindernisse in den Weg legte.

Er wiederholte Phrasen wie: »Nadja ist jemenitische Staatsbürgerin« und »Sie ist glücklich, sie will nicht weg«.

»Also, Zana«, wandte Jean-Pierre sich an mich. »Bist du bereit, mit uns in den Jemen zu kommen? Morgen? Um die Sache zu klären?«

Ich hörte seine Worte und holte tief Luft. Das Publikum schien den Atem anzuhalten, während es auf meine Antwort wartete. Ich sah Chawki an, sah seinen selbstgefälligen Gesichtsausdruck. Er wartete nur darauf, über meine mangelnde Kooperationsbereitschaft zu jubeln. Es war wie vor einem Sprung ins kalte Wasser, für den man all seinen Mut zusammennehmen muss. Ich sprang.

»Ja«, sagte ich, »ich bin bereit.« Das Publikum applaudierte, und Chawki wirkte, während er seine Position überdachte, einen Moment lang richtig geschockt.

»Wenn Sie an Zanas Stelle wären«, sagte Jean-Pierre an ihn gewandt, »hätten Sie dann nicht auch alles getan, um die Sache überall publik zu machen?«

Chawki fühlte sich offensichtlich sehr unbehaglich. Er fing an zu schwitzen und wechselte das Thema. »Ihr Vater ist in äußerst großen Schwierigkeiten«, sagte er mir. »Die jemenitische Regierung hat ihm den Pass weggenommen.«

»Und wenn schon«, sagte ich. »Mein Vater hat einen britischen Pass.«

»Er hatte noch einen jemenitischen Pass«, murmelte Chawki und spielte auf Zeit, während er nach etwas suchte, das überzeugender klingen würde. Das Publikum zischte ihn aus.

Jean-Pierre schüttelte, scheinbar verzweifelt, den Kopf. »Wenn wir dieser Geschichte nicht mehr Öffentlichkeit verschaffen, wird das Problem nie gelöst werden«, sagte er. »Zana, die Autorin von *Noch einmal meine Mutter sehen!*, wird mit *Sacrée Soirée* in den Jemen gehen.«

Nachdem ich die Entscheidung getroffen hatte, hatte ich fürchterliche Angst. »Ich will nicht gehen«, sagte ich zu Mum, sobald wir in unserem Hotelzimmer waren.

»Wir müssen es versuchen, Zana. Nadja muss erfahren, was los ist, dass sie nicht alleine ist, dass wir noch immer darum kämpfen, sie rauszuholen.«

Die Sache war inzwischen nicht mehr aufzuhalten. Sowohl mein Verleger als auch die Fernsehmacher glaubten, dass dies der einzige Weg sei, und nun begannen die Verhandlungen darüber, wie man am besten vorgehen solle. Mum und ich waren kaum mehr als Schachfiguren, die bei ihrem großen Spiel hin und her geschoben wurden. Wir verbrachten viel Zeit damit, in Hotelzimmern zu warten und nervös an unseren Zigaretten zu ziehen.

Von Zeit zu Zeit informierte man uns über den Stand der Dinge. Wir erfuhren, die Jemeniten hätten zugesagt, dass wir Nadja und die Kinder so lange sehen könnten, wie wir wollten, und dass ich auch Marcus sehen könne.

»Und wenn Sie Marcus mit nach England nehmen wollen«, sagte Chawki, »können Sie bei Gericht einen Antrag stellen.«

Ich wusste, dass ich kein Wort davon glauben sollte, aber wenn man ertrinkt, klammert man sich an alles, und dieses fadenscheinige Versprechen stimmte mich optimistisch. Alle waren so enthusiastisch, dass ich mich einfach mitreißen ließ, obwohl mich immer wieder Zweifel plagten und mir vor Angst ganz übel wurde.

Jean-Pierre wusste, dass ich Angst hatte. »Mach dir keine Sorgen«, sagte er. »Wenn sie dich kidnappen sollten, stelle ich mich als Geisel zur Verfügung.«

Ich wusste, dass er versuchte, mir Mut zu machen, und ich wusste, dass er es ehrlich meinte. Aber ich wusste auch, dass solche Gesten im Jemen bedeutungslos sein würden. Wenn sie beschlossen, mich dort zu behalten, dann gab es nichts, was Jean-Pierre oder Bernard Fixot oder sonst jemand tun könnte. Sie konnten protestieren, so viel sie wollten. Sie konnten Briefe an Staatsoberhäupter schreiben und Tag für Tag Sendungen im Fernsehen bringen, es würde nichts nützen.

Aber wenn ich Nadja und die Kinder herausholen wollte, dann musste ich das Risiko einfach eingehen.

Nachdem ich zugestimmt hatte, nach Ta'izz zu gehen, wurde alles sehr hektisch. Mums Pass war abgelaufen und sie hatte es nicht bemerkt. Wir konnten es nicht riskieren, mit einem abgelaufenen Pass in den Jemen zu fahren – wir wollten ihnen keinen Grund liefern, uns die Ein- oder Ausreise zu erschweren –, und mussten ihn schnell verlängern lassen. Außerdem brauchten wir für den Jemen Visa von Chawki.

Wieder einmal saß er am längeren Hebel und nutzte seine Macht hemmungslos aus. Wir mussten ihm versprechen, keinerlei Versuch zu unternehmen, Nadja oder die Kinder zu entführen. Wie wir das seiner Meinung nach anstellen sollten, begleitet von einer Entourage von Kameras und vor den Augen der ganzen Welt, war mir ein Rätsel. Vermutlich wollte er uns damit nur sagen, dass er uns genauso wenig traute wie wir ihm. Natürlich hatte er Recht, uns nicht zu trauen. Wenn ich eine Möglichkeit gewusst hätte, Nadja und die Kinder zu kidnappen, dann hätte ich es getan, egal welche Versprechen ich Chawki gegeben hatte.

Bernard Fixot, mein französischer Verleger, den ich während meines ersten Parisbesuchs kennen gelernt hatte, ist ein sehr gefühlvoller Mensch. Als er meine

Geschichte hörte, weinte er völlig ungeniert. Ich glaube, sein persönliches Interesse war der Grund, weshalb so viel und so erfolgreich Werbung für das Buch gemacht wurde. Seine Frau, Valérie-Anne, ist die Tochter von Valéry Giscard d'Estaing, dem ehemaligen französischen Staatspräsidenten, und von daher eine Frau mit einem gewissen Einfluss. Die beiden waren überzeugt, dass wir einen großen Schritt nach vorne gemacht hatten, und wollten mit uns in den Jemen kommen. Valérie-Anne hatte sich angeboten, dafür zu bürgen, dass wir Nadja nicht entführen würden, wenn sie uns erlaubten, mit ihr alleine zu sein. Aufgrund der Bedeutung ihres Vaters hatte ihr Angebot wahrscheinlich mehr Gewicht als Jean-Pierres. Und das hieß, dass Chawki seinen Bossen zeigen konnte, wie vorsichtig er war und welch hohen Preis er für ihre Kooperation forderte.

Mit einem gecharterten Privatflugzeug flogen wir nach Ta'izz. Chawki nutzte den Freiflug, um seine Freunde und seine Familie zu besuchen. Während des Flugs entging es Jean-Pierre nicht, dass ich immer nervöser wurde – ich malte mir nämlich die vielen Dinge aus, die wahrscheinlich schief gehen würden, sobald wir dort waren –, und er wollte wissen, ob alles in Ordnung sei.

»Ja, alles okay«, antwortete ich, obwohl meine Nerven zum Zerreißen gespannt waren. »Ich muss dir aber sagen, ich kenne diese Leute. Es wird nicht nach Plan verlaufen. Im Jemen kannst du nichts planen. Da werden jede Menge Regierungsbeamte sein, und die Armee und die Polizei. Sie werden nicht alle Kinder bringen. Warte nur. Ich irre mich nicht. Du wirst schon sehen!«

Ich fand es schrecklich, den Enthusiasmus und Optimismus der anderen zu dämpfen, aber ich konnte meine Zweifel und Ängste nicht für mich behalten. Ich wusste, dass meine Sorge berechtigt war. Abgesehen von Chawki war ich in der Truppe die Einzige, die im Jemen gelebt hatte, und ich wusste, wie die Dinge dort liefen. Ich rauchte eine nach der anderen, kaute heftig an den Fingernägeln und dachte an Nadja.

Wenn man nach dem Telefongespräch, das wir während der Sendung geführt hatten, wieder mit ihr ins Dorf gefahren war, würde man sie sicher in einem Landrover zurück nach Ta'izz bringen. Man hatte ihr wahrscheinlich nicht gesagt, was los war, sondern ihr nur befohlen, sich reisefertig zu machen. Sobald sie in Ta'izz waren, würden die Männer ihr eintrichtern, was sie zu uns und vor den Kameras sagen oder nicht sagen sollte. Wir sollten bestimmt hören, wie glücklich sie war und dass sie nicht nach England zurückwollte. Ich betete, dass Nadja begriff, wie wichtig es war, ihnen nicht zu gehorchen, aber ich wusste, dass sie ständig auf sie einreden würden. Ich wusste, dass sie sie schlagen würden, wenn sie aufmuckte.

Ich versuchte, an etwas anderes zu denken als daran, dass man Nadja misshandeln würde. Ich stellte mir vor, dass die Kinder bei ihr waren. Wie Marcus nach vier Jahren wohl aussah? Ich wusste, dass er mich nicht wieder erkennen würde – und wenn er es tat, würde er mich sicher dafür hassen, ihn verlassen zu haben, als er noch so klein war –, aber ich sehnte mich danach, ihn zu sehen und ihn, hoffentlich, in die Arme schließen zu können. Ich wollte ihm sagen, dass ich ihn nicht im Stich gelassen hatte, dass ich alles dafür tat, dass wir wieder zusammen sein konnten.

Als ich den Jemen verließ, war er zu jung, um zu verstehen, was los war. Jetzt würde er sich zumindest meine Erklärung anhören können. Zumindest würde er wissen, dass er eine Mum hatte und dass sie ihn liebte, auch wenn sie nicht bei ihm sein konnte. Ich blinzelte die Tränen weg, starrte aus dem Fenster und war dankbar, dass keiner von den anderen versuchte, mit mir zu sprechen. Mein Gesichtsausdruck sprach wohl Bände.

Als wir in Sanaa landeten, wurden meine schlimmsten Befürchtungen bestätigt. Dort warteten mindestens dreißig Beamte auf uns, einige bewaffnet und erpicht darauf, uns ihre Waffen sehen zu lassen. Außerdem war da eine jemenitische Filmcrew, die man zweifellos angeheuert hatte, um den Ausländern zu zeigen, dass die jemenitischen Medien ebenfalls die Freiheit besaßen, über die Geschichte zu berichten. Der Gedanke, die jemenitische Öffentlichkeit würde von unserer Geschichte erfahren, war mir zuwider.

Die Beamten nahmen unsere Pässe und Chawki verschwand mitsamt seinen Freunden. Auf heimischem Terrain fühlte er sich offensichtlich viel wohler. Hier war er jemand Bedeutendes und seine Macht sehr real.

Als ich mich umschaute, sah ich, dass alle eifrig miteinander flüsterten und diskutierten, während sie Mum und mich alleine dasitzen ließen. All meine Erinnerungen an die Gerüche des Landes und den Klang arabischer Stimmen kamen zurück und ich zitterte. Die Anwesenheit von Bernard, Valérie-Anne und Jean-Pierre, die gewöhnlich so selbstbewusst waren und in Paris so viel Einfluss hatten, erschien mir plötzlich nicht mehr so beruhigend. Offensichtlich wussten sie genauso wenig wie wir, was vor sich ging. Wir warteten, bis man uns sagte, was als Nächstes geschehen würde.

Schließlich flog man uns weiter nach Ta'izz. Wir kamen abends dort an und wurden ins Sheraton Hotel gebracht, wo man uns mitteilte, dass das Treffen am nächsten Morgen stattfinden würde.

Mum und ich teilten uns ein Zimmer. Wir blieben die ganze Nacht wach, rauchten und tranken Tee, schwiegen lange, sprachen über das Treffen, schwiegen wieder und kauten die Sache zum hundertsten Mal durch, während wir hinaus auf die glitzernden Lichter der Stadt starrten. Die Stunden schienen sich endlos in die Länge zu ziehen, bis wir endlich die Weckrufe von den Moscheen hörten, als die Muezzin zum Gebet aufriefen und es über den Dächern allmählich zu dämmern begann. Die Lichter erloschen, während die Hitze des Tages sich ankündigte.

Wir waren angespannt und erschöpft und konnten es kaum erwarten, Nadja und die Kinder zu sehen. Die Vorbereitungen schienen ewig zu dauern. Doch schließlich fuhr man uns ins Stadtzentrum.

Unterwegs sagten uns die Beamten, dass wir Nadja in einem privaten Raum sehen und so lange, wie wir wollten, mit ihr sprechen könnten. Mir schlug das Herz bis zum Hals, und ich kriegte kaum Luft, als der Moment näher rückte. Jedes Mal, wenn der Wagen bei einer Kreuzung langsamer wurde, rechnete ich damit, dass man uns anhalten und uns sagen würde, die Sache sei abgeblasen worden oder Nadja sei nicht da und wir müssten am nächsten Tag oder nächste Woche oder nächsten Monat wiederkommen. Ich konnte einfach nicht glauben, dass sie ihr Versprechen tatsächlich halten würden und wir Nadja treffen durften.

Wir hielten vor einem unscheinbaren Regierungsgebäude und wurden nach hinten in den Garten geführt, wo man uns erneut warten ließ. In einem auf drei Seiten von einer hohen, weiß getünchten Mauer umgebenen Innenhof standen drei Stühle und ein kleiner Tisch. Das *Sacrée-Soirée*-Team machte sich gelassen daran, die Kameras und Lampen zu positionieren. Ich konnte noch immer nicht glauben, dass es wirklich passieren würde, dass ich tatsächlich nach vier Jahren persönlich mit meiner Schwester würde sprechen können.

Überall im Garten waren Männer verteilt, etwa dreißig oder vierzig, die respektvoll Abstand hielten. Wahrscheinlich waren es dieselben, die auf dem Flughafen auf uns gewartet hatten. Einige von ihnen hatten Videokameras dabei.

Wir saßen zwei Stunden lang in diesem Garten herum und beobachteten, wie die Männer mit ihren Gewehren herumspazierten, miteinander flüsterten und in unsere Richtung blickten. Es war, als würden sie bewusst versuchen, uns nervös zu machen und unser Selbstbewusstsein zu untergraben. Sie schienen uns auf groteske Weise auf die Probe stellen zu wollen. Die Taktik war nicht schlecht, doch wir waren fest entschlossen, uns von ihnen nicht unterkriegen zu lassen.

Als die Zahl der Beamten weiter zunahm, wurde Mum und mir klar, dass wir einen Fehler gemacht hatten. Wir hatten ihnen direkt in die Hände gearbeitet. Alle Versprechen, die Chawki in Frankreich gemacht hatte, lösten sich in der harten Realität dieses Gartens im Jemen in nichts auf. Bernard und Jean-Pierre schienen unsicher zu sein, wie sie Herr der Lage werden könnten. Es würde ihnen nichts weiter übrig bleiben, als die Show aufzunehmen, die die Jemeniten ihnen zu bieten bereit waren. Sie konnten die Sache nicht beschleunigen, konnten die Situation nicht beeinflussen.

Plötzlich erschien Nadja am Eingang zum Garten, von Kopf bis Fuß in Schwarz gekleidet. Mum und ich wussten sofort, dass sie es war. Als sie auf uns zukam, hörte man von allen Seiten her das Klicken und Surren der Kameras. Ihr Mann Mohammed war bei ihr und er trug ein Kind. Ich griff nach Mums Arm.

»Marcus?«, stieß ich hervor und wagte kaum zu glauben, dass sie ihn mir schließlich doch gebracht hatten. Aber noch während ich seinen Namen aussprach, wusste ich, dass er es nicht war. Es war ein Baby, Nadjas jüngstes Kind. Von einem sechsjährigen Jungen war nichts zu sehen. Mich verließ der Mut. Sie würden ihr Wort nicht halten.

Während sie auf uns zukamen, sprach Chawki mit Nadja. Er flüsterte in ihr verschleiertes Ohr und erzählte ihr, was sie zu sagen hatte. Ihre Augen, die der Schlitz im Schleier freigab, huschten hin und her, verwirrt und verängstigt. Die Leute hielten sich zurück und sahen schweigend zu. Die Kameras, die das Treffen für die Medien und für die unzähligen offiziellen Akten aufnahmen, die zu diesem Fall sicher existierten, klickten und surrten weiter. Einige der Bilder sollten später auf einer Doppelseite der Zeitschrift *Hello!* auftauchen.

Nadja blieb einen Schritt von uns entfernt stehen und streckte die Hände aus, die Handflächen nach oben. »Was ist los?«, fragte sie, und ihre Stimme zitterte vor Angst.

»Was meinst du?«, fragte Mum.

»Was soll das alles?« Sie deutete auf die vielen Männer und Kameras. »Warum sind die alle hier?«

»Das ist nicht unsere Schuld, Nard«, sagte Mum. »Daran sind die schuld. Sie haben uns versprochen, wir könnten dich, die Kinder und Marcus besuchen. Wo sind die Kinder?«

Nadja warf Mohammed einen wütenden Blick zu. »Sie sind in der Schule«, zischte sie.

Die Beamten, einschließlich Chawki, hatten sich am Tor versammelt, um uns daran zu hindern wegzulaufen. Weiß Gott, was sie dachten, wohin wir gehen würden.

Ich zwang mich, zu Mohammed hinüberzugehen und ihn höflich zu begrüßen. Ich bewunderte das Kind. Ich versuchte, mir vorzustellen, wie eine verloren geglaubte Schwester sich in dieser Situation verhalten sollte. Dabei wollte ich doch nur eins: meine Schwester an mich drücken, schreien und weinen.

Als ein jemenitischer Kameramann zu nah an uns herankam, fuhr ich ihn auf Arabisch an, »zurück zum Haus seiner Mutter zu gehen«. Nadja kicherte, und einen Moment lang war es wie früher, wenn ich sie beschützte und wir gemeinsam Dummheiten anstellten. Doch dann verwandelte sie sich wieder in den einer Gehirnwäsche unterzogenen Zombie aus der Mukbana, in die Frau, die gelernt hatte, allen Schmerz und alles Unglück auszuschalten.

Wir setzten uns im Halbkreis auf harte Stühle. Nadja nahm den Schleier vom Gesicht, und ich begann, mit ihr zu reden. Ich ließ einfach alles raus. Mum und ich waren entsetzt, wie dünn und bleich sie aussah. Wir saßen eine halbe Stunde lang in diesem Garten zusammen, und ich versuchte, ihr so viel wie möglich davon zu erzählen, was los war. Sie war sichtbar verwirrt. Die Sache war zu kompliziert, um sie in so kurzer Zeit zu erklären, vor allem in einer so angespannten Situation. Mohammed trieb sich nervös in unserer Nähe herum und warf den Männern, die uns beobachteten, besorgte Blicke zu.

Schließlich folgte Mum meinem Beispiel und bat mich, Mohammed zu sagen, dass sie ihn als Schwiegersohn akzeptiere. Doch er schien an dem, was wir zu sagen hatten, keinerlei Interesse zu haben, ja er wirkte regelrecht verächtlich. Dann trat Jean-Pierre vor, um die Interviews zu machen. Als sich die Kameras auf sie richteten, bedeckte Nadja wieder ihr Gesicht und rasselte mit vor Angst geweiteten Augen die Sätze herunter, die man ihr eingetrichtert hatte.

»Ich bin Muslima«, sagte sie. »Ich bin glücklich hier. Ich würde gerne mit meinem Mann und meinen Kindern England besuchen, aber ohne all das Theater. Wenn die Medien uns in Ruhe lassen, können wir kommen.«

»Die Medien haben euch vier Jahre in Ruhe gelassen«, fuhr Mum dazwischen, die sich nicht mehr zurückhalten konnte. »Wenn die Scheinwerfer jetzt ausgehen, dann sind wir wieder am Anfang und nichts wird passieren.«

»Wir werden den Kampf nicht aufgeben, dich hier rauszuholen«, beteuerte ich, aber es war, als rede man mit jemandem, der sich in einem Trancezustand befand. Ich wollte sie schütteln und sie wieder zur Besinnung bringen. Sie begann wieder, ihre Sprüchlein herunterzubeten, wie ein Schulkind bei einem Theaterstück. Doch dann unterbrach Jean-Pierre sie mit einer Frage, die offensichtlich nicht in dem Drehbuch vorkam, das man mit ihr einstudiert hatte.

»Würdest du gerne nach Birmingham fahren, Nadja?«

Sie hörte auf zu reden und in ihren Augen war Panik. Eine Kamera fing den Moment ein, und das Bild ihrer angsterfüllten Augen war schließlich in aller Welt auf dem Einband neuer Auflagen des Buches zu sehen – ein schreckliches, ergreifendes Bild der Traurigkeit.

»Das geht nicht«, sagte sie.

»Was meinst du?« Jean-Pierre ließ nicht locker.

»Es geht nicht, wegen all dem hier.« Sie deutete auf die umstehenden Leute.

»Was weißt du noch von England?«, fragte Jean-Pierre.

»Ich war noch klein«, sagte sie zögernd. »Ich war noch klein. Ich war erst elf, zwölf, dreizehn.«

Mohammed drehte fast durch. Sie müssten zurück zu den anderen Kindern im Dorf, sagte er, und wir sollten uns beeilen und die Sache schnell zu Ende bringen. Sein Vater und die Behörden hatten offensichtlich starken Druck auf ihn ausgeübt. Der arme Kerl muss den Tag verflucht haben, an dem sein Vater mit einer ausländischen Braut für ihn zurück in den Jemen kam. Er muss sich oft gewünscht haben, er hätte eine Cousine aus dem Dorf geheiratet, ein Mädchen, dessen Familie glücklich über die Ehe wäre und ihm keine Probleme bereiten würde. Doch sein Vater hatte über sein Schicksal bestimmt und er musste das Beste daraus machen.

Selbst wenn er mit seiner Familie nach England kommen wollte, ich glaube nicht, dass sein Vater es ihm erlauben würde. In diesem Moment hatte ich jedoch kein Mitleid mit ihm. Für mich war er Nadjas Ehemann, der jetzt zwischen ihr und der Freiheit stand.

»Wo ist Marcus?«, wollte ich wissen.

»Sein Großvater hat ihm nicht erlaubt zu kommen«, sagte mir ein Beamter, und ich erinnerte mich an die Boshaftigkeit und tyrannische Härte, mit der Abdul

Khada und Gowad ihre Familien beherrschten. Vor lauter Trauer über meinen verlorenen Sohn war mir ganz übel.

»Sie haben gesagt, ich könnte ihn sehen!« Ich war zu wütend, um weinen zu können. »Sie haben gesagt, ich könne bei Gericht um ihn kämpfen, wenn ich ihn haben wollte.«

Die Beamten zuckten mit den Schultern, tauschten Blicke aus und strengten sich nicht sonderlich an, ihr amüsiertes Lächeln zu verbergen. »Das ist nicht möglich«, sagten sie mir.

Ich spürte, wie Wut in mir aufstieg. In gewisser Weise war ich wütend auf mich selbst, dass ich mir auch nur die geringste Hoffnung gemacht hatte. Ich hätte inzwischen wissen müssen, dass Regierungsbeamte immer das sagen, was ihnen gerade in den Kram passt, egal aus welchem Land sie kommen.

Mum und ich wurden gebeten, in einem nahe gelegenen Raum zu warten, während man das Interview zu Ende führte. Man stellte eine Reihe mit Stühlen auf und vier einheimische Frauen setzten sich uns direkt gegenüber. So wie Nadja waren sie verschleiert, und jedes Mal, wenn Mum und ich miteinander flüsterten, reckten sie den Hals, um zu hören, was wir sagten. Diese Frauen blieben während des restlichen Besuches bei uns. Wir konnten nicht einmal zur Toilette gehen, ohne dass sie uns folgten. Die Beamten gingen kein Risiko ein. Sie wollten uns zeigen, dass sie das Heft in der Hand hatten.

Als das Interview beendet war, stimmte Mohammed nur widerwillig zu, Nadja während der zehnminütigen Fahrt zum Hotel, in dem wir uns vor dem Abflug ausruhen wollten, zu Mum und mir in den Jeep zu lassen.

Während wir durch die staubigen, belebten Straßen fuhren, taute Nadja in der Geborgenheit des Wagens ein wenig auf und erkundigte sich nach Freunden in England. Wir zeigten ihr ein paar Fotos, die wir mitgebracht hatten. Sie weinte leise.

»Ich würde gerne zurückkommen«, flüsterte sie, »und sie sagen, dass ich jetzt mit euch weggehen kann. Aber ich darf die Kinder nicht mitnehmen. Ich kann sie nicht zurücklassen. Ich kann ihr Leben nicht in Gefahr bringen. Die Männer drohen mir die ganze Zeit und erzählen mir, was ich sagen muss. Ich will nur in Ruhe gelassen werden.«

Als wir das Hotel erreichten, ließen sie uns im Foyer noch ein paar Minuten miteinander reden, hielten sich aber nicht an das Versprechen, uns eine Zeit lang mit Nadja alleine zu lassen. Alle blieben bei uns, und als Mohammed aufstand und Nadja befahl mitzukommen, gehorchte sie sofort und trottete, immer im Abstand von zwei Schritten, hinter ihm her.

»Nadja«, rief Mum ihr nach. »Nadja, bitte!«

»Ich muss jetzt gehen, Mum«, sagte sie, und ich sah, dass sie Tränen in den Augen hatte.

In diesem Moment tauchte Chawki auf, mit verschränkten Armen und süffisant lächelnd. Wütend ging Mum auf ihn los. »Sie haben mir versprochen, dass ich meine Enkel sehen würde«, schrie sie.

»Warum fahren Sie nicht ins Dorf?«, schlug er vor.

»Nein.« Der Gedanke, dorthin zurückzugehen, ließ mir das Blut in den Adern gefrieren, denn ich wusste, dass wir nicht lebend wieder herauskommen würden. »Niemals!«

»Sie dürfen«, sagte Chawki herausfordernd. »Sie und Ihre Mutter. Haben Sie ein Problem damit, Zana?«

Ich drehte durch und warf ihm alle arabischen Schimpfwörter an den Kopf, die mir gerade einfielen. Ohne ein weiteres Wort verließ er das Hotel. Ich sah, wie Nadja draußen in einen Landrover steigen wollte, und rannte nach draußen, ich konnte den Gedanken nicht ertragen, dass sie ohne ein weiteres Wort gehen würde.

»Ich liebe dich, Nard«, rief ich, und als ich Nadja erreichte, beugte sie sich vor, um mir einen Kuss zu geben. »Ich liebe euch alle«, murmelte sie.

Ich umarmte sie und sie flüsterte mir ins Ohr. »Zana, hast du mich vergessen? Bitte, vergiss mich nicht. Du hast versprochen, es nie zu tun. Lass mich nicht hier. Nicht zu lange, bitte.« Sie umklammerte meine Arme und holte tief Luft, um nicht in Tränen auszubrechen.

»Ich werde dich nie vergessen, Nard. Du wirst bald zu Hause sein. Du weißt nicht, was in Europa los ist, aber ich hole dich hier raus. Es spielt keine Rolle, wie, aber du kommst hier raus.«

»Ich weiß«, sagte sie. »Ich verstehe.«

Sie kennt mich wie kein anderer, und sie weiß, dass ich nicht aufgeben werde, bis sie zurück in England ist. Sie wusste, dass ich sie nicht vergessen hatte. Sie war nur verärgert und verwirrt gewesen. Sie wusste, dass ich sie niemals vergessen würde.

Das französische Team war sehr empört und enttäuscht über die Art, wie die Sache gelaufen war. Ich glaube, sie hatten gedacht, man würde uns zumindest das Versprechen geben, dass Nadja uns in wenigen Tagen oder Wochen folgen könne. Mir war von Beginn an klar gewesen, dass es nicht so einfach werden würde.

Als wir im Jemen gelandet waren und ich all die Männer mit ihren Waffen gesehen hatte und mir ihr doppelzüngiges Gerede hatte anhören müssen, da war mir klar, dass sie Nadja nicht aufgeben würden. Vielleicht ließen sie uns vor den Kameras ein paar Minuten mit ihr reden, aber sie hatten sie seit Jahren in ihrer Gewalt. Sie würde alles sagen und tun, was sie wollten. Sie konnten ihr mit Schlägen drohen oder damit, dass man ihr die Kinder wegnehmen würde. Tief in meinem Inneren wusste ich, dass wir noch sehr lange brauchen würden, um sie dort herauszuholen.

Ich konnte es nicht lassen, die anderen daran zu erinnern, dass die Sache genau so gelaufen war, wie ich es ihnen vorausgesagt hatte. Chawki lud uns alle zu einem »Festessen« ein, das man uns zu Ehren arrangiert hatte. Doch Mum und ich sagten ihm, er solle sich sein Festessen sonst wohin stecken, und gingen zurück in unser Hotelzimmer, wo wir ungestört waren. In diesem Moment schien es keinerlei Hoffnung mehr zu geben.

KAPITEL 3

»Warum kann ich nicht so leben wie meine Schwestern?«

Es wäre für mich unmöglich, lange ohne Hoffnung zu leben. Selbst wenn Rückschläge oder Enttäuschungen all meine Träume zerstört haben, keimt irgendwo in mir doch ein kleiner Hoffnungssamen auf, schlägt Wurzeln und wächst, von meinen Tränen begossen, um langsam das Verlorengegangene zu ersetzen. Jede neu aufkeimende Hoffnung gibt mir einen Grund, weiterzukämpfen.

In Paris hatte ich, mitgerissen von all der Publicity, meine Erwartungen zu hoch geschraubt. Trotz meines Argwohns und meiner Vorbehalte hatte ein Teil von mir geglaubt, dass Wunder möglich seien. Da blieb es nicht aus, dass ich schmerzlich auf den Boden der Tatsachen zurückgeholt wurde. Ich hatte glauben wollen, dass die Berichterstattung der Medien tatsächlich etwas bewirken würde. Schließlich verdankte ich es den Medien in Gestalt des *Observer*, dass ich aus dem Jemen herausgekommen war und dass Regierung und Öffentlichkeit von unserem Elend erfahren hatten.

Ich war mir sicher gewesen, dass wir zwangsläufig Erfolg haben würden, wenn es uns gelang, genügend Journalisten auf unsere Seite zu ziehen. Ständig ist die

Rede von der »Macht der Medien« und dem Druck, den sie auf Regierungen und Organisationen ausüben können. Wie konnten wir da scheitern, dachte ich, wenn Millionen Menschen in Europa hinter uns standen? Wie konnten die britische und die jemenitische Regierung so viele Menschen einfach ignorieren?

In Ta'izz, weit entfernt vom Adrenalin und der Aufregung von Fernsehstudios, Flughäfen und Medienkonferenzen in Fünf-Sterne-Hotelsuiten, hatten wir kaum mehr erreicht, als die Jemeniten zu verärgern und in Verlegenheit zu bringen.

Die Männer, die uns in diesem tristen, kleinen, von Mauern umgebenen Garten umringt hatten, hatten noch nie etwas vom *Observer* oder von *Sacrée Soirée* gehört. Sie wussten nicht, dass Millionen Europäer unsere Geschichte gelesen oder gehört hatten und der Meinung waren, dass man uns unrecht tat. Sie wussten nur, was ihnen ihre eigenen Medien und ihre Regierung sagten. Man hatte ihnen mitgeteilt, Mum und ich hätten ihre Traditionen ignoriert und sie der Lächerlichkeit preisgegeben. Und sie sahen nur zwei lästige Frauen, die versuchten, ihnen Unannehmlichkeiten zu bereiten, ihre Lebensweise infrage zu stellen und sie daran zu hindern, mit ihren Frauen und Familien so umzugehen, wie es ihnen gefiel. Obwohl wir ihnen gezeigt hatten, dass wir nicht ganz machtlos waren und unseren Kampf auf jeden Fall fortführen würden, lag noch ein langer Weg vor uns.

Zurück im Studio von *Sacrée Soirée* in Paris, kostete Chawki seinen Triumph aus. Nadja hatte vor den Kameras all das wiederholt, was man ihr eingebläut hatte. »Sehen Sie selbst ...«, frohlockte er. »Hören Sie, was sie sagt.« Aber die Zuschauer hatten den Schmerz in Nadjas Augen gesehen und zischten ihn wieder aus. Es war nicht zu übersehen, dass Nadja unter Zwang handelte. Wenn eine Frau von ihrem Ehemann geschlagen wird, wird sie es wahrscheinlich leugnen, doch ihre Augen werden die Wahrheit verraten. Niemand, der an diesem Tag Nadjas Augen sah, konnte glauben, dass sie die Wahrheit sagte, als sie behauptete, glücklich zu sein, und forderte, sie und ihren »guten« Ehemann in Ruhe zu lassen. Und sie hatte zu keinem Zeitpunkt gesagt, dass sie nicht nach England zurückkommen wolle, sondern nur, dass es »unmöglich« sei wegen »ihnen«. Das französische Publikum ließ sich nicht zum Narren halten. Es verstand, was Nadja ihm sagte.

Aber Chawki hatte, gleich einem windigen Anwalt vor Gericht, auf jedes von Jean-Pierres Argumenten eine Antwort. Er leugnete, dass sie versprochen hätten, die Kinder zu dem Treffen nach Ta'izz zu bringen. Er behauptete, sie hätten im Dorf auf uns gewartet und ich hätte mich geweigert, sie dort zu besuchen. Er bestritt, dass es seltsam sei, dass so kleine Kinder zur Schule gehen mussten.

Als Jean-Pierre ihn fragte, ob es nicht wichtiger sei, dass die Kinder nach vier Jahren ihre Großmutter und ihre Tante sahen, behauptete Chawki, wir hätten einander angeschrien und Nadja habe Mum für all den Ärger verantwortlich gemacht. Was er als Beweis dafür ansah, dass enge Familienbande nicht zwischen uns, sondern vielmehr zwischen Nadja und Mohammed bestünden. Wir waren Unruhestifter, die versuchten, uns zwischen einen Ehemann und seine Frau zu drängen.

Die Auseinandersetzung drehte sich im Kreis. Chawki war wie eine Schlange und die Zuschauer wurden mit jeder seiner Entstellungen, Ausweichmanöver und Halbwahrheiten wütender und aggressiver.

Er wiederholte ständig, Nadja sei erwachsen und man müsse ihr die Möglichkeit geben, ihre eigene Wahl zu treffen – als ob wir sie dazu zwangen, etwas zu tun, was sie nicht wollte, als ob wir versuchten, sie gegen ihren Willen zurück nach England zu schleifen!

Auch die französische Presse ließ sich nicht zum Narren halten und berichtete am folgenden Tag bestürzt davon, was die Kamera offenbart hatte. In den Augen der Journalisten war Nadja noch immer ein kleines Mädchen, das gegen seinen Willen festgehalten wurde, während ihr Leben, eine Endlosschleife aus Plackerei und Unterdrückung, verstrich. Sie hatten die dunklen, traurigen Augen gesehen, die aus dem Schleier hervorschauten, als sei er ein Käfig, der für seinen ängstlichen Bewohner zu einem Zufluchtsort vor einer Angst einjagenden Außenwelt geworden war.

Einige Monate später lief Ashia, meine jüngere Schwester, in Birmingham zufällig meinem Vater über den Weg. Ich glaube, er freut sich immer, wenn er die Gelegenheit hat, mit einem der anderen Familienmitglieder zu sprechen, denn dann kann er, da wir nicht mehr mit ihm reden, uns trotzdem irgendwelche Neuigkeiten übermitteln lassen.

Er erzählte Ashia, Nadja sei glücklich und wieder schwanger und habe von der jemenitischen Regierung als eine Art Entschädigung 10.000 Pfund bekommen. Das ist im Jemen unglaublich viel Geld. Wenn das stimmt, dann hatte da wohl jemand ein recht schlechtes Gewissen.

Selbst wenn die Regierung diese Summe gezahlt hatte, würde Nadja von dem Geld natürlich nichts sehen. Was hätte sie in Aschube auch damit anfangen sollen? Dort gab es keine Bank, auf die sie es hätte einzahlen können. Und sie hatte keine Möglichkeit, Geld zu verwalten oder auszugeben. Die Männer würden es in ihrem Namen an sich nehmen und bei nächtlichen Kartenspielen auf den Kopf hauen, würden davon Quat kaufen, die Droge, die sie alle tagein, tagaus kauen, oder auch die Töchter irgendeines anderen Mannes.

Als Bernard Fixot Mum anrief und sich erkundigte, wie es uns ging, erzählte sie ihm, was Ashia herausgefunden hatte. Er wunderte sich über diese Neuigkeit und veranlasste, dass ich, diesmal zusammen mit Ashia, noch einmal zu *Sacrée Soirée* eingeladen wurde. Ich nahm die Einladung gerne an. Es war, als würde ich alte Freunde besuchen. Die Vorstellung, in einer Live-Sendung aufzutreten, beunruhigte mich nicht mehr. Jean-Pierre, der natürlich wissen wollte, was seit der letzten Show passiert war, konnte es nicht fassen, dass wir unserem Ziel nicht einen Schritt näher gekommen waren.

Dieses Mal war Chawki nicht eingeladen, aber sobald die Live-Sendung begann, rief er wutentbrannt beim Sender an. Er muss sie bei sich zu Hause gesehen haben und machte sich dann gleich auf den Weg ins Studio, um sich und sein geliebtes Land zu verteidigen. Er hatte wohl erwartet, wir würden uns nach unserem enttäuschenden Besuch in Ta'izz endlich mit den Tatsachen abfinden, und muss darüber entsetzt gewesen sein, dass wir unseren Kampf nicht aufgegeben hatten. Ich bin mir sicher, dass er vor seinen Bossen damit geprahlt hat, er habe die Angelegenheit ein für alle Mal geregelt, und jetzt entlarvten wir ihn im Fernsehen als Lügner.

Nach etwa der Hälfte der Sendung kam er, vor Anstrengung schnaufend und keuchend, im Studio an, um uns zu widerlegen. Und wieder gab er den üblichen Sermon von sich. Zutiefst entrüstet sagte er, wir sollten der jemenitischen Regierung dafür dankbar sein, dass man Nadja und mich aus den Dörfern herausgeholt habe, sobald unsere Misere bekannt geworden sei, und dass man mich nach England habe gehen lassen, als ich darum bat.

Er habe, so fuhr er fort, das Treffen im Garten in Ta'izz arrangiert, und wir würden keinerlei Dankbarkeit zeigen. Es waren die gleichen Ausweichmanöver wie beim letzten Mal, doch diesmal hatte er weniger Zeit gehabt, sich seine Worte zurechtzulegen. Umso deutlicher wurde es für die Zuschauer, dass er im Unrecht war.

Chawki hatte seine Einstellung nicht geändert. Wir sollten den Verkauf des Buches einstellen, sagte er, denn wir würden die Leute aufstacheln, und die jemenitische Regierung habe Wichtigeres zu tun, als sich wegen uns den Kopf zu zerbrechen. Er stellte uns als Unruhestifter hin, die nur versuchten, mit Nadjas Schicksal Geld zu machen. Die Zuschauer waren ihm so feindselig gesinnt wie immer, aber dieses Mal wusste ich, dass das nichts ändern würde. Mir war klar, dass noch ein langer Weg vor uns lag, und diesmal würde ich ein angemessenes Tempo vorlegen.

Ein Gutes hatten unsere Kämpfe und all die Publicity auf jeden Fall gehabt: Dad und seine Freunde hatten Ashia, Tina und Mo nichts antun können, obwohl sie anfangs gedroht hatten, sie zu entführen und in den Jemen zu bringen.

Ashia und Tina richteten sich gerade ihr Leben in

Birmingham ein. Tina hatte zu diesem Zeitpunkt bereits zwei Kinder und Ashia erwartete ihr zweites Kind. Wäre Nadja da gewesen, hätte unsere Familie nicht glücklicher sein können. Ich hatte eine gemütliche Wohnung und konnte Liam alles geben, was ich als Kind nie gehabt hatte. Mehr brauchte ich nicht. Wir waren eine kleine, glückliche Familie, Liam und ich.

Liams Vater Jimmy und ich hatten uns auseinander gelebt. Wir waren noch immer gute Freunde und Liam und ich sahen ihn und seine Familie sehr oft, aber Jimmy empfand das Zusammenleben mit mir als zu anstrengend. Ich weiß, dass ich sehr launisch und schwierig war. Als ich aus dem Jemen zurückkam, war ich emotional so verstört, dass ich kaum die Möglichkeit hatte, eine normale Beziehung zu führen. Mein Schmerz und mein Gefühlschaos hielten mich so gefangen, dass für einen Partner kein Raum blieb. Wir trennten uns im Guten.

Als Liam zwei Jahre alt war, schlug Jimmy vor, im folgenden Jahr auf St. Kitts eine Zeit lang Urlaub zu machen. Das hieß, dass Liam weitere Verwandte kennen lernen würde und wir gleichzeitig einen herrlichen Urlaub hätten. Ich hielt es für eine wunderbare Idee und wir buchten die Flüge. Ich freute mich auf einen Urlaub in der Karibik mit meinem Sohn und seiner Familie.

Zu dieser Zeit traf ich mich oft mit Paul, der zum gleichen Freundeskreis gehörte. Seine Familie lebte ebenfalls auf St. Kitts. Neun Monate, bevor wir alle dorthin reisen wollten, wurde ich schwanger. Schnell war klar, dass ich nicht mitfahren konnte, da Cyans Geburt und die Reise sich überschnitten.

Ich hatte viele Probleme mit Schwangerschaften gehabt. Sowohl vor als auch nach Liams Geburt hatte ich mehrere Fehlgeburten. Die Ärzte sagten, es läge daran, dass meine Gebärmutterschleimhaut zu schwach sei, aber ich glaube, dass die Ausschabung daran schuld ist, die man im Jemen (ohne Narkose) bei mir gemacht hat.

Zwei Jahre nach Cyans Geburt ging ich zu einem Arzt, um mich sterilisieren zu lassen. Es schien mir vernünftig zu sein, denn ich hatte ja bereits ein Kind im Jemen und zwei in Birmingham. Doch eine innere Stimme sagte mir plötzlich, dass es nicht richtig sei, und ich fühlte mich hin- und hergerissen. Schließlich sagte ich dem Arzt, ich habe meine Meinung geändert. Ich könne zwar nicht erklären, warum, aber es komme mir einfach nicht mehr richtig vor. Bald danach stellte sich heraus, dass ich erneut schwanger war. Ich war es schon bei meinem Arztbesuch gewesen, aber das hatte ich nicht gewusst. Vermutlich hat mir mein Körper deswegen signalisiert, die Operation nicht machen zu lassen. Gott sei Dank habe ich es nicht getan, denn Mark macht mir so viel Freude – obwohl er das ungezogenste meiner Kinder ist!

Als ich damals entdeckte, dass Cyan unterwegs war, hatte ich bereits zweimal Zwillinge verloren, und man sagte mir, dass ich auch diesmal Zwillinge erwarte. Wieder hatte ich eine Fehlgeburt, verlor diesmal aber nur eins der Babys. Das andere kam nach der vollen Schwangerschaftszeit zur Welt.

Cyan, mein kleines, wunderbares Baby, sollte im November geboren werden, genau zu der Zeit war der Karibikurlaub geplant. Ich konnte natürlich nicht mit, wollte Liam aber das Erlebnis nicht vorenthalten. Es würde herrlich für ihn sein, Zeit mit seinem Dad zu verbringen und dessen Heimatland kennen zu lernen. Aber tief in meinem Inneren läuteten Alarmglocken. Was, wenn Jimmy Liam dort behielt? Was, wenn die Geschichte sich wiederholte? War es dumm, einer solchen Sache zuzustimmen?

Ich beschloss, die Stimmen zu ignorieren. Ich kannte Jimmy und seine Familie seit zwanzig Jahren und vertraute ihnen völlig. Sie standen mir fast so nah wie meine eigene Familie. Sie waren nicht wie mein Vater und seine Freunde. Und schließlich handelte es sich um die Westindischen Inseln und nicht um den Mittleren Osten.

Einige Tage nachdem Liam und Jimmy in die Karibik aufgebrochen waren, kam Cyan zur Welt. Liam würde sechs Wochen lang auf St. Kitts bleiben, was mir die Möglichkeit gab, einige Zeit (rund vierzig Tage, wie es im Jemen Tradition ist) in Ruhe mit meinem Baby zu verbringen. Es war eine schöne Zeit für mich. Ich telefonierte fast täglich mit Liam und hörte an seiner Stimme, wie viel Spaß er hatte. Und so konnte ich die Zeit mit Cyan unbeschwert genießen und war gut erholt und für Liam bereit, als er braun gebrannt wieder zurück in mein Leben stürmte. Zu diesem Zeitpunkt lächelte Cyan bereits und ich war wieder ganz auf den Beinen.

Ich wusste, welches Glück ich hatte, mein Baby in einer freien Gesellschaft zu bekommen. Das war kein Vergleich mit den Bedingungen, unter denen Marcus und Nadjas Kinder zur Welt gekommen waren. Manchmal machte es mich unglaublich glücklich, den Luxus zu genießen, mit meinen Kindern in einer Zweizimmerwohnung zu leben, genug Geld zu haben, ihnen alles, was sie brauchten, kaufen zu können und meine

Freunde und meine Familie um mich zu haben. Doch immer wenn ich mich ein wenig entspannte, plagten mich Schuldgefühle Nadja und Marcus gegenüber: Marcus war noch sehr klein gewesen, als er seine Mutter verlor, er muss nach meiner Abreise sehr gelitten haben. Wie konnte ich dann mit Liam und Cyan so glücklich sein?

In den Augen der Jemeniten war er jetzt fast ein Mann, und ich wusste, dass ich ihn nicht erkennen würde, wenn er plötzlich hereinkäme. Ich hatte seit damals kein Bild von ihm gesehen. Ich hatte nur meine Erinnerung – die von einem unglücklichen kleinen zweijährigen Jungen.

Ich litt weiterhin unter Stimmungsschwankungen, versuchte jedoch, die Kinder nicht darunter leiden zu lassen. Ich wollte nicht, dass sie mit dem Gedanken aufwuchsen, ihre Mutter sei immer unglücklich. Mum war mir darin ein gutes Beispiel. Ich weiß jetzt, wie schwer Dad ihr das Leben gemacht hatte, als wir noch klein waren, aber sie gab uns nie das Gefühl, etwas sei nicht in Ordnung. Sie war immer tapfer und hat auf diese Weise sehr selbstbewusste Menschen großgezogen. Ich wünsche mir, dass meine Kinder das eines Tages auch von mir sagen können.

So, wie die Dinge standen, war Mum zu abgelenkt, besorgt und wütend, um ihre Enkel richtig genießen zu können. Sie konnte einfach nicht zur Ruhe kommen, solange eines ihrer Kinder verloren war und Hilfe brauchte. Wir sahen, wie sehr ihre Gesundheit, um die es nie zum Besten gestanden hatte, darunter litt. Mum begann, unter Platzangst zu leiden, und verließ selten das Haus, was sie jedoch nicht von ihrem entschlossenen Kampf um Nadja abhielt. Ständig suchte sie nach neuen Wegen, telefonierte, knüpfte Kontakte und berichtete jedem, der ihr zuhörte, immer wieder davon, was sich seit 1980 ereignet hatte. Bei ihrer Suche hatte sie über Reunite, eine Organisation für Mütter, die ihre Kinder verloren haben, eine Frau namens Jana Wain kennen gelernt. Mum und Jana wurden sehr enge Freundinnen, und es tat Mum unheimlich gut zu hören, wie viele Menschen in der gleichen Situation waren wie sie. Sie fühlte sich sicher mit Jana, denn sie wusste, dass Jana, egal was passierte, immer für sie da sein würde, und dass ihr genauso viel daran lag, Nadja zu retten, wie Mum und mir.

Einige Monate nach unserer Reise nach Ta'izz mit dem französischen Kamerateam schockte Mum uns mit der Ankündigung, sie habe vor, erneut in den Jemen zu fliegen, um Nadja zu besuchen. Diesmal wollte sie ohne die Medienvertreter reisen. Sie wollte keinen Wirbel veranstalten, sondern einfach als Mutter ihre Tochter und ihre Enkel besuchen.

Mum war entsetzt gewesen zu hören, dass Nadja wieder schwanger war, und sie wollte bei ihr sein und ihr helfen, wenn das Kind kam. Sie wusste, dass sie nicht alleine gehen konnte, und war auf der Suche nach einem Mann, der sie begleitete. Einem Mann würden sowohl die Jemeniten als auch die Vertreter der britischen Botschaft mit mehr Respekt begegnen. Ein Mann könnte ihr auch in gewisser Weise Schutz bieten, sollte das nötig sein.

Sie sprach mit mehreren Freunden, und einige sagten, sie würden gerne mit ihr gehen, müssten aber, da sie berufstätig seien, erst Urlaub beantragen. Mum glaubte nicht, so lange warten zu können. Sie verging vor Angst um Nadja und wusste außerdem nicht genau, wann das Baby zur Welt kommen sollte. Da bot Jana sich an, sie zu begleiten. Mum wollte zwar ungern eine so gute Freundin ausnutzen, sah aber keine Alternative.

Als ich erfuhr, was die beiden vorhatten, hatte ich große Angst um sie, und wie sich später herausstellte, zu Recht. Es sei ihr wichtig, ohne den Druck der Medien mit Nadja zu sprechen und einige Zeit mit ihr zu verbringen, sagte Mum, denn nur so könne sie herausfinden, was Nadja wirklich wolle, und nach der entsprechenden Lösung suchen.

»Wir waren in der Botschaft«, erzählte Mum, »und haben unsere Visa und was wir sonst noch so brauchen bekommen. Du kannst dir nicht vorstellen, was sie zu Jana gesagt haben, als sie das erste Mal dort angerufen hat. Sie hat mit einem Beamten des Außenministeriums gesprochen. Und der hat ihr gesagt, das Ministerium sei der Meinung, wir sollten Nadja in Ruhe lassen. Es sei unfair, sie und die Kinder durcheinander zu bringen, nur um die Mutter zu beschwichtigen. Es sei eine Angelegenheit zwischen Mann und Frau. Sie hätten ihren Standpunkt, dass es sich hier um eine Familienangelegenheit handele, immer deutlich gemacht!«

Jana war schockiert, dass die britischen Beamten die Situation ähnlich einschätzten wie Chawki und seine Landsleute, doch es bestärkte sie nur in ihrem Entschluss, Mum zu helfen. Keine von beiden wollte sich von derlei Einwänden von ihrem Vorhaben abbringen lassen. (Hätte Mum jedes Mal aufgegeben, wenn ihr jemand sagte, sie verschwende nur ihre Zeit, würde ich noch immer im Jemen leben, und weder Nadja noch ich hätten seit 1980 etwas von ihr gehört.)

Das Außenministerium hatte schon damals, als wir

noch Kinder waren – von denen eins dem Gesetz nach schulpflichtig war und in Großbritannien hätte zur Schule gehen sollen –, die Meinung vertreten, dass man nicht eingreifen solle. Im Lauf der Jahre, als der Fall immer komplizierter wurde, hatte sich seine Haltung noch verstärkt. Wir waren, wie es schien, zu unbequem.

Sobald sie ihre Visa hatten, packte Mum einen Koffer für Nadja, und die ganze Familie half ihr, ihn zu füllen – mit Nadjas Lieblingskäse und Zwiebelchips, mit Toffos und Tomatensuppe in Dosen, all den Dingen, die sie gerne mochte. Wir packten englische Bücher ein, damit sie die Sprache nicht vergaß, obwohl wir wussten, dass sie kaum noch Gelegenheit hatte, Englisch zu sprechen. Wir stellten eine Sammlung von Andenken und Fotos von Freunden und der Familie zusammen, um ihr zu zeigen, dass wir sie nicht vergessen hatten und nie aufgeben würden – auch wenn die Monate verstrichen und es den Anschein hatte, als würde nichts geschehen. Wir kauften Spielzeug für ihre Kinder und für Marcus. Und dann setzte ich mich mit einem Kassettenrekorder hin und besprach ein Band. Ich erklärte in allen Einzelheiten, was hier bei uns vor sich ging.

Je näher der Tag der Abreise rückte, desto mehr wuchs meine Angst um Mum. Ich wusste, dass ihr Leben in Gefahr sein würde, sobald sie das Flugzeug verließ, aber ich hatte großes Vertrauen in Jana. Sie war eine starke und intelligente Frau. Sie verstand es, Mum zu beruhigen und hinderte sie oft daran, unbedacht zu handeln. Wenn es eine Frau gab, die für Mums Sicherheit sorgen konnte, dann war es Jana. Doch wie sich herausstellte, konnte nicht einmal Jana Mum vor dem beschützen, was da kommen sollte.

Mum wusste, worauf sie sich einließ – sie war in dem Bemühen, uns aus dem Jemen herauszuholen, bereits mehrmals dort gewesen. Aber Jana hatte keine Ahnung, was sie erwartete. Sie schien zu glauben, sie könnten Nadja einfach so besuchen und nett mit ihr plaudern. Sie begriff nicht, dass immer bewaffnete Männer in der Nähe sein würden und dass sie von jedem, mit dem sie es zu tun hatten, belogen werden würden. Ihr war nicht bewusst, dass man ihnen jeden Tag Versprechen machen würde, die sich wenige Stunden später in Luft auflösten. Dass Termine verschoben und nochmals verschoben werden würden. Dass die Männer lächeln und lächeln würden, während sie planten, die beiden auszutricksen und zu demütigen.

Obwohl Jana die Meinung eines Beamten des Außenministeriums hier in Großbritannien gehört hatte, ging sie noch immer davon aus, dass Mum und sie Hilfe von der britischen Botschaft erhalten würden, sobald sie im Jemen waren. Ich tat mein Bestes, um sie zu warnen, denn ich wusste, dass ihr überall Korruption begegnen würde. Ich versuchte, sie darauf vorzubereiten, dass sie wahrscheinlich Tage und Wochen neben dem Telefon verbringen und auf versprochene Anrufe warten würde, die niemals kamen, und dass jedermann ihnen Versprechen machen würde, um sie wenige Tage später mit einem Achselzucken abzutun. Ich versuchte ihr zu erklären, dass sie sich als Frau aus dem Westen in den Straßen von Ta'izz nicht frei würde bewegen können, dass sie sich überall bedroht und verachtet fühlen würde und dass sie schließlich lieber im Hotel bleiben würde, als sich in der Öffentlichkeit zu zeigen, nur um beleidigt oder mit einem verächtlichen Grinsen bedacht zu werden.

Ich vermute, sie hatte meinen Pessimismus allmählich satt und hoffte, mir das Gegenteil beweisen zu können. Das hoffte ich auch. Die gesamte Familie war Jana zutiefst dankbar, dass sie Mum so großartig unterstützte. Niemand sonst hatte so selbstlos so viel Zeit für uns geopfert.

Als die beiden weg waren, versuchte ich, sie von meiner Wohnung aus regelmäßig anzurufen. Es war ein ständiger Kampf und meine Telefonrechnung stieg ins Unermessliche. Abgesehen davon, dass die Verbindung meist schlecht war, mussten Mum und Jana auch ständig das Hotel wechseln, weil sie verfolgt und bedroht wurden. Wo immer sie auch waren, man schien ihnen nie meine Nachrichten zu übermitteln.

Jedes Mal, wenn ich Schwierigkeiten hatte, sie zu erreichen, brach ich in Panik aus. Ich war mir sicher, dass man sie umgebracht oder in den Bergen hatte verschwinden lassen. Und wenn ich dann durchkam, war Mum wortkarg. Sie war davon überzeugt, dass unsere Gespräche abgehört wurden, und sie hatte bestimmt Recht. Im Hintergrund waren oft die Stimmen von Männern zu hören, die arabisch sprachen, und immer war da ein Klicken in der Leitung. Ich wollte unbedingt wissen, was los war, wusste aber, dass ich Mum am Telefon nicht ausfragen durfte. Es musste reichen, zu wissen, dass sie und Jana einen weiteren Tag überlebt hatten.

Erst viel später erfuhr ich, was mit ihnen passiert war. Von dem Moment an, als sie in Sanaa gelandet waren, ging alles schief. Die Leute schienen beunruhigend viel über unsere Geschichte zu wissen, fast so, als habe man ihnen aufgetragen, Jana und Mum im Auge zu behalten.

Ich konnte mir vorstellen, wie Jana auf die Männer wirkte. Sie ist sehr groß und hat feuerrotes Haar. Wo immer sie hinging, sie würde zwischen den dunklen, verschleierten einheimischen Frauen zwangsläufig auffallen. Sie zog genau die unwillkommene Aufmerksamkeit der Männer auf sich, vor der ich sie gewarnt hatte. Nach einigen Tagen gestand Mum mir, dass sie, um kein Aufsehen zu erregen, beschlossen hätten, einen Schleier und lange Kleider zu tragen. Bei dem Gedanken an diese Verkleidung musste ich lachen. Ich wusste, dass Jana die meisten Frauen immer noch überragen würde, es also kein Problem wäre, sie zu entdecken.

Als ich einige Tage später anrief, spürte ich sofort, dass irgendetwas nicht in Ordnung war. Mum hörte sich seltsam an, so als habe sie große Angst. Ich bestand darauf, dass sie mir in groben Zügen erzählte, was geschehen war.

»Ich habe Jimmy (ein Taxifahrer, der die ganze Zeit an ihnen geklebt hatte) gesagt, dass wir nach Aschube wollten«, erklärte sie. »Er hat gesagt, er bräuchte eine Karte und hielt bei seinem Laden an. Er ging rein und ließ uns im Auto warten. Dann kam er wieder raus und rief uns nach drinnen. Sie haben gesagt, sie könnten Aschube nicht auf der Karte finden. Da waren diese vielen bewaffneten Männer im Raum, Zane. Dann rief Jimmy laut meinen Namen und draußen tauchten noch weitere Männer auf.«

Mir schlug das Herz bis zum Hals, als ich das hörte. Schließlich waren dort rund fünfzig Männer gewesen, die sehr aggressiv wurden. Sie kannten die Geschichte der »traurigen Schwestern aus der Mukbana«, und sie schienen zu glauben, Mum sei gekommen, um Nadja zurückzuholen. Mum sei eine schlechte Frau, sagten sie und schienen bereit, sie anzugreifen. Sie kamen auf sie zu, umringten sie, schubsten und bedrohten sie.

Mum und Jana wurde klar, dass sie ernsthaft in Gefahr waren, bahnten sich den Weg durch die Menge und flohen aus dem Laden und in Jimmys Wagen, der in der Nähe geparkt war. Jimmy kam mit und kletterte schnell auf den Fahrersitz. Vielleicht war auch er von der Aggressivität der Menge überrascht und wollte nicht, dass Mum und Jana tatsächlich etwas passierte, solange sie in seiner Obhut waren. Die Leute wurden immer wütender. Sie schrien und johlten und umkreisten den Wagen, um Jimmy am Wegfahren zu hindern.

Kaum hatten Mum und Jana die hinteren Wagentüren verriegelt, begann die Menge, den Mercedes hin und her zu schaukeln. Dabei stießen sie wütende Todesdrohungen aus, fuhren sich mit Messern über die Kehle, um zu zeigen, was Mum passieren würde, wenn sie weiterhin darauf bestand, Nadja zu sehen, und grinsten spöttisch.

Jimmy geriet jetzt völlig in Panik. Die Angreifer kletterten auf dem ganzen Wagen herum. Als er den Motor anließ und loszufahren versuchte, riss einer die unverschlossene Beifahrertür auf und kletterte in den Wagen. Jimmy kämpfte mit ihm, während der Wagen schneller wurde, und hielt mit der freien Hand das Lenkrad fest. Schließlich gelang es ihm, den Mann zum Aussteigen zu zwingen, und fuhr dann so schnell wie möglich davon, bevor ein anderer sie einholen konnte.

Es war, als erzähle Mum mir einen meiner schlimmsten Albträume. »Sie wollen dich wissen lassen, dass du im Jemen unerwünscht bist.«

»Ich weiß, Zane.« Ich hörte, dass sie weinte. »Denkst du, das weiß ich nicht schon längst?«

»Du kannst nicht in die Mukbana fahren, Mum«, beschwor ich sie. »Sie werden dich umbringen, wenn du es versuchst. Sobald du aus der Stadt heraus bist, können sie mit dir machen, was sie wollen. Dort gibt es bestimmt Tausende von Männern, die den Job nur allzu gerne erledigen würden.«

Ich bat sie, nach Hause zu kommen, konnte sie aber nicht dazu überreden. Sie war in den Jemen geflogen, um Nadja zu sehen, und sie würde sich von diesen Leuten nicht davon abhalten lassen, egal wie groß ihre Angst auch war.

Wir wussten nicht genau, wann Nadjas Geburtstermin war, aber sicher war, dass er immer näher rückte. Ich verstand, dass Mum da sein und ihr zur Seite stehen wollte. Wie sie fühlte ich den verzweifelten Drang, dorthin zu eilen und meine kleine Schwester vor Gefahren zu schützen, aber ich wusste, dass ich nichts tun konnte. Solange also die Möglichkeit bestand, dass Mum ihr irgendwie helfen konnte, musste ich sie unterstützen. Mir war klar, dass sie, mit oder ohne meine Unterstützung, zu diesem Zeitpunkt an ihrem Plan festhalten würde.

Ich hatte Mum beschrieben, unter welch primitiven Umständen eine Geburt in den Dörfern vonstatten ging, wie gefährlich und schmerzhaft sie war. Und wir wussten, dass die Ärzte Nadja geraten hatten, keine weiteren Kinder zu bekommen. Der Gedanke daran, wie gefährlich die bevorstehende Geburt sein würde, beunruhigte uns sehr.

Das Problem hatte begonnen, als Nadjas Tochter Tina geboren wurde. Tina war ein sehr großes Baby gewesen, mit dichtem, langem schwarzem Haar. Die Dorfbewohnerinnen hatten versucht, Nadja zu helfen, ihr Baby auf natürlichem Weg auf die Welt zu bringen, doch schließlich stellte sich heraus, dass Tina feststeckte. Die Frauen hatten eine Rasierklinge, mit der sie die kleinen Jungen und Mädchen beschnitten. Sie sterilisierten sie nie, sondern legten sie bis zum nächsten Gebrauch einfach in ein Glas. Als ihnen klar wurde, dass sie möglicherweise sowohl Tina als auch Nadja verlieren würden, wenn sie nicht sofort etwas unternahmen, holten sie die unsterilisierte Klinge heraus und machten damit einen langen dilettantischen Schnitt, um Tina auf die Welt zu helfen. Da sie nichts hatten, um die Wunde zu desinfizieren, war sie nie richtig verheilt. Nadjas Ehemann hatte jedoch weiterhin auf seinen ehelichen Rechten bestanden und Nadja erneut geschwängert. Und mit jedem Kind wuchs auch die Arbeit, die Nadja Tag für Tag bewältigen musste.

Die Vorstellung, dass Nadja wieder solche Qualen erleiden würde und möglicherweise sogar ihr Leben verlor, ohne dass jemand bei ihr war, der sie liebte, war für Mum und mich einfach unerträglich. Mum war wenigstens im Jemen. Und sie tat etwas. Ich hingegen fühlte mich völlig hilflos und hatte schreckliche Angst, dass ich die beiden nie mehr wiedersehen würde.

Aber eins war mir klar: Nichts und niemand würde Mum von dem Versuch abhalten können, zu ihrer Tochter zu gelangen. Man braucht sich nur anzusehen, wie eine Löwin ihre Jungen beschützt, um zu wissen, dass eine Mutter in einer solchen Situation beängstigend stark sein kann. Meine Aufgabe war es jetzt, Liam zu beschützen, und das hieß, dass ich nicht ebenfalls in den Jemen gehen und mein Leben riskieren konnte.

Hinter den Kulissen müssen die britischen Diplomaten mit den Jemeniten über die Situation gesprochen und ihnen gesagt haben, dass Mum entschlossen sei, Nadja zu sehen, und wohl kaum abreisen werde, bevor sie das nicht getan habe. Den Jemeniten muss klar geworden sein, dass Mum kein Nein akzeptieren würde und dass die Chance, sie zurück nach England zu schicken, größer wäre, wenn sie ein Treffen arrangierten, um sie zu beschwichtigen. Und so versprachen sie, Nadja mit Mohammed und den Kindern zu einem Familientreffen nach Ta'izz zu bringen.

Als Nadja in Ta'izz ankam, hatte sie Tina und Haney dabei, aber nicht die beiden kleineren Kinder. Ich versuchte alle paar Stunden, Mum anzurufen, um zu erfahren, was vor sich ging. Schließlich erreichte ich sie und spürte, dass die Sache nicht gut gelaufen war. Sie klang traurig und teilnahmslos. Und erschöpft. Die Atmosphäre, erzählte Mum, sei von Anfang an vergiftet gewesen.

Nadja, die offensichtlich müde und krank war und von allen um sie herum unter Druck gesetzt wurde, misstraute Jana. Sie hielt sie für eine weitere Journalistin, die nur wieder Ärger verursachen würde. Sie hatte eben die Erfahrung gemacht, dass die Männer ihrer Familie ihr jedes Mal das Leben schwer machten, wenn Mum oder ich uns an die Medien wandten. Sie wusste zwar, dass wir das alles für sie taten, muss jedoch einfach die Konsequenzen gefürchtet haben. Je mehr wir die Jemeniten unter Druck setzten, umso mehr gaben sie den Druck an Nadja weiter. Sie hatte Jana nie zuvor gesehen und befürchtete sofort das Schlimmste.

»Als Nadja ankam«, erzählte mir Mum, »kam sofort auch Faisal angerauscht.« Faisal Abdul Aziz war der Assistent des Gouverneurs von Ta'izz. Offensichtlich hatte man ihm den Auftrag erteilt, die ganze Angelegenheit so schnell wie möglich zu erledigen.

»Er brachte eine Horde bewaffneter Männer mit«, fuhr Mum fort. »Lauter gefräßige Schweine. Sie haben die ganzen Süßigkeiten gegessen, die ich für die Kinder auf das Bett gelegt hatte.«

Ich konnte mir die Szene vorstellen. Ich hatte es immer mit Männern wie diesen zu tun gehabt, als ich noch im Jemen lebte. Faisal würde das gleiche herrische Verhalten an den Tag gelegt haben wie Chawki in Paris. Im Unterschied zu Chawki, der von Fernsehkameras und der Presse beobachtet worden war, brauchte er sich jedoch nicht zurückzuhalten. Faisal wird sich frei gefühlt haben, Mum und Jana zu schikanieren und einzuschüchtern und ungeniert zu grinsen und herumzustolzieren. Er hatte es schließlich nur mit Frauen zu tun – und zudem mit ausländischen Frauen. Ich war wütend und fühlte mich gleichzeitig ohnmächtig. Ich konnte diesem Mann nicht einmal sagen, was ich von ihm hielt.

»Wir konnten über nichts Persönliches reden mit so vielen Leuten im Raum«, erklärte Mum. »Deswegen hat Jana den Männern gesagt, sie wolle sich umziehen und sie sollten bitte den Raum verlassen.«

Ich lachte. Mir war klar, dass arabische Männer nicht so recht wussten, wie sie mit einer Frau mit feuerrotem Haar, die größer war als die meisten von ihnen und keine Angst zeigte, umgehen sollten.

»Sind sie rausgegangen?«, fragte ich.

»Ja.«

»Und was ist dann passiert?«

»Nard hat den Schleier abgenommen, und wir konnten uns einen Moment lang ein bisschen entspannen. Ich konnte sie mir viel besser ansehen als damals, als wir mit den Franzosen hier waren. Sie sieht so alt aus, Zane.« Ich hörte, wie Mums Stimme überschnappte, als sie von ihrem Kind erzählte. »Sie hat so viele Pockennarben und ihre Haut ist wie altes Leder.«

Wenn man jeden Tag in der brennenden Sonne arbeitet und sich über glutheiße, primitive Öfen beugt, verändert man sich zwangsläufig. Wenn man sich einseitig ernährt und nie genug Schlaf bekommt, altert die Haut doppelt so schnell.

Mum hatte Nadja die Fotos von uns gezeigt, die wir ihr mitgegeben hatten. Jana erzählte mir später, Nadja hätte Tränen in den Augen gehabt, als sie sich jedes einzelne Foto genau angesehen und die glücklichen, lachenden Gesichter betrachtet hätte.

»Warum kann ich nicht so leben wie meine Schwestern?«, hatte sie gefragt. Weder Jana noch Mum hatten eine Antwort darauf gewusst.

Ihre Schwestern und ihr Bruder müssen Nadja fremd vorgekommen sein, denn nun blickte sie in die Gesichter von Erwachsenen, die den Kindern, die sie 1980 zurückgelassen hatte, nur noch entfernt glichen. Abgesehen von Mo, der bei Mums erstem Besuch sechs Jahre nach unserem Verschwinden dabei gewesen war, hatte sie ihre Geschwister, seit sie 1980 zu einem angeblichen Urlaub in den Jemen aufgebrochen war, nicht mehr gesehen.

Seit fast zwanzig Jahren haben sich Nadja und ihre zwei Schwestern nicht mehr gesehen. Sie alle kämpfen darum, die Erinnerungen aneinander wach zu halten, die mit der Zeit einfach verblassen und sich verändern. Für Nadja muss es schwer sein, sich vorzustellen, wie Ashia und Tina in England leben. Aber genauso wenig können die beiden sich Nadjas endlose Tage im Jemen voll eintöniger Plackerei vorstellen.

Mum und ich haben nie versucht, Ashia oder Tina von irgendetwas auszuschließen, aber wir wollten ihnen so viel Leid wie möglich ersparen. Wem würde es nützen, wenn sie so unglücklich wären wie wir? Sie leiden, weil wir leiden, sind gleichzeitig jedoch in der Lage, ein normales, westlich geprägtes Leben zu führen, mit Männern ihrer Wahl Kinder zu haben und zu leben, wie und wo sie wollen.

Wir wohnen alle in Birmingham nah beieinander und sehen uns oft. Unsere Kinder verstehen sich prima, aber keins von ihnen kann sich vorstellen, wie seine jemenitischen Cousins und Cousinen in Aschube zu leben. Es ist, als lebten wir in unterschiedlichen Welten, deren einzige Verbindung ein paar Fotos sind, die uns auf unseren schmerzerfüllten Reisen begleiten.

»Warum kommst du jetzt nicht mit uns zur Botschaft?«, fragte Mum Nadja an jenem Tag, als sie im Hotelzimmer zusammensaßen. »Wir sorgen dafür, dass du einen Pass kriegst, und dann kannst du mit uns nach England fliegen.«

»Es liegt nicht an mir«, sagte Nadja. »Es liegt an ihnen.« Sie deutete auf die Tür, vor der die Männer warteten, um sie wieder mitzunehmen.

Nach einer halben Stunde, die ihnen keineswegs das Gefühl gegeben hatte, richtig miteinander geredet zu haben, steckte Mohammed seinen Kopf durch die Tür und sagte auf Arabisch: »Komm schon, du Miststück!« Schweigend verließ Nadja mit den Kindern das Zimmer.

Als ich dieses eine Wort hörte, da wusste ich, wie es um die Beziehung zwischen Mohammed und Nadja stehen musste. Ich konnte mir vorstellen, wie sehr sie sich danach sehnte, dass er auf Reisen ging oder einen Job in Übersee annahm, und wie sehr sie seine Rückkehr fürchten musste. Ich konnte mir vorstellen, wie er sie vor den Kindern beschimpfte und heruntermachte und dass sie gelernt hatte, ihre Gefühle auszuschalten, um seine Beleidigungen nicht an sich herankommen zu lassen.

Auch wenn man ihnen Nadja vorzeitig wieder entrissen hatte, Mum und Jana waren jetzt ein bisschen zuversichtlicher, denn Nadja war jetzt immerhin in der Stadt. Man hatte ihnen an diesem Tag zwar nur eine halbe Stunde mit ihr gegönnt, aber vielleicht konnten sie ein andermal, wenn die Männer nicht so übertrieben nervös waren, mehr Zeit mit ihr verbringen. Wenn sie sich erst sicher waren, dass Jana nur eine Freundin und keine Journalistin war, und sich an den Gedanken gewöhnt hatten, dass Nadja einfach ein bisschen Zeit mit ihrer Mutter verbringen wollte, würden sie den Frauen vielleicht erlauben, mehrere Stunden am Stück zusammen zu sein. Vielleicht sah Mohammed es sogar als Chance an, sich in der Stadt zu vergnügen, während Nadja und die Kinder beschäftigt waren. In den kommenden Wochen würde Nadja dann vielleicht so viel Vertrauen zu ihnen fassen, dass ihre Angst nachließ und sie eher bereit war, über eine Flucht nachzudenken.

Vielleicht erlaubten sie Nadja sogar, bis zur Geburt des Babys in Ta'izz zu bleiben und ihr Kind im Krankenhaus zu bekommen. In diesem Fall konnten die Ärzte und Hebammen sich den Schaden ansehen, den sie bei Tinas Geburt erlitten hatte, und ihre Schmerzen lindern. Mum und Jana waren zwar wütend, dass das

Treffen so grausam kurz gewesen war und dass Faisal und Mohammed sie ständig unterbrochen hatten, glaubten aber trotzdem, einen Schritt weitergekommen zu sein. Mum weihte mich am Telefon nicht genau in ihre Pläne ein, doch aus dem, was sie sagte, konnte ich mir ein Bild machen, und ich betete, dass alles glatt verlief.

Unsere Hoffnungen wurden schon bald zunichte gemacht. Nachdem Mum und Jana am folgenden Tag vergeblich darauf gewartet hatten, dass man Nadja wieder zu ihnen ins Hotel brachte, teilte man ihnen mit, sie sei wieder auf dem Weg ins Dorf.

Jedes Mal, wenn ich anrief, erzählte sie mir, dass weitere Treffen vereinbart und wieder verschoben, weitere Versprechen gegeben und wieder gebrochen worden seien. Ich war der Verzweiflung nahe, denn unsere Telefonate machten mir deutlich, dass sich nichts geändert hatte. Und mein Gefühl sagte mir, die ganze Reise werde sich als sinnlos erweisen. Mum und Jana klammerten sich an jeden Strohhalm, den man ihnen bot, obwohl ihre Hoffnungen immer wieder zerstört wurden. Und die ganze Zeit über war uns bewusst, dass der Geburtstermin unbarmherzig näher rückte.

Schließlich hieß es, Nadja sei krank und könne das Dorf nicht verlassen. Mum stellte klar, dass sie auf keinen Fall zurück nach England gehen würde, bevor sie ihre Tochter nicht noch einmal gesehen hatte. Auch wenn das hieß, bis nach der Geburt zu warten. Immerhin rügte der Gouverneur, bei dem Mum sich über das erste Treffen mit Nadja beklagt hatte, Faisal in Gegenwart von Mum und Jana wegen seines unsensiblen Vorgehens. »Er hat sich wirklich gewunden«, erzählte mir Mum.

Ich merkte, dass es ihr eine gewisse Genugtuung verschafft hatte, mit anzusehen, wie Faisal zur Schnecke gemacht wurde, aber ich wusste auch, dass sie sich ihn für immer zum Feind gemacht hatte. Vor einer Frau so gedemütigt zu werden, muss Faisals Stolz zutiefst verletzt haben.

Der Vorfall schien alles nur noch schlimmer zu machen. Mum und Jana verbrachten die Zeit damit, sich mit allen in Verbindung zu setzen, die möglicherweise Einfluss auf die Situation hatten. Aber von jedem hörten sie eine andere Geschichte, und es war nicht mehr möglich, zwischen Wahrheit und Lüge zu unterscheiden. Für Mum gab es nur noch eins: Sie würde sich hartnäckig weigern abzureisen, ohne Nadja noch einmal gesehen zu haben.

Als Mum und Jana einige Wochen später nach dem Abendessen zurück zu ihrem Hotel kamen, schoss Faisal aus einer dunklen Gasse hervor, in der er auf der Lauer gelegen haben musste. Er war ungewöhnlich freundlich und sagte ihnen, dass um fünf Uhr morgens ein Wagen kommen und Mum zu Nadja ins Dorf bringen würde. Nadja, so Faisal, sei nun hochschwanger, sodass eine erneute Reise in die Stadt nicht mehr infrage komme, doch man habe es so eingerichtet, dass Mum sie besuchen könne.

Glücklicherweise schaffte Mum es an diesem Abend, mich anzurufen, und erzählte mir, was passiert war. Mein Herz raste bei dem Gedanken an das, was passieren konnte, wenn sie die Einladung annahm.

»Fahr bitte nicht«, beschwor ich sie. »Was hat der Assistent des Gouverneurs nachts in irgendeiner Gasse zu suchen? Er hat irgendwas vor. Wenn du mitfährst, sehen wir dich nie wieder.«

Ich wusste, dass da etwas faul war. Würde Mum mit einem Vertreter der britischen Botschaft fahren, wäre es etwas anderes. Aber so? Wenn sie nicht zurückkam, brauchte Faisal nur leugnen, etwas von der Reise zu wissen. Als ich an diesem Abend den Hörer auflegte, ließ das eisige Gefühl, dass man Mum loswerden wollte, mein Herz gefrieren.

KAPITEL 4

Zwei Schritte dahinter

In den letzten Monaten wimmelt es in der britischen Presse von Horrorgeschichten über Entführungen und Morde von Ausländern im Jemen. Einige Touristen sind einfach verschwunden, andere wurden im Scharmützel zwischen Regierungstruppen und Kidnappern getötet. Die Medien zeigen sich schockiert, aber diese Art Banditentum ist im Jemen nichts Neues. Auf dem Land gibt es das seit eh und je. Schon immer sind in den Bergen Menschen verschwunden, von denen man nie wieder etwas gehört hat, nur plötzlich kommt so etwas in die Schlagzeilen. Ich habe immer gewusst, dass ich jederzeit beseitigt werden könnte, wenn ich zurück in die Mukbana ginge. Gott sei Dank schienen Mum und Jana begriffen zu haben, dass ich nicht übertrieb, wenn ich sagte, sie seien in großer Gefahr.

Wir waren alle entsetzt zu erfahren, dass Nadja ihr Kind im Dorf zur Welt bringen sollte. Mum hatte alle möglichen Leute angefleht, Nadja ins Krankenhaus in Ta'izz bringen zu lassen. Aber alle Wege führten zurück zu Faisal im Büro des Gouverneurs. Er machte sich über Mums Sorgen nur lustig und tat sie als typische Hysterie einer Mutter ab. Auf die ihm eigene gönnerhafte Weise sagte er ihr, sie solle sich nicht beunruhigen.

Die Frauen im Dorf wüssten, was sie täten, und Nadja habe Erfahrung im Kinderkriegen.

Aber wir machten uns ja gerade Sorgen wegen Nadjas früherer Geburten, und da Nadja keine Chance hatte, eine Schwangerschaft zu verhindern, schien es nur fair, ihr bei einer weiteren, nicht mehr abwendbaren Geburt wenigstens die Möglichkeit zu geben, das Kind in der Stadt zur Welt zu bringen. In Ta'izz bestand wenigstens die Hoffnung, dass sie ärztliche Hilfe erhielt, wenn etwas schief ging, im Dorf musste sie sich auf das Geschick der anderen Frauen verlassen.

Natürlich haben die Frauen in den Dörfern Erfahrung mit Geburten. Die Umstände zwingen sie, ihr Leben lang bei den Geburten der anderen dabei zu sein. Das bedeutet jedoch nicht, dass sie wissen, was zu tun ist, wenn Komplikationen auftreten. Sie haben keinerlei Arzneimittel, nicht einmal die einfachsten Antiseptika oder Sterilisierungsmittel.

Wir wussten, dass die Frauen ihr Bestes tun würden, solange keine Komplikationen auftraten. Aber was, wenn es sie gab? Wie sollten sie Nadja dann retten?

Wenn Nadja bei der Geburt des Kindes starb, würden die Männer nur die Achseln zucken und es als Pech bezeichnen, aber Mum hätte eine Tochter und ich eine Schwester verloren, und Nadjas Kinder stünden ohne Mutter da. Für die Behörden hingegen gäbe es eine Sache weniger, über die sie sich den Kopf zerbrechen mussten. Man wäre uns los. Je mehr ich zu Hause in England über all diese Dinge nachdachte, desto wahrscheinlicher erschien es mir, dass Nadja keine große Chance hatte. Tatsächlich kam es mir wie ein Wunder vor, dass sie so viele Geburten überlebt hatte.

Während ich mich in den dunkelsten Stunden der Nacht schlaflos hin und her wälzte, erinnerte ich mich daran, wie entsetzlich es gewesen war, Marcus im Dorf zur Welt zu bringen. Außer Ward, Abdul Khadas übellauniger Frau, war niemand da gewesen, der mir hätte helfen können, und sie war grob und unfreundlich mit mir umgegangen.

Sie hatte sich zuerst geweigert, mir zu glauben, als ich mitten in der Nacht verkündete, das Baby sei unterwegs. Nachdem ich mir schließlich die Hose ausgezogen und ernsthafte Anstalten gemacht hatte, fuchtelte sie mir widerwillig mit einer Taschenlampe zwischen den Beinen herum, während ich vor Angst und Schmerzen schrie.

Dann war da der schreckliche Moment gewesen, als sie still geworden war und ich nicht wusste, was sie tat. Die Nabelschnur hatte sich um Marcus' Hals gewickelt. Ward hatte das Baby im Licht einer Taschenlampe davon befreien müssen, während Abdul Khada, der sich irgendwo im Hintergrund aufhielt, sie anschrie und zu wissen verlangte, was mit seinem Enkel los sei. Der Gedanke, dass Nadja erneut eine ähnliche Tortur über sich ergehen lassen musste, noch dazu, wo sie bereits genug gesundheitliche Probleme hatte, war grauenvoll. Ich stellte mir vor, wie sie bei dieser Tortur starb und die Frauen, die nur allzu gut wussten, welcher Gefahr eine Frau in solchen Momenten ausgesetzt ist, einander nur ansehen und mit den Schultern zucken würden, unfähig, irgendetwas zu tun, um Nadja zu retten.

Da ich so weit weg bin von Nadja, male ich mir immer sofort die entsetzlichsten Dinge aus. Es gelingt mir einfach nicht, zur Ruhe zu kommen. Ein wichtiger

Grund unter vielen, Nadja wieder nach England zu holen, ist die Tatsache, dass sie endlich richtig untersucht und ärztlich versorgt werden muss, außerdem muss ihr Empfängnisverhütung ermöglicht werden. Vielleicht können die Ärzte nichts für sie tun, aber sie verdient zumindest eine Chance.

Wenn Nadja auf Urlaub nach England käme, und sei es auch nur für ein paar Wochen, würden wir sie alle nach Strich und Faden verwöhnen. Wir würden ihr jeden Wunsch von den Augen ablesen, ihr all ihre Lieblingsgerichte kochen und dafür sorgen, dass sie wieder zu Kräften kommt. Seit fast zwanzig Jahren hat sie keinen Urlaub mehr gehabt. Als Ehefrau und Mutter kennt sie keine freien Tage. Sie hat keinen Partner, der sie unterstützt und ihr einen Teil der Last abnimmt, keine Eltern oder Schwiegereltern, die ihr bei der Hausarbeit oder anderen Dingen helfen.

Als Gowad und seine Frau vor vielen Jahren nach England kamen, ließen sie ihre jüngeren Kinder bei Nadja, sodass sie neben ihren eigenen Kindern auch diese großziehen musste. Sie hatten Nadja gesagt, die Schwiegermutter mache nur Urlaub und komme bald zurück, doch das tat sie nicht. (Welchen Grund sollte sie oder irgendeine andere Frau auch haben, zu einem solchen Leben zurückzukehren, wenn sie die Chance hat, in England zu leben?)

Mum nahm sich an jenem Abend meinen Rat zu Herzen, denn sie wusste, dass ich Recht hatte. Sie ging nicht um fünf Uhr morgens nach unten, um Faisal zu treffen. Es muss für sie eine schwere Entscheidung gewesen sein. Ich kann mir vorstellen, wie sie sich fühlte, denn während meiner Reise mit der französischen

Filmcrew hatte man mir ein ähnliches Angebot gemacht. Natürlich wollte ich damals unbedingt zum Dorf fahren, egal wie gefährlich das sein mochte. Es schien die einzige Möglichkeit zu sein, Marcus wiederzusehen. Doch gleichzeitig wusste ich, dass es töricht wäre, das Risiko einzugehen, und dass ich, sobald ich da wäre, Marcus – wenn überhaupt – dann wahrscheinlich nicht länger als fünf Minuten würde sehen dürfen.

Die Gefühle einer Mutter sind manchmal sehr gespalten. Einerseits ist man bereit, alles für seine Kinder zu tun – sogar zu sterben. Andererseits weiß man, dass dann die letzte Chance dahin ist, die Kinder zu beschützen. Ich mag gar nicht daran denken, wie Mum sich an jenem Abend, als sie in Ta'izz festsaß, gefühlt haben muss, nur wenige Autostunden von Nadja entfernt. Sie wusste, dass die Geburt kurz bevorstand. Aber sie wusste auch, dass man sie aller Wahrscheinlichkeit nach umbringen würde, wenn sie versuchte, zu Nadja zu gelangen. Sie muss sich vorgestellt haben, dass das Auto draußen wartete, und mehr als einmal versucht gewesen sein, nach unten zu gehen. Es ist natürlich auch möglich, dass sie, wäre sie tatsächlich nach unten gegangen, weder Faisal noch den Wagen dort vorgefunden hätte. Wir werden es nie wissen, weil Mum in ihrem Hotelzimmer bei Jana blieb.

Nachdem sie Faisals Angebot, sie nach Aschube zu bringen, abgelehnt hatte, wurde es noch schwieriger, mit irgendeinem Verantwortlichen in Kontakt zu treten. Zweifellos hatte Faisal dem Gouverneur berichtet, er habe sein Bestes getan, um Mum ihren Wunsch zu erfüllen, doch sie habe seine »Hilfe« in letzter Minute abgelehnt. Mums Ruf, eine schwierige, verstockte Frau zu sein, würde sich mal wieder bestätigt haben. Und die Behörden konnten, in der Hoffnung, dieses Mal würden wir den Mund halten, die Akte erneut schließen. Doch da hofften sie vergebens.

»Ich hab was vom Dorf gehört«, erzählte Mum mir einige Wochen später.

»Was gehört?« Mir stand das Herz still, als ich mir vorstellte, welch schreckliche Nachricht ich jetzt vielleicht hören würde.

»Nard hat ihr Kind bekommen. Es ist ein Junge.«

»Geht es ihr gut?«

»Das sagen sie jedenfalls. Aber sie würden es mir wohl kaum erzählen, wenn es anders wäre, oder?«

Zumindest wussten wir, dass Nadja und das Baby die Geburt überlebt hatten, denn wenn einer von beiden gestorben wäre, hätten sie es uns sicher gesagt. Ich war zwar erleichtert, konnte mir aber trotzdem nicht vorstellen, wie Nadja es schaffen sollte, sich neben allen anderen Pflichten um das Neugeborene zu kümmern. Wenn sie am Leben war, gab es Hoffnung, dass Mum und Jana sie noch einmal sehen durften. Ich war auch froh, dass das Baby ein Junge war, denn in einer Gesellschaft, in der Frauen keine, Männer aber alle Rechte haben, hatte Mums neuer Enkel eine größere Chance, ein glückliches Leben zu führen.

Als Mum um ein Treffen bat, sagte man ihr, Nadja könne nach der Geburt vierzig Tage lang nicht reisen. Das sei in muslimischen Ländern Tradition. In Wirklichkeit ist es so, dass die junge Mutter für vierzig Tage heim zu ihrer Mutter geht, bevor sie mit dem Baby zu ihrem Mann zurückkehrt. Dahinter steckt der Gedanke, der Frau eine Pause zu gönnen und es der Großmutter zu erlauben, das Baby mitzuversorgen, bis dessen Mutter wieder Kräfte gesammelt hat und bereit ist, erneut ihre Ehepflicht zu erfüllen.

Doch sie erzählten Mum genau das Gegenteil. Hätten sie sich wirklich an die Tradition halten wollen, hätten sie, statt Mum davon abzuhalten, Nadja und das Baby zu sehen, die beiden für vierzig Tage nach Ta'izz gebracht, damit Mum sich um sie kümmern und Nadja sich ausruhen konnte.

In Wirklichkeit gibt man keiner Frau in einem Dorf wie Aschube vierzig Tage am Stück frei. Normalerweise schleppte sie schon wenige Tage nach der Geburt wieder Wasser, kochte, putzte und arbeitete sogar auf dem Feld. Ich erinnere mich noch gut daran, wie schnell nach der Geburt von Marcus von mir erwartet wurde, wieder zu arbeiten. Und die Männer forderten ihre ehelichen Rechte ein, egal wie schmerzvoll dies für die Frau sein mochte. Vielleicht halten die wohlhabenden Muslime noch an der Tradition der 40 Tage fest, aber ich wusste, dass Nadja sicherlich nicht in den Genuss kommen würde.

Mum war klar, dass die Beamten logen, aber sie ließen nicht mit sich reden. Sie taten ihren Protest einfach mit einer Handbewegung ab und stellten sie als dumme Ausländerin hin, die die muslimischen Traditionen nicht verstand. Also blieb ihr nichts anderes übrig, als ihr Visum erneut zu verlängern – was sich als großes Problem erwies.

Faisal glaubte nicht, dass es ihr gelingen würde, den notwendigen Stempel zu bekommen. Er nahm an, dass er jetzt, wo er Mum vierzig Tage warten ließ und sie gezwungen sein würde, nach Hause zu fahren, ohne Nadja noch einmal gesehen zu haben, sein Ziel erreicht hatte. Aber durch einen glücklichen Zufall traf Mum einen Taxifahrer, der wusste, wo er sie hinbringen musste, um den Stempel zur Verlängerung ihres Visums zu bekommen. Und so war sie nach Ablauf der vierzig Tage noch immer da. Faisal kochte vor Wut, konnte aber nichts dagegen unternehmen. Er muss sich gefragt haben, ob er Mum jemals loswerden würde.

Während der vierzig Tage, die Mum in dem Staub, dem Lärm und der Hitze von Ta'izz warten musste, lernte sie einen jungen Syrer namens Abdul kennen. Abdul war Koch in einem Restaurant, das Mum und Jana entdeckt hatten, als sie in einem Hotel wohnten, in dem das Essen entweder erst gar nicht gebracht wurde oder ungenießbar war.

Abdul war freundlich und höflich zu Mum, obwohl jeder, der Umgang mit einer Ausländerin pflegte – vor allem mit einer, die den Ruf hatte, eine Unruhestifterin zu sein –, damit rechnen musste, Probleme mit den Behörden zu bekommen. Anfangs glaubte Mum, Abdul sei einfach nur nett zu ihr. Bis er sie mitten im Restaurant küsste. Das war für einen arabischen Mann in jenem Teil der Welt unglaublich mutig, und es dauerte nicht lange, bis die beiden sich ineinander verliebt hatten.

Ich erfuhr davon, als ich eines Tages mit Mum telefonierte. Normalerweise fällt es Kindern nicht im Traum ein, ihre Eltern könnten ein Liebesleben haben, und ich war wohl ein bisschen schwer von Begriff. Als der Groschen dann schließlich fiel, geriet ich total in Panik. Ich wusste nichts über Abdul, aber viel über arabische Männer im Allgemeinen und über ihr Verhalten Frauen gegenüber. Ich drehte völlig durch und schrie Mum an, sich ja nicht auf ihn einzulassen. Sie sei dumm, ereiferte ich mich, möglicherweise sei es ein Trick und Faisal habe Abdul als Spitzel geschickt. Der Gedanke, einen weiteren Araber in unsere Familie hineinzulassen, jagte mir eine Heidenangst ein. Nach allem, was ich erlebt hatte, konnte ich mir einfach nicht vorstellen, dass er ein echter Freund sein konnte. Ich war davon überzeugt, dass er Hintergedanken hatte. Es musste eine andere Erklärung für sein Verhalten geben.

Ich hätte es besser wissen müssen. Wenn Mum sich etwas in den Kopf gesetzt hat, lässt sie sich nicht so leicht davon abbringen. Außerdem ging es mich nichts an. Völlig zu Recht gab sie nichts auf meine Meinung.

Sie, Jana und Abdul fuhren, während sie auf das Ende der vierzig Tage warteten, nach Aden, um mal aus Ta'izz herauszukommen. Offenbar zögerte Jana zunächst mitzukommen. Sie fürchtete wohl, es werde darauf hinauslaufen, dass sie für zwei frisch Verliebte den Anstandswauwau spielte, aber Mum bestand darauf, dass sie mitfuhr. Während dieses Kurzurlaubs unternahm Jana viel alleine. Sie schwamm im Meer oder saß am Strand und las. Ich glaube, sie und Mum brauchten damals ein wenig Abstand voneinander. Sie hatten zwei Monate lang sehr eng aufeinander gehockt. Praktisch vierundzwanzig Stunden zusammen in einem Hotelzimmer zu hausen stellt eine Freundschaft auf eine harte Probe.

Als ich mich beruhigt und über Mums Beziehung nachgedacht hatte, kam ich zu dem Schluss, dass es sich um eine positive Nachricht handelte, vorausgesetzt, Abdul war ein guter Mann. Mum hatte ein bisschen Glück verdient. Mochte sie von ihren Kinder und von Freunden wie Jana auch viel Liebe und Unterstützung erfahren, es war einfach etwas anderes, einen liebevollen Partner an der Seite zu haben – jemanden, der auch dann noch für sie da war, wenn wir anderen nach Hause gegangen waren. Ich wusste, wie wichtig es für mich war, dass Paul mir half, nicht den Verstand zu verlieren, wenn sich alles gegen mich verschworen zu haben schien. Warum sollte es Mum schlechter ergehen als mir? Sie hatte kein eigenes Leben mehr gehabt, seit sie mit siebzehn Dad kennen gelernt und ihre Kinder bekommen hatte.

Jedes Mal, wenn Mum Abdul erwähnte, war deutlich zu spüren, wie sehr sie von ihm angetan war. Es muss ihr geschmeichelt haben, dass sich wieder jemand für sie interessierte. Später erzählte sie mir, sie habe zum ersten Mal in ihrem Leben das Gefühl gehabt, jemanden wirklich zu lieben. Umso trauriger machte sie der Gedanke, dass Nadja in einer lieblosen Ehe gefangen und von zahllosen Geburten und Krankheit niedergedrückt war, ohne Hoffnung, diesem Leben jemals zu entkommen. Mum und ich sind selten in der Lage, die Freuden des Lebens zu genießen, ohne Gewissensbisse zu bekommen, wenn wir daran denken, wo Nadja ist und was sie durchmacht.

Mum und Abdul haben, mit Jana, einem Taxifahrer und einem Freund von Abdul als Trauzeugen, in Ta'izz geheiratet. Ich wusste, dass es für Mum mit einem Araber als Ehemann leichter sein würde, mit Faisal, Mohammed und anderen arabischen Männern zu verhandeln. Sie würden einem anderen Mann mit mehr Respekt begegnen.

Während der vierzigtägigen Wartezeit fanden Mum und Jana heraus, dass man sie seit ihrer Ankunft im Jemen überwacht hatte. Viele im Jemen lebende Ausländer hatten eingeschmuggelte Exemplare von *Noch einmal meine Mutter sehen* gelesen. Sie wussten eine Menge über Nadjas Schicksal, aber man hatte sie davor gewarnt, mit uns Kontakt aufzunehmen. Dennoch erhielten Mum und Jana von mehreren den Wink, dass sie sich in Gefahr befänden.

Diejenigen, die das Vorgehen von Regierung und Polizei kannten, warnten die beiden, dass sie möglicherweise erschossen würden, wenn sie nicht Acht gaben, wo sie hingingen und mit wem sie sich einließen. Aber die wenigsten brachten den Mut auf, Zeit mit ihnen zu verbringen. Innerhalb der Bevölkerung hatte man verbreitet, die beiden seien gottlose Frauen, die versuchten, eine unschuldige jemenitische Frau ihrem liebenden Ehemann zu entreißen. Und so waren Mum und Jana fast völlig isoliert.

Alle Tonbandaufnahmen, zu denen man Nadja oder mich gezwungen hatte und auf denen zu hören war, dass es uns gut ging und wir unsere Männer liebten, wurden der Öffentlichkeit vorgespielt oder in den Regionalzeitungen veröffentlicht. Und immer hieß es, Mum sei eine Schwiegermutter, die sich ständig einmische und darauf aus sei, ihrem Schwiegersohn das Leben zur Hölle zu machen.

Natürlich hasste jeder verheiratete Mann im Jemen Mum und alles, wofür sie stand. Wäre sie einem von ihnen in einer unbelebten Straße über den Weg gelaufen und er hätte ihr einen Dolch ins Herz gestoßen, hätte er sich dafür wohl nie vor Gericht verantworten müssen. Im Gegenteil, man hätte ihn wahrscheinlich als Helden gefeiert, der seine muslimischen Brüder vor dem schrecklichen Schicksal weiblicher Herrschaft bewahrt hatte.

Viele von diesen Männern fuhren gerne in den Westen und lebten dort sogar, wenn es ihnen möglich war, aber keiner von ihnen wollte, dass seine Frau mit der Vorstellung infiziert wurde, sie könne irgendwelche Rechte haben. Ihre Frauen sollten auf keinen Fall herausfinden, dass sie ihnen widersprechen und vielleicht sogar das Sorgerecht für ihre kostbaren Kinder beantragen konnten; dass sie sich ihre Kleider selbst aussuchen und über ihr eigenes Geld verfügen konnten; dass sie entscheiden konnten, wie sie ihre Kinder großziehen oder welchen Beruf sie ausüben wollten.

Sie alle wollten, dass Mum zum Schweigen gebracht wurde.

Ich war mir all dieser Risiken bewusst gewesen, bevor Mum und Jana England verließen, aber das machte es nicht leichter. Während ich zu Hause auf ihre Rückkehr wartete, malte ich mir die schrecklichsten Dinge aus. Es gab tausend verschiedene Möglichkeiten, wie Mum für immer verschwinden konnte. Sie konnte einen tragischen Unfall haben oder einen Berg hinabstürzen. Sie konnte das Opfer eines unerklärlichen Raubüberfalls oder einer mysteriösen Lebensmittelvergiftung werden. Oder sie konnte eines Tages einfach ohne jede Erklärung und ohne jeden Hinweis darauf, was ihr zugestoßen war, verschwinden.

Ich konnte mir gut vorstellen, welches Tamtam die Beamten der britischen Botschaft und des Außenministeriums machen würden, wenn irgendetwas davon sich bewahrheitete: Sie würden Beschwerden einreichen, ihr Bedauern und ihr Mitgefühl bekunden und hoch und heilig versprechen, der Sache auf den Grund zu gehen. Doch bald würden sie es satt haben, Spuren nachzugehen, die unausweichlich in eine Sackgasse führen mussten, und ärgerlich werden, wenn unsere Familie weiterhin darauf bestand, die Wahrheit zu erfahren. Es würde immer schwieriger für uns werden, Antworten auf unsere Fragen zu erhalten, und schließlich würden sie uns als lästig abwimmeln. Und dann, vor Erleichterung seufzend, die Akte schließen. Sie würden sagen, sie hätten Mum immer wieder vor dieser Reise gewarnt. Und ihr Gewissen würde rein sein.

Solche Vorstellungen quälten mich Tag und Nacht. Ich hatte Schwierigkeiten, mich auf irgendetwas zu konzentrieren, und nachts hatte ich schreckliche Albträume. Ich wünschte mir, Mum wäre heil und gesund zurück in England. Ich wollte sie nicht auch noch verlieren und den Kampf alleine fortsetzen müssen.

Auch als die vierzig Tage um waren, kam es nicht zu dem Treffen mit Nadja. Weitere Versprechen wurden gebrochen und eine Lüge nach der anderen aufgetischt. Es muss nicht einfach für Faisal gewesen sein, dem Gouverneur zu erklären, warum er die Situation nicht in den Griff bekommen hatte und warum Mum und Jana noch immer in der Stadt waren und Ärger machten.

Es hatte nicht den Anschein, dass die Behörden jemals ihre Versprechen einlösen würden, solange Mum und Jana in ihrem Hotelzimmer saßen und darauf warteten, dass etwas geschah. Schließlich beschlossen sie, die Behörden mit ihren eigenen Waffen zu schlagen, und heckten einen Plan aus. Jana sollte nach Sanaa fliegen und allen erzählen, dass sie mich in Paris treffen werde, um mit mir gemeinsam in der Talkshow *Sacrée Soirée* aufzutreten und aller Welt zu erzählen, was in Ta'izz vor sich gehe.

Auch Mum sollte so tun, als trete sie die Heimreise

an. Faisal würde Nadja dann höchstwahrscheinlich nach Ta'izz bringen und behaupten, Mum habe sie gerade verpasst. Und Mum konnte schnell aus Sanaa zurückkommen und Nadja sehen.

Der Plan ging auf: Sobald es so aussah, als wolle Mum das Land verlassen, ließ Faisal Nadja und das Baby nach Ta'izz bringen. Es wäre sehr traurig, sagte er, dass Mum nicht ein bisschen länger geblieben sei. Doch Mum kehrte sofort nach Ta'izz zurück, und Faisal konnte nun schlecht behaupten, Nadja sei nicht da.

Begleitet vom britischen Konsul gingen Mum und Abdul zu dem Treffen mit Nadja, das in Faisals Büro stattfand. Mum und Nadja durften dann eine halbe Stunde zusammen in einem Besprechungszimmer verbringen. In den drei Monaten, die Mum im Jemen verbrachte, konnte sie insgesamt eine Stunde unter vier Augen mit Nadja sprechen.

Dieses Mal wusste sie, dass sie keine Zeit verschwenden durfte. Als die beiden alleine waren, kam sie sofort zur Sache und bat Nadja, mit nach England zu kommen. Das könne sie nicht, sagte Nadja. Mohammed habe ihr gedroht, sie rauszuschmeißen und die Kinder zu behalten, sollte sie auch nur erwähnen, dass sie nach England gehen wolle.

Ich konnte es mir vorstellen. Ein Mann wie Mohammed konnte mit seiner Frau in seinem eigenen Haus machen, was er wollte, und keiner würde Nadja helfen. Ich fand dennoch, man solle es darauf ankommen lassen. Sollte er Nadja doch rausschmeißen. Dann hätten wir zumindest sie zurück, wenn auch nicht die Kinder. Aber ich wusste, dass Nadja mit dieser Lösung nicht einverstanden sein würde. Wir mussten einen Weg finden, auch die Kinder herauszuholen.

Als Nadja den Schleier abnahm, war Mum geschockt, wie krank sie aussah. »Möchtest du nach Hause kommen?«, fragte sie immer wieder.

»Ja, Mum. Ich möchte kommen, aber er lässt mich nicht. Er lässt mich nicht!«

Als sie nicht mehr alleine waren, fragte Mum, ob Abdul mit Mohammed sprechen könne, von Mann zu Mann. Abdul war ja nun Nadjas Stiefvater und damit hatten seine Worte Gewicht. Doch das Ergebnis der Unterhaltung war, wie Abdul anschließend berichtete, dass Mohammed es Nadja nie erlauben werde, nach England zu gehen.

Mum fragte, ob Mohammed Geld wolle oder ein Haus. Wir würden ihm geben, was immer er verlange. Wir hatten mit dem Buch einiges Geld verdient und bereits Mums Reise in den Jemen davon bezahlt. Und wenn ich Nadja von dem Rest hätte freikaufen können, hätte ich es getan. Mum wusste das.

Mit ihrem Vorschlag hatte Mum anscheinend Mohammeds Stolz verletzt, denn er wurde wütend und sagte, er habe ein Haus und wolle unser Geld nicht. Und dann befahl er Nadja, dem britischen Konsul zu sagen, dass sie nicht nach England gehen wolle.

Nadja sah völlig verängstigt aus. Mum war sich sicher, dass sie Mohammed gehorchen würde, und einen Moment lang glaubte sie, die Anspannung nicht mehr aushalten zu können und zusammenzubrechen. Nachdem sie so lange darauf gewartet hatte, Nadja zu sehen, und sich nun endlich mit ihr in einem Zimmer befand, war die Angst davor, Mohammed könne sie, wenn er genug von allem hätte, jeden Moment wieder wegbringen, einfach zu viel für ihre Nerven.

»Ich will nicht mehr hierher kommen«, sagte Nadja,

womit sie sich weigerte zu sagen, sie wolle nicht nach England gehen. Wütend über ihren Ungehorsam, befahl Mohammed ihr, sofort mitzukommen. Und Mum musste mit ansehen, wie Nadja hinaushinkte, zwei Schritte hinter ihrem Mann, wie ein geschlagener Hund. Sie wusste, dass sie kein weiteres Treffen würde arrangieren können.

Doch sie konnte Nadja nicht einfach gehen lassen, ohne sich von ihr verabschiedet zu haben, und folgte ihr nach draußen. Nadja ging auf den Jeep zu und Mohammed schimpfte verärgert auf sie ein. Als Mum sie eingeholt hatte, schloss Nadja die Augen und seufzte.

»Wenn du im französischen Fernsehen sprichst, Mum«, sagte sie ruhig, »muss ich während der Sendung anrufen und ihnen sagen, dass ich nicht nach Hause will.« Sie sah Mum direkt in die Augen. »Ich kann nichts dafür, Mum. Es ist der Islam. Ich bin Muslima. Ich kann nicht mit dir nach Hause kommen. Er hat gesagt, er wird mich nach Hause bringen, aber es hängt nicht von mir ab, ob ich kommen kann oder nicht. Es hängt von ihm ab. Ich will nach Hause kommen, aber …«

»Ich liebe dich, Nard«, sagte Mum, die sie nicht noch mehr leiden lassen wollte, und dann umarmten sie sich. Mum drückte Nadja fest an sich, überhäufte sie mit Küssen und spürte, wie ihr gebrechlicher Körper zitterte, während sie still in sich hineinschluchzte. Wie hilflos muss Mum sich gefühlt haben, hilflos und verzweifelt!

KAPITEL 5

Das Außenministerium

Mums Jemenreise trug nicht gerade dazu bei, unsere bereits angespannten Beziehungen zum Außenministerium zu verbessern. Da sie nicht damit gerechnet hatte, so lange dort zu bleiben, ging ihr nach ein paar Wochen das Geld aus, und sie bat mich, ihr noch welches zu schicken.

Da ich keine Ahnung hatte, wie man Geld von einem Land zum anderen transferiert, musste ich jemanden finden, der mir dabei half. Das Mal zuvor hatte ich Mum das Geld durch das Außenministerium in London zukommen lassen. Ich hatte einfach dort angerufen, und man hatte dafür gesorgt, dass es zur Botschaft in Sanaa gelangte. Als Mum mir erzählte, dass sie weitere vierzig Tage bleiben müsse, griff ich sofort zum Hörer. Kaum hatte ich meinen Namen genannt, schlug mir ein feindseliger Ton entgegen. Ich erklärte das Problem und fragte, ob man mir noch einmal helfen könne.

»Was ist nur mit euch Leuten los?«, lautete die Antwort. »Nadja geht es gut im Jemen. Ich schicke kein Geld mehr. Ich habe Ihnen bereits einmal geholfen. Ein weiteres Mal werde ich es nicht tun.« Der Hörer wurde auf die Gabel geknallt und ich blieb wütend und hilflos zurück. Die aggressiven Worte brannten sich in mein Gehirn ein. Ich schleuderte das Telefon durchs Zimmer und es zersprang in tausend Stücke. Die Wut, die sich seit Jahren in mir angestaut hatte, brach aus mir heraus, und mit einem Mal ging mir ein Licht auf. »Euch Leuten.« Mir schien, als war dies eine Anspielung auf meine Hautfarbe. Und in diesem Moment wurde mir klar, dass unser Problem zum Teil ein Rassenproblem war. Wären unsere Eltern nicht dunkelhäutig, hätte die Frage der »doppelten Staatsbürgerschaft« nie zur Diskussion gestanden. Niemand hätte auch nur einen Moment lang bestritten, dass uns, als man uns in die Ehe verkauft, gegen unseren Willen in der Mukbana festgehalten und vergewaltigt hat, ein Unrecht geschehen ist. Nadja war britischem Recht zufolge minderjährig, als sie ins Ehebett gezwungen wurde. Wäre unser Name Smith gewesen und hätten wir blondes Haar und blaue Augen gehabt, wären wir innerhalb weniger Monate oder sogar Wochen aus diesen Bergen heraus gewesen.

Andere Ereignisse haben mir dies inzwischen bestätigt. Als zwei englische Mädchen in Bangkok wegen Drogenschmuggels verurteilt wurden, hat John Major sich sofort eingeschaltet und verlangt, dass man sie aus dem Gefängnis entlasse und zurück nach England schicke. Sie hatten ein Verbrechen begangen, aber der Premierminister war bereit, sich für sie einzusetzen. Als wir hörten, dass die Mädchen nach Hause gebracht wurden, schrieb Mum John Major einen Brief, in dem sie ihre Empörung darüber zum Ausdruck brachte, dass ihre Töchter nie eine derartige Hilfe erfahren hätten. Sie erhielt keine Antwort.

Als zwei britische Krankenschwestern in Saudi-Arabien des Mordes für schuldig befunden und ins Gefängnis gesteckt wurden, machten sich die Politiker wieder an die Arbeit, und die beiden Frauen waren im Handumdrehen zurück in Großbritannien. Wie sie waren wir in einem muslimischen Land eingesperrt, wir jedoch hatten kein Verbrechen begangen. Wir waren die Opfer der Verbrechen anderer, aber kein Minister kam uns zu Hilfe. Keiner der Mächtigen forderte, uns Gerechtigkeit widerfahren zu lassen.

Als jemenitische Stammesangehörige europäische Touristen kidnappten, gab es sofort einen internationalen Aufschrei.

Der einzige Unterschied, den ich zwischen uns und all den anderen feststellen kann, ist unsere Hautfarbe. Unterhaltungen wie die mit dem Beamten des Außenministeriums machten mich so wütend, dass es mir die Sprache verschlug.

Die britische Regierung betreibt auch eine sehr inkonsequente Politik in Bezug auf Kinderbräute im Jemen. Als vor kurzem die fünfzehnjährige Aisha aus Wales auf die gleiche Weise verkauft wurde wie Nadja und ich, rief der Parlamentsabgeordnete ihres Wahlkreises Mum an und bat um Rat. Er erzählte ihr, Aishas Mutter sei in einem schrecklichen Zustand.

»Sagen Sie ihr, sie soll nicht aufgeben«, riet Mum ihm. »Sagen Sie ihr, sie soll ans Außenministerium schreiben und erklären, was passiert ist. Aber weisen Sie sie darauf hin, dass man ihr sagen wird, man könne nichts unternehmen, weil ihre Tochter die doppelte Staatsangehörigkeit hat.«

»Das hat sie bereits getan und genau das war die Antwort des Außenministeriums«, sagte der Abgeordnete. »Aber man will trotzdem versuchen, sie dort rauszuholen.«

»Wünschen Sie ihr Glück«, sagte Mum. »Wir haben es mit Zana geschafft. Aber erst nach acht Jahren.«

Über diesen Fall wurde dann ausgiebig in den Medien berichtet, und als Nächstes hörten wir, die diplomatische Vertretung im Jemen hätte Aisha entführt und mit in die Botschaft genommen, bis sie nach Wales zurückgebracht werden konnte. Die britische Regierung hatte für sie genau das getan, was sie 1980 auch für uns hätte tun sollen.

Natürlich haben wir uns sehr für Aisha gefreut und gehofft, das Verhalten der Regierung bedeute einen Kurswechsel und damit für uns eine größere Chance, Nadja zurückzubekommen. Das war jedoch nicht der Fall. Aishas Familie schien einfach durch einen glücklichen Zufall die richtige Person um Hilfe gebeten zu haben, die das Unmögliche möglich gemacht hatte.

Wir sind zwar wütend, dass man uns nicht auf die gleiche Weise behandelt hat, doch gibt Aishas Fall uns zumindest die Hoffnung, dass wir unser Ziel erreichen werden, wenn wir bei unserem Kampf an die richtige Person geraten. Aber wie finden wir sie?

Als der Bürgerkrieg zwischen dem Nord- und dem Südjemen ausbrach und über Aden Bomben abgeworfen wurden, begann das Außenministerium mit der Evakuierung aller britischen Staatsbürger aus diesem Gebiet, unabhängig davon, ob sie die richtigen Papiere hatten. Wir waren verzweifelt. Nun würde Nadja zu allem Übel auch noch mitten in einer Kriegszone leben – als ob sie nicht schon genug durchgemacht hätte! Wir hofften, dieser Krieg würde sich letztlich für uns als Segen herausstellen und uns einen neuen Ausweg bieten. Mum rief im Außenministerium an und fragte, ob man

Nadja und die Kinder zusammen mit den anderen Briten aus dem Jemen ausfliegen könne.

»Wir haben nicht die Absicht, Nadja aus dem Jemen herauszuholen«, lautete die Antwort. Das Außenministerium schien seine Entscheidung getroffen zu haben. Weil die zuständigen Beamten zu Beginn unserer Gefangenschaft nicht schnell genug gehandelt hatten, saß Nadja in der Falle. Sie war jetzt schon so lange im Jemen, dass man, wie man uns sagte, nichts mehr unternehmen könne. Sie wuschen ihre Hände in Unschuld.

Von Seiten des Außenministeriums war also keine Unterstützung zu erwarten. Mochte Nadja krank sein, man würde ihr nicht helfen. Mochte sie in Gefahr schweben, getötet zu werden, man würde nicht einmal den Versuch unternehmen, sie herauszuholen. Mochte sie auch gezwungen sein, ihrem Mann ein Kind nach dem anderen zu gebären, bis ihr Körper schließlich verbraucht war, das Außenministerium würde sich nicht einmischen.

Im Verlauf der Jahre haben die Vertreter der britischen Regierung ihre Version der Geschichte so oft geändert, dass es nicht einfach ist, sich daran zu erinnern, was sie am Anfang gesagt haben. Jetzt behaupten sie, ich hätte 1980 einen Brief an die britische Botschaft unterschrieben, in dem ich darum gebeten hätte, meinem Mann ein Visum für England auszustellen. Ich kann mich an einen derartigen Brief nicht erinnern, aber damals war ich eine traumatisierte Fünfzehnjährige und hätte wahrscheinlich alles unterschrieben, was Abdul Khada, mein so genannter Schwiegervater, mir zu unterschreiben befohlen hätte.

Ich habe diesen Brief nie gesehen, aber die Behörden, die ja behaupten, er existiere, sehen ihn als Beweis dafür an, dass unsere Ehen nur dem Zweck gedient hätten, den Jungen britische Pässe zu besorgen.

Selbst wenn das zutreffen sollte, Nadjas und meine Idee war es garantiert nicht. Wir waren nicht in der Lage, einen solchen Plan auszuhecken, und hätten es auch nie getan. Wir kannten die Jungen und ihre Familien nicht, bevor wir in den Jemen kamen. Warum hätten wir sie heiraten und nach England holen sollen? Wenn diese Ehen aus »Zweckmäßigkeitsgründen« geschlossen wurden, dann haben wir ganz sicher nicht davon profitiert. Wir waren nur die Schachfiguren im Spiel anderer Leute. Und dennoch lebten Dad, Gowad und Abdul Khada, all die, die sich gegen uns verschworen hatten, glücklich und zufrieden in England, während Nadja im Jemen blieb.

In persönlichen Gesprächen mit Beamten stoßen wir regelmäßig auf Verständnis. Es sei wirklich ein Skandal, stimmen sie uns dann zu, und man müsse etwas unternehmen, um die Sache in Ordnung zu bringen. Doch schließlich endet das Ganze immer in Schweigen oder einem offiziellen Brief, in dem sie jede Verantwortung von sich weisen.

Uns wurde immer klarer, dass wir auf uns allein gestellt waren. Wir konnten uns nicht darauf verlassen, dass unser Land uns helfen würde.

In den drei Monaten, in denen Mum im Jemen war, fiel ihr immer wieder auf, dass Gerald Ryan, der britische Konsul, sehr nervös war. Wir wussten, dass wir ihm ein ständiger Dorn im Auge waren und dass allein Mums Anwesenheit im Lande ihm die Arbeit erschwerte, aber da steckte mehr dahinter. In der Botschaft ging irgendetwas vor sich, was anscheinend mit ihm zu tun hatte.

Mum und Jana kriegten mit, dass unter den Ausländern im Jemen Gerüchte kursierten, in denen von möglicher Korruption die Rede war, schenkten der Sache aber keine weitere Beachtung. Um ehrlich zu sein, es hätte uns nicht überrascht. So wie man uns in der Vergangenheit behandelt hatte, musste es Leute geben, die ständig Druck auf die Beamten ausübten. Es gab zu viele Zufälle, und die Informationen schienen immer an jemanden durchzusickern, für den sie nicht bestimmt waren.

Wir wussten nicht, ob Leute bedroht oder bestochen wurden oder ob sie einfach nur irgendwelche persönlichen Interessen schützen wollten. Wir wussten nur, dass niemand offen mit uns redete. Im Jemen gilt es als selbstverständlich, dass Männer sich gegenseitig einen Gefallen tun. Vielleicht unterschieden sich ja die Leute, die in der Botschaft arbeiteten, nicht von ihrer Umgebung.

Bei einigen ihrer Botschaftsbesuche bekamen Mum und Jana auch mit, dass Revisoren damit beschäftigt waren, die Bücher zu prüfen, und es war offensichtlich, dass Ryan die Vorstellung, sie könnten etwas finden, nervös machte. Doch Mum ging es allein darum, Nadja zu sehen. Erst einige Jahre später erfuhren wir, was tatsächlich in den Hinterzimmern dieser Botschaft vor sich gegangen war.

Während einer ihrer Besuche in der Botschaft erlebte Mum, wie Sicherheitsbeamte in Ryans Büro kamen und sagten, unten sei ein Mann, der Ryan sprechen wolle, sich aber weigere, sich durchsuchen zu lassen. Auf Ryans Frage, um wen es sich handele, nannten sie einen arabischen Namen. »Oh, das ist schon in Ordnung«, beruhigte Ryan die Beamten. »Lasst ihn rein.«

»Wieso das denn?«, fragten Mum und Jana, überrascht, dass man in einem Land, in dem viele Männer ganz selbstverständlich Waffen tragen, so lässig mit der Sicherheit umging.

»Oh, das ist schon okay«, antwortete Ryan. »Wir tun Dinge für sie, und sie tun Dinge für uns. So ist das hier eben.«

Daraufhin kamen Mum und Jana Zweifel, ob sie sich in Ryans Obhut wirklich sicher fühlen konnten.

Die Informationen, die Mum von Ryan erhielt, waren völlig widersprüchlich. Bei einem ihrer Besuche erzählte er ihr, in Ta'izz habe es einen Prozess gegeben, bei dem man Nadjas und meine Ehe für illegal erklärt habe. Wir hörten zum ersten Mal davon und wussten nicht, was das bedeuten sollte. Mum bat Ryan, Nachweise zu erbringen, was er auch versprach. Natürlich tat er das nie, kam stattdessen jedoch mit einem Stück Papier an, auf dem stand, Abdullah habe mich, nachdem ich nach England zurückgekehrt sei, erneut geheiratet. Auch davon wussten wir nichts.

Hätte ich mich damals, als wir Nadja mit der französischen Filmcrew besuchten, von Chawki dazu überreden lassen, ins Dorf zu fahren, hätten die Männer mich dort behalten. Sie hätten ihr Handeln mit diesem Stück Papier rechtfertigen können, das besagte, ich sei noch immer Abdullahs Frau und folglich eine jemenitische Staatsbürgerin, und alles hätte wieder von vorn angefangen. Mir gefriert das Blut in den Adern, wenn ich daran denke, was mir auf dieser Reise hätte widerfahren können.

Auch wenn wir bei unseren Anstrengungen, Nadja zu retten, immer wieder entmutigt wurden, wir gaben den Versuch niemals auf. In Kontakt mit der Botschaft in Sanaa zu bleiben war eine der besten Möglichkeiten zu erfahren, ob es irgendetwas Neues aus der Mukbana gab. Aber wir hatten das Gefühl, dass in der Botschaft alles nur noch drunter und drüber ging. Jedes Mal, wenn wir anriefen, gerieten wir an einen anderen Angestellten. Und dann hieß es, man sei »mit unserem Fall nicht vertraut«, und wir mussten die ganze Geschichte erneut erklären.

Die meisten unserer neuen Gesprächspartner waren entsetzt über das, was sie da hörten, und sagten dann, dass unbedingt etwas unternommen werden müsse. Sie müssten sich aber »unsere Akte besorgen« oder »mit einem Kollegen sprechen«. Und wir blieben mit einer Mischung aus Hoffnung und Verzweiflung zurück.

Alle, mit denen wir redeten, versprachen, »uns zurückzurufen«, aber nicht einer tat es. Wenn wir uns dann ein paar Wochen oder Monate später eingestehen mussten, dass aus dem versprochenen Anruf nichts werden würde, riefen wir wieder in der Botschaft an, und das ganze Prozedere begann von neuem. Es war deprimierend.

Da wir so viel mit der Botschaft in Sanaa zu tun hatten, ahnten wir, dass dort irgendetwas faul war. Eine Atmosphäre der Zwielichtigkeit und der Halbwahrheiten umgab sie, und als im Juni 1993 Gerald Ryan überstürzt Sanaa verließ, überraschte uns das nicht.

Dann hieß es, die Revisoren, die während Mums Besuch in der Botschaft gewesen waren, hätten »Unregelmäßigkeiten« entdeckt. Und als im Februar 1994 das Ausmaß der Unregelmäßigkeiten bekannt wurde, nahm man Ryan fest. Im Dezember 1994 erfuhren wir, dass er sich erhängt hatte.

Daraufhin beschloss die britische Regierung, dass es an der Zeit sei, jene »Unregelmäßigkeiten« genauer unter die Lupe zu nehmen. Wenn ein britischer Konsul es vorzog, sich das Leben zu nehmen, statt den Konsequenzen seines Handelns ins Auge zu sehen, dann war es wohl ratsam, mehr darüber herauszufinden. Wir verfolgten ihre Ermittlungen, so gut es eben ging. Wann immer wir mit jemandem sprachen, stellten wir Fragen, und wir trieben alle veröffentlichten Berichte auf. Ein Bild fügte sich zusammen wie bei einem Puzzle, aber einige wichtige Teile fehlten noch.

1995 verfasste der Rechnungsprüfungsausschuss einen Bericht, in dem er einen Teil dessen aufführte, was passiert war. Es war ein sehr formelles Dokument, in dem man im Juristenjargon jeweils in zwei Absätzen ausführte, was man in einem Satz hätte sagen können. Aber selbst diese hochtrabende Ausdrucksweise konnte die Tatsache nicht verschleiern, dass die Revisoren über ihre Funde entsetzt waren.

Sie räumten ein, dass man nicht genau genug kontrolliert hatte, was mit dem Geld der Botschaft passierte. Der Ausschuss war erstaunt festzustellen, dass man es den Angestellten der Botschaft erlaubt hatte, mit öffentlichen Geldern auf dem dortigen Währungsmarkt zu spekulieren, wobei sie in relativ kurzer Zeit einen Gewinn von 670.000 Pfund gemacht hatten.

Außerdem zitierte der Bericht Beispiele, in denen mit Bauunternehmern, die Ryan bestochen hatten, überhöhte Preise vereinbart worden waren. Dieses Geschäftsgebaren war im Jemen vielleicht normal, doch hätten britische Beamte nicht davon profitieren dürfen.

Die Revisoren entdeckten auch, dass Ryan einen fünfjährigen Mietvertrag für die Residenz des Botschafters ausgehandelt hatte, bei dem für ihn persönlich 50.000 US-Dollar Bestechungsgeld heraussprangen.

Außerdem hieß es in diesem Bericht, das Außenministerium habe es versäumt, den Revisoren mitzuteilen, dass eine weitere Behörde, die Overseas Development Administration, die Möglichkeit weiterer Unregelmäßigkeiten in der Botschaft untersuchte, und zwar im gleichen Zeitraum. (Kein Wunder, dass Ryan die Sache zu heiß wurde.) In der Botschaft befanden sich zwei voneinander unabhängige Ermittlergruppen, und Ryan hatte versucht, es so einzurichten, dass die eine von der anderen nichts wusste.

Ryan hätte seine betrügerischen Geschäfte nicht alleine betreiben können. Er musste Leute gehabt haben, die ihm dabei halfen. Das war möglich, weil es für einheimisches Personal keine Arbeitsplatzbeschreibungen gab. Und so engagierte er für bestimmte Schlüsselpositionen Freunde, statt nach den besten Leuten für den Job zu suchen. So waren ihm viele Mitarbeiter persönlich verpflichtet und konnten leicht unter Druck gesetzt werden, wenn Ryan unter Umgehung bestimmter Kontrollen Transaktionen durchführen wollte.

Der Bericht erklärte, wie es dem Personal gelungen sei, sich mithilfe von Botschaftsgeldern zu bereichern. Offensichtlich wurde vom Sterlingkonto der Botschaft, um Rechnungen zu bezahlen, zum offiziellen Wechselkurs einheimische Währung abgehoben. Ein Teil des Geldes wurde dann zu Schwarzmarktkursen, die um das Vierfache höher sein konnten, umgetauscht. Die Differenz steckten Ryan und einer seiner Komplizen in die Tasche.

Weiterhin beunruhigte die Revisoren auch der Umgang mit Visaanträgen. Manchmal wurden die Antragsteller weder befragt noch aufgefordert, die entsprechenden Formulare auszufüllen. So konnten sich Leute, denen man die Einreise nach England hätte verweigern müssen, leicht ein Visum beschafft haben. Zweifellos war das öfters vorgekommen. Das machte uns noch verbitterter. Diejenigen, die praktisch nichts unternommen hatten, um Nadja und ihren Kindern aus dem Land herauszuhelfen, unterstützten Leute, die bereit waren, Bestechungsgelder zu zahlen. Vielleicht hätten wir ihnen in der kurzen Zeit, in der wir über Geld verfügten, auch ein Angebot gemacht, wenn wir gewusst hätten, wie das System funktioniert.

Und schließlich warf der Bericht dem damaligen britischen Botschafter im Jemen eine verheerende Misswirtschaft vor und brachte die Frage auf, ob die Pension, die er mittlerweile erhielt, oder die Abfindung von 23.000 Pfund, die man ihm für sein Ausscheiden aus dem Amt gezahlt hatte, gerechtfertigt seien.

Anderthalb Jahre nachdem ein neuer Botschafter bestellt worden war, hielt man es nach einer internen Buchprüfung für notwendig, hundertfünfzig Vorschläge zur Verbesserung der Kontrollen zu machen. Damals fand im Jemen ein Bürgerkrieg statt, und angesichts der chaotischen Zustände, die in der Botschaft von Sanaa herrschten, waren die Ermittler der Ansicht, das Außenministerium habe entweder einen Mann mit unzureichenden Fähigkeiten ernannt oder ihm nicht genügend Anreize geboten, das Chaos in Ordnung zu bringen. Es habe im Gegenteil eine derartige Verschlechterung der Situation gegeben, dass man es für notwendig erachte, den neuen Botschafter vorzeitig in

Pension zu schicken. Die Ermittler waren entsetzt, dass das Außenministerium nichts unternahm, obwohl es über das schlechte Management informiert war.

Da wir aus eigener Erfahrung wussten, wie es in der Botschaft zuging, überraschten uns diese Ergebnisse nicht. In gewisser Weise waren wir erleichtert festzustellen, dass wir uns bestimmte Dinge nicht einfach eingebildet hatten, sondern dass eine offizielle Untersuchung viele der Dinge zutage brachte, die wir für falsch gehalten hatten. Die Beamten des Außenministeriums hatten uns wiederholt den Eindruck vermittelt, am liebsten nichts unternehmen zu wollen. Statt eine schnelle Lösung des Problems herbeizuführen, ließen sie zu, dass sich unsere Situation verschlechterte. Diese Gleichgültigkeit war der Grund, weshalb so wenig unternommen wurde, um Nadja und mich aus dem Jemen herauszuholen, als wir noch Kinder waren. Stattdessen hat man es so weit kommen lassen, dass man es nun statt mit zwei versklavten Kindern, die das Land verlassen wollen, mit einer Frau in den Dreißigern und ihren sechs Kindern zu tun hat.

Ryan war mit einer Französin verheiratet, die ihm in den Jemen gefolgt war, hatte aber auch eine Geliebte, die er für einen Monat in der Botschaft beschäftigte und zu Nadja schickte, um mit ihr zu reden. Die Geliebte berichtete ihm, Nadja wolle im Jemen bleiben. Daraufhin suchte Ryan Nadja selbst auf und schrieb einen Bericht über das Treffen. Darin behauptete er, Nadja habe gesagt, sie wolle, dass man die ganze Sache fallen lasse, wegen des Aufsehens, das sie erregte. Er gab jedoch zu, sowohl Mohammed als auch Faisal seien bei dem Gespräch dabei gewesen, sodass Nadja nicht habe sagen können, was sie wirklich fühle. Nadja habe »verängstigt« gewirkt und sei »zweifellos eingeschüchtert« worden. Trotzdem zitierte das Außenministerium Nadjas Aussage gerne so, als habe sie sie aus freien Stücken gemacht. Man ließ es so klingen, als sei damit die Angelegenheit ein für alle Mal geregelt.

Ich kannte Faisal Abdul Aziz bereits aus der Zeit, in der ich noch im Jemen festgehalten wurde, und ich hörte von Mum und Jana noch so einiges über seine Einschüchterungsmethoden. Als ich damals nach Hause durfte, erklärte er mir, man ließe mich gehen, weil ich »Ärger« mache, behalte Nadja jedoch da, weil sie ihre »Versicherungspolice« sei. Faisal stellte immer sicher, dass Nadja nicht alleine war, wenn sie Vertretern der britischen Botschaft oder Mum und mir begegnete. Ich konnte mir vorstellen, was er Nadja gesagt hatte, bevor Ryan an jenem Tag auftauchte. Zusammen mit Mohammeds Drohungen wird das gereicht haben, um Nadja in den Roboter zu verwandeln, den wir alle kennen gelernt haben, den Roboter, der den genehmigten Text vorträgt.

Wenn wir mit Leuten vom Außenministerium sprechen, klingen sie auf der persönlichen Ebene zwar oft sehr verständnisvoll, doch sobald sie offiziell tätig werden, wollen sie mit der Sache nichts mehr zu tun haben. Die offizielle Politik scheint die zu sein, uns zu meiden. Ein Botschafter gab Mum gegenüber tatsächlich zu, das Außenministerium habe ihn angewiesen, uns nicht zu helfen.

Jeder, der unsere Geschichte zum ersten Mal hört, reagiert als Mensch und möchte uns helfen. Er nimmt sich unsere Akten vor und sieht, wie lange die Sache sich schon hinzieht und welchen Mist seine Vorgänger gebaut haben. Doch dann geht ihm auf, welch ein enormer Berg Arbeit auf ihn zukommt, wenn er uns zu helfen versucht, und dass seine Bemühungen möglicherweise fehlschlagen und dann seiner Karriere schaden könnten. Er redet mit einem Vorgesetzten, der ihm rät, die Sache fallen zu lassen. Daraufhin versucht er, die Verantwortung an einen Untergebenen abzuschieben oder uns zu überreden aufzugeben.

All das finden wir nur heraus, weil Mum sich weigert aufzugeben. Sie hört nicht auf, Fragen zu stellen, besteht darauf, dass uns Gerechtigkeit widerfährt, und versucht, die Wahrheit aufzudecken. Langsam, aber sicher kommt sie Schritt für Schritt dahinter, warum die Dinge in unserem Fall seit so vielen Jahren so schief laufen. Es steht außer Zweifel, dass die Botschaft in Sanaa und das Außenministerium dabei eine wichtige Rolle gespielt haben und ihren Teil der Verantwortung für Nadjas Leid zu tragen haben.

KAPITEL 6

Rettung?

Vor zwanzig Jahren waren wir noch völlig naiv und voller Vertrauen in unser Land. Wir nahmen an, das Außenministerium werde, wenn es von unserem Schicksal erfahre, uns sofort befreien. Lange Zeit hörten wir uns die Entschuldigungen und Erklärungen an und akzeptierten sie. Nach und nach wurden wir skeptischer. Jetzt glauben wir, dass es dort so viel Falschheit gibt, so viele Leute, die etwas im Schilde führen und vielleicht Karrieren und Pensionen haben, die es zu schützen gilt, und so viel Faulheit, dass das Wohlergehen britischer Staatsbürger deren geringste Sorge war. Wir wussten nie genau, wer in der Lage war, uns wirklich zu helfen, wer uns nur für seine eigenen finanziellen oder politischen Ziele benutzen wollte und wer uns, in der Hoffnung, wir würden aufgeben und ihn in Ruhe lassen, einfach mit leeren Versprechungen abzuspeisen versuchte.

Mum hat mittlerweile unzählige Akten mit Briefen und Dokumenten, die zeigen, welch verworrenes Netz man im Lauf der Jahre um uns herum gesponnen hat. Wir sind keinesfalls die einzige Familie, die sich in einer solchen Lage befindet, aber die meisten Mütter haben den Kampf aufgegeben, weil sie keine Möglichkeit mehr sahen, an den Bürokraten, Anwälten und Politikern vorbeizukommen. Nur wenige hätten so lange und hart kämpfen können wie Mum. Für sie begann der Albtraum vor über dreißig Jahren.

Nadja und ich haben einen älteren Bruder und eine ältere Schwester, Laila und Ahmed. Dad nahm sie, als sie noch klein waren, mit in den Jemen, um seine Familie in Aden zu besuchen. Mum hatte gerade Nadja zur Welt gebracht und eine sehr schwere Zeit hinter sich. Dad sagte, er wolle ihr eine Pause gönnen und werde mit den beiden älteren Kindern für eine Weile verreisen.

Es war Weihnachten, und Dad hatte, um die Reise bezahlen zu können, unser Haus verkauft und uns in einem gemieteten Zimmer zurückgelassen. Mum hatte kaum Geld, es muss für sie eine sehr düstere Zeit gewesen sein. Sie liebte uns, fragte sich jetzt aber manchmal, ob es nicht vielleicht ein Fehler gewesen war, mit Dad eine Familie zu gründen. Trotzdem freute sie sich auf seine Rückkehr und darauf, ihre beiden älteren Kinder wieder bei sich zu haben.

Doch es kam alles ganz anders. Dad hatte Laila und Ahmed nicht mit zurückgebracht, sondern bei seinen Eltern gelassen. Zuerst sagte er, sie würden einfach nur ein bisschen länger bleiben, weil sie dort so viel Spaß hätten. Schließlich gab er zu, dass sie nicht zurückkommen würden. Sie sollten als gute Muslime erzogen werden und nicht den Versuchungen des Westens ausgesetzt sein. Als Nadja und ich 1980 in den Jemen gingen, sahen wir unsere Geschwister zum ersten Mal. Laila war achtzehn und bereits verheiratet. Ahmed war siebzehn und in der Armee.

Das Unbegreiflichste an der Sache ist, dass mein Vater es über sich bringen konnte, uns so zu behandeln, obwohl er als Kind das gleiche Schicksal erlitten hat. Er wusste, wie schrecklich erzwungene Ehen sein können, und hat seinen Kindern dennoch das gleiche Leid zugefügt. Als er nach England gekommen war und Mum kennen gelernt hatte, war er vor einer in Aden arrangierten Heirat geflohen. Er war fünfzehn gewesen und seine Frau sogar noch jünger. Mum erzählte er, die Ehe sei nie vollzogen worden, und er habe nach England kommen müssen, um sich seinen Lebensunterhalt zu verdienen. Er sagte ihr auch, er hätte, nachdem er sie kennen gelernt habe, die Scheidung eingereicht. Wir wissen nicht, ob das stimmt. Wie immer dem sei, seine erste Frau starb vor vielen Jahren, und – so unglaublich es auch scheinen mag, wenn man bedenkt, was er sich alles erlauben konnte – er hat Mum nie geheiratet.

Jetzt, wo ich eigene Kinder habe, kann ich mir vorstellen, wie Mum sich an jenem Tag gefühlt haben muss, als sie zur Tür ging, um Dad zu begrüßen. Sie erwartete, ihre Kinder in den Arm zu nehmen und ihr aufgeregtes Geplapper über den wunderbaren Urlaub zu hören, um dann festzustellen, dass sie verschwunden waren und dass der Mann, den sie liebte, sie auf die schlimmste Weise betrogen hatte. Etwas muss an jenem Tag in ihr gestorben sein.

Manchmal frage ich mich, warum sie nicht darum gekämpft hat, Laila und Ahmed nach Hause zu holen, so wie sie es für Nadja und mich getan hat, aber vermutlich war sie zu jung und zu unerfahren. Sie hatte außerdem zwei kleine Kinder zu versorgen, und es dauerte nicht lange, bis sie wieder schwanger war. Dad hat ihr später im Suff einmal gestanden, er habe sie immer wieder geschwängert, um sie unter Kontrolle zu halten.

Das wird wohl der Wahrheit entsprechen. Es scheint genau das zu sein, was nun mit Nadja passiert.

Nach meiner Flucht aus dem Jemen sind Laila und Ahmed nach England zurückgekehrt und dort geblieben. Lailas Kinder sind nun durch und durch englisch. Es ist, als wäre Laila nie fort gewesen. Dass es ihr nach so vielen Jahren gelungen ist zurückzukommen, macht mir in gewisser Weise Hoffnung, dass auch Nadja es schaffen wird. Gleichzeitig bin ich sehr aufgebracht. Wieso darf Nadja im Gegensatz zu Laila und Ahmed nicht reisen, wohin sie will? Warum muss sie als Einzige im Jemen bleiben, wenn all ihre Brüder und Schwestern nun frei sind und in England leben? Ich kann darin keinen Sinn erkennen, keine Gerechtigkeit. Es erscheint mir alles so willkürlich und grausam.

Laila und Ahmed stehen mir nicht sehr nahe. Wir pflegen aus familiären Gründen Kontakt miteinander, aber ich weiß, dass sie alles, was ich sage, Dad weitererzählen könnten. Deswegen rede ich mit ihnen nicht über persönliche Dinge. Keiner von beiden macht sich die Mühe, Mum zu besuchen. Sie waren sehr jung, als Dad sie mitnahm, und hatten nie die Chance, eine Beziehung zu ihr zu entwickeln.

Vermutlich wird das Gleiche passieren, sollte Marcus als junger Mann je nach England kommen. Wird er mir vorwerfen, ihn verlassen zu haben? Wird er je verstehen, warum ich damals beschlossen habe wegzugehen? Hat die Familie seines Vaters ihn gegen mich aufgehetzt? Welche Geschichten hat man ihm wohl über seine schreckliche englische Mutter erzählt? Wird er die gleiche Einstellung gegenüber Frauen entwickeln wie sein Vater und Großvater? Es lässt sich wohl kaum vermeiden, dass er in vieler Hinsicht die gleiche Haltung vertreten wird wie die Männer, unter denen er aufwächst. Das macht mich sehr traurig.

Manchmal frage ich mich, wer nach meiner Abreise bei ihm die Mutterrolle übernommen hat. Vielleicht hat Ward, seine Großmutter, ihn unter ihre Fittiche genommen. Ich weiß, dass sie mich gehasst hat, aber ich hoffe, sie hat es nicht an ihm ausgelassen, dem verängstigten und von allem, was um ihn herum geschah, so verwirrten kleinen Jungen. Er war damals so winzig und hilflos. Aber vielleicht weckte das ja Wards Mitgefühl. Schließlich war sein Vater ja genauso gewesen und der hatte ihr viel bedeutet. Ich kann nur hoffen, dass sie, als ich aus dem Weg war, Mitleid mit ihrem kleinen Enkel hatte.

Als Mum, Jana und Abdul, Mums neuer Ehemann, zurück nach England kamen, fiel mir ein riesiger Stein vom Herzen. Zwar war ich schrecklich enttäuscht, dass es Mum nicht gelungen war, Nadja zu befreien, aber wenigstens hatte sie selbst die Tortur überlebt.

Ich hatte ein wenig Angst davor, Abdul, unseren neuen Stiefvater, kennen zu lernen, denn ich konnte mir nicht vorstellen, dass ich in meiner derzeitigen Verfassung irgendeinen Araber würde mögen können, schon gar nicht einen, dem es gelungen war, in unsere Familie einzudringen. Zu meiner großen Erleichterung mochten wir ihn alle. Rückblickend weiß ich, dass er nervöser gewesen sein muss als wir. Schließlich kam er in ein fremdes Land und hatte es mit einer ganzen Familie mit erwachsenen Kindern zu tun. Ich könnte mir denken, dass Mum ihn davor gewarnt hat, wie bissig und schlecht gelaunt ich sein konnte. Später fand ich heraus, dass er ziemliche Angst vor mir hatte. Wenn er wusste, dass ich vorbeikam, ging er nach oben und tauchte erst wieder auf, nachdem ich gegangen war. Vielleicht fühlte er sich unbehaglich, weil er wusste, wie ich aufgrund meiner Erfahrungen über arabische Männer im Allgemeinen dachte. Es muss schwer für ihn gewesen sein, sich als Mums Ehemann zu etablieren, wenn wir dauernd zu Besuch waren.

Abdul ist ruhig und fleißig, ganz anders als Dad und die Männer in Gowads und Abdul Khadas Familie. Er hat nicht versucht, sich bei irgendeinem von uns als Vater aufzuspielen, und es war offensichtlich, dass er vorhatte, hart zu arbeiten, um etwas aus seinem Leben zu machen. Er machte den Führerschein und ging zum College, um Englisch zu studieren und ein paar Zeugnisse in der Hand zu haben, und fand schließlich Arbeit als Koch. Wir waren alle sehr glücklich für Mum, denn offensichtlich empfand sie seine Gesellschaft und seine Unterstützung als große Hilfe.

Obwohl wir alle, so gut wir konnten, unser Leben weiterführten, ließ uns doch nie der Gedanke los, dass Nadja noch immer gefangen gehalten wurde. Mum setzte sich weiterhin mit allen erdenklichen offiziellen Stellen in Verbindung, doch in unserem Herzen wussten wir, dass wir, wollten wir Nadja nach Hause holen, es selbst tun mussten. Ich konzentrierte mich darauf, Werbung für *Noch einmal meine Mutter sehen* zu machen, und hoffte, dass ich mit unserer Geschichte, wenn ich nur mit genügend Journalisten redete, schließlich bei dem richtigen landen würde. Uns lag so viel daran, Nadja zurückzuholen. Und damit das möglich wurde, waren wir bereit, den Versprechen zu glauben, die man uns machte, und jede Summe zu zahlen.

1992 hörte ich erstmals von einer militärisch organisierten Gruppe, die behauptete, sich auf die Rettung vermisster Kinder spezialisiert zu haben. Ich saß gerade während einer Lesetour in Schweden mit meinem Verleger beim Mittagessen.

In den anderthalb Jahren zuvor hatte ich Übung darin bekommen, in Europa herumzureisen. Nach Rom, Stockholm oder Amsterdam zu fliegen war auch nichts anderes, als nach London zu fahren. Am häufigsten reiste ich nach Paris, denn in Frankreich wurden über eine Million Exemplare des Buches verkauft, und der Verleger wünschte immer wieder, dass ich noch einem Journalisten ein Interview gab oder in noch einer Fernsehshow auftrat. Die *Sacrée-Soirée*-Shows hatten meine Geschichte in Frankreich bekannt gemacht.

Bei meinen ersten Reisen wurde mir bei dem Gedanken, in einer ausländischen Stadt zu sein, in der mich niemand verstand und in der ich nicht einmal eine Tasse Kaffee bestellen oder nach der Toilette fragen könnte, immer ganz mulmig. Anfangs blieb ich die ganze Zeit über im Hotel. Wenn die Verleger mir nicht jemanden zur Verfügung stellten, der mich herumführte und alle praktischen Dinge für mich regelte, traute ich mich nicht einmal alleine in den Korridor des Hotels hinaus. Doch da ich oft tagelang in Paris bleiben musste, blieb mir schließlich nichts anderes übrig, als all meinen Mut zusammenzunehmen und alleine vor die Tür zu gehen, wollte ich nicht verrückt werden. Ich konnte nicht Tag für Tag in einem Hotelzimmer sitzen und wissen, dass draußen eine der großartigsten Städte der Welt auf mich wartete.

Ohne Begleitung auf die Straße zu gehen war ein großer Durchbruch für mich. Plötzlich stellte ich fest, dass ich das tun durfte, dass ich tun konnte, was immer ich wollte. Vielleicht hatte ich noch immer das Gefühl, mich hinter verschlossenen Türen oder unter einem Schleier verbergen zu müssen. Ich hatte acht Jahre gegen die Vorstellung angekämpft, dass ich unsichtbar sei und nie etwas aus eigener Initiative unternehmen dürfe. Die Gehirnwäsche muss in gewisser Weise doch funktioniert haben.

Bevor ich Birmingham verließ, war ich sehr selbstbewusst gewesen und hatte kein Problem damit gehabt, mich in der Stadt zwischen den Häusern meiner Freunde, der Schule und dem Jugendklub hin und her zu bewegen. Doch dieses Selbstbewusstsein hatte man mir in der Mukbana ausgetrieben, und nun musste ich es wiederentdecken und reifen lassen.

Als mir der Durchbruch gelungen war, stellte ich fest, dass mir Paris unglaublich gut gefiel. Schon bald kannte ich mich in den Straßen der romantischen Hauptstadt der Welt so gut aus wie im heimischen Birmingham. Manchmal war ich zwei- oder dreimal pro Woche dort. Ich flog nach Paris, um ein Interview zu geben, vergaß etwas Wichtiges, das ich hatte sagen wollen, und kam ein paar Tage später noch einmal zurück.

Oft nahm ich den zweijährigen Liam mit, denn ich war ungern länger als nötig von ihm getrennt und wollte, dass er ein bisschen von der Aufregung des Fliegens und Reisens mitbekam, solange man uns die Möglichkeit dazu bot. Die Verleger gewöhnten sich daran, dass er in ihrem Büro herumrannte und uns von der Arbeit ablenkte. Bei den Passkontrollen am Flughafen Charles de Gaulle hielt mich inzwischen keiner mehr an, um sich meinen Pass anzusehen.

»Hi, Zana«, begrüßten mich die Beamten und winkten mich durch. »Gute Reise.«

Zu wissen, dass so viele Leute uns kannten und sich dafür interessierten, was mit uns geschah, war ein gutes Gefühl, doch die Reisen waren auch anstrengend. Manchmal hatte ich keine einzige freie Minute, sondern saß permanent in einem Hotelzimmer und redete mit Medienvertretern. Alles verlief meist nach einem straffen Zeitplan – in der Regel gab man jedem Journalisten eine halbe Stunde, wenn sie bedeutend genug waren, auch mal eine Stunde –, und ich musste immer und immer wieder die gleichen Fragen beantworten.

Ich tat es gerne, egal wie ermüdend und psychisch belastend es auch war, denn ich wusste, dass mit jedem Mal die Chancen stiegen, dass jemand, der an den entsprechenden Hebeln saß, von Nadjas Martyrium hören und uns helfen würde. Jeder Leitartikel, der die jemenitische Regierung in Verlegenheit brachte, erhöhte die Chance, dass etwas getan würde – dachte ich zumindest.

Ich genoss auch das Gefühl von Abenteuer, das mir diese Reisen vermittelten. Es gefiel mir, Neues zu sehen, neue Leute und andere Lebensweisen kennen zu lernen und neue Gerichte zu probieren. Ich war hungrig nach Informationen und Erfahrungen. Es war, als wolle ich die verlorenen Jahre aufholen.

Jede neue Erfahrung stärkte mich für den bevorstehenden Kampf und machte mich zu dem Menschen, der ich heute bin. Aber ich hatte auch ein schlechtes Gewissen. Während ich Flugzeuge bestieg, durch wunderbare Städte geführt und wie eine prominente Persönlichkeit behandelt wurde, saß Nadja in der Mukbana fest. Der Gedanke, dass sie bei mir hätte sein sollen, nahm mir viel von der Freude, die nie unbeschwert war. Später erfuhr ich, dass die jemenitischen Behörden Nadja und Mohammed gesagt hatten, ich hätte das alles nur für Geld getan. Das ist blanker Unsinn. Geld hat mich noch nie interessiert.

Der Gedanke, wie Nadja sich gefühlt haben muss, als sie das hörte, tut mir weh. Zweifellos hat man ihr bewusst das Gefühl vermittelt, ich habe sie im Stich gelassen und mit ihrem Elend Geld verdient. Ich hoffe nur, dass sie das durchschaut hat. Sie wusste, dass ich die ersten zweiundzwanzig Jahre ihres Lebens alles dafür getan habe, sie zu beschützen. Hoffentlich hat sie ihnen die Behauptung, ich hätte sie im Stich gelassen, nicht geglaubt. Ich kann mir gut vorstellen, dass sie in dunklen Stunden denkt, wir hätten sie vergessen. Wie sollte es auch anders sein, wenn die Monate vergehen und sie nichts von uns hört? Aber ich hoffe, dass sie tief in ihrem Inneren weiß, dass wir den Kampf um sie niemals aufgeben werden. Als ich sie 1988 verließ, habe ich ihr versprochen, sie sofort aus dem Jemen herauszuholen. Ich hoffe, dass sie eines Tages wissen wird, wie sehr ich mich bemüht habe, dieses Versprechen zu halten.

Auch heute noch habe ich Nadja gegenüber Schuldgefühle. Wann immer ich etwas Neues erleben darf, fühle ich mich sofort schlecht, weil Nadja nicht dabei sein kann, und würde der neuen Erfahrung am liebsten aus dem Weg gehen. Dann muss ich mich daran erinnern, dass ich das alles auch für sie tue. Je mehr ich lerne und mit je mehr Leuten ich in Kontakt komme, umso größer sind die Chancen, Nadja aus dem Jemen herauszuholen.

Ich weiß, dass sie das Gleiche für mich getan hätte, wenn sie aus dem Jemen herausgekommen wäre und mich hätte zurücklassen müssen. Aber ich weiß auch, dass ich im umgekehrten Fall nicht mehr dort wäre, weil man mich schon längst hätte loswerden wollen. Ich wäre nie so fügsam und gefällig gewesen wie Nadja. Ich hätte mit allen Mitteln gegen die Leute dort gekämpft, hätte sie wie eine Wildkatze angefaucht und wäre auf sie losgegangen. Und ich bin mir sicher, dass sie den Kampf inzwischen satt gehabt und mich nach Hause geschickt hätten.

Alles, was ich tue, tue ich für uns beide, für Nadja und mich. Es ist, als wären wir im Geiste siamesische Zwillinge und als sei ich unvollkommen, weil sie nicht bei mir ist. Einerseits fühlt es sich an wie eine ständig schmerzende Wunde, doch andererseits tröstet es mich zu spüren, dass sie, auch wenn sie so weit weg ist, noch immer ein Teil von mir ist.

Die Promotiontouren waren zwar aufregend und machten Spaß, doch der Druck war enorm. Liam dabeizuhaben machte die Sache manchmal noch schlimmer, aber wenn ich ihn nicht mitnahm, vermisste ich ihn und wollte sofort wieder zu ihm zurück, was mich von meiner Arbeit ablenkte.

Wenn ich über das Buch redete, musste ich die ganze Zeit an Nadja denken, und ich hatte dann das Gefühl, dass wir sie im Stich ließen und hätte mich am liebsten in eine Ecke verdrückt und geweint. Aber egal wie schlecht ich mich fühlte, die immer gleichen, schonungslosen Fragen stürmten unbarmherzig auf mich ein. Ich musste immer und immer wieder in allen Einzelheiten unser Leben in den Dörfern und unseren Kampf mit den Behörden beschreiben, bis ich alles automatisch herunterspulte, mein Verstand zu müde war, um meinen Worten zu folgen.

»Was ist es für ein Gefühl, seine Schwester zu verlieren?«

»Was ist es für ein Gefühl, einen kleinen Jungen zurückzulassen und ihn nie wiederzusehen?«

»Warum haben Sie das Buch geschrieben?«

»Glauben Sie, dass Sie sie je wiedersehen?«

»Was halten Sie von Ihrem Vater?«

Und so ging es Schlag auf Schlag. Je schneller die Fragen kamen, desto schwerer fiel es mir, klare Antworten zu geben, Antworten, die erklären würden, wie alles passiert war und warum ich dem Ganzen ein Ende bereiten musste. Manchmal hörte ich mich selbst etwas sagen, das ich gar nicht meinte, oder mir selbst widersprechen, weil sie nicht aufhörten, Fragen zu stellen, und ich redete und redete und redete.

Wenn Mum und ich mit ein paar Freunden oder der Familie zu Hause um einen Tisch herum saßen, redeten wir unaufhörlich über jeden Aspekt unseres Problems. Verlor dann einer von uns die Beherrschung oder sagte etwas Dummes, spielte das keine Rolle. Es ging eher um eine gemeinsame Problembewältigung. Journalisten aber wollen alles, was man sagt, sofort für die Zeitung oder das Fernsehen verwerten. Sie wollen aus dem Material, das man ihnen bietet, *ihre* Geschichte machen. Wenn man über so emotionale Themen redet, werden die Dinge zwangsläufig verzerrt. Diskutiert man sie aber mit den Medien, werden die Verzerrungen aufgezeichnet und die Wahrheit wird mit jedem Mal undurchsichtiger.

An jenem Tag in Stockholm machten wir gerade eine Pause zwischen den Interviews. Doch bei diesen

Reisen drehten sich die Gespräche selbst während der Mahlzeiten selten um etwas anderes als um das Buch und die Geschichte, die wir der Welt erzählten. Ich war nicht zum ersten Mal in Stockholm und kannte den Verleger bereits. Diesmal hatte ich Liam mitgenommen, der meine Aufmerksamkeit stark beanspruchte, und meine Freundin Jackie. Die Verleger ließen mich immer eine Freundin oder eine meiner Schwestern mitbringen, wenn Mum keine Zeit hatte.

»Haben Sie das schon gesehen?«, fragte die Assistentin des Verlegers und zeigte mir ein Buch, in dem es um irgendeine militärähnliche Gruppe zu gehen schien. Der Einband zeigte ein Foto von einem Mann in einer Art Kampfuniform, der ein Kind im Arm hielt und den Eindruck machte, als habe er es gerade vor jemandem gerettet.

»Nein«, antwortete ich und warf einen flüchtigen Blick auf das Buch, während ich Liam im Auge behielt, der gerade wieder unter dem Tisch verschwand. Es schien nicht zu der Sorte Bücher zu gehören, die mich interessierten. »Warum?«

»Es handelt von einer Gruppe von Leuten – sie mögen es nicht, wenn man sie Söldner nennt, aber ich denke, das trifft es am besten. Sie führen Rettungsaktionen für Eltern durch, damit die ihre Kinder wiederbekommen, und dergleichen.«

»Was für Rettungsaktionen?«, fragte ich. Die Sache begann, mich zu interessieren.

»Na ja, wenn ein geschiedener Vater seine Kinder entführt und mit in sein Heimatland nimmt und die Mutter kann sie mit rechtlichen Mitteln nicht zurückkriegen, gehen diese Leute dorthin und holen sie da raus. Diese Art von Dingen. In dem Buch gibt es etwa vier verschiedene Geschichten über Rettungsaktionen, die sie durchgeführt haben. Es sind Amerikaner.«

Ich nahm das Buch in die Hand und blätterte es durch. Es schien geschickt aufgemacht zu sein.

»Kann ich es mir ausleihen?«, fragte ich. »Damit meine Mum es sich ansehen kann?«

»Klar kannst du es mitnehmen«, antwortete sie.

Ich beschloss, es Mum zu geben – sie war, was Recherchen anging, einfach besser als ich. Ich wusste, dass sie noch immer mit den Behörden kämpfte, obwohl sie mir in jenen Tagen die Einzelheiten ersparte, weil ich mit dem Buch und mit Liam alle Hände voll zu tun hatte und sie mich nicht unnötig beunruhigen wollte. Ich war ihr dankbar dafür und fragte sie nicht mehr nach ihren Plänen. Ich würde die Erste sein, die es erfuhr, wenn sie etwas erreicht hatte, und ich fühlte mich einfach nicht in der Lage, mit all den Rückschlägen und Enttäuschungen, die sie Tag für Tag erleben musste, zurechtzukommen. Doch auch wenn sie mich nicht in alle Einzelheiten einweihte, ich wusste, dass Mum mit dem Stress ebenfalls nicht so gut fertig wurde. Sie schien sich nur noch mit einer Mischung aus Adrenalin und Nikotin am Leben zu halten.

Auf dem Rückflug nach England blätterte ich abwesend das Buch durch, während Jackie sich mit Liam beschäftigte. Es enthielt Fotos sehr kompetent aussehender Militärs und glücklicher, lächelnder Kinder, und ich dachte, wie wunderbar es doch wäre, wenn Nadja und die Kinder endlich bei uns zu Hause in Birmingham wären und wir dem ganzen Medienzirkus ein Ende bereiten und ein normales Leben führen könnten. Der Mann auf dem Bild strahlte Zuversicht aus. Er sah aus wie jemand, der alles erreicht, was er sich in den Kopf setzt.

Ich stellte mir vor, wie schön es gewesen wäre, wenn Nadja und ich *Noch einmal meine Mutter sehen* gemeinsam hätten schreiben können. Wir könnten zusammen herumreisen, Werbung für unser Buch machen und mit Genuss das damit verdiente Geld ausgeben. Vielleicht hätten wir aber auch, wenn wir beide heil zurück nach Hause gekommen wären, die ganze Erfahrung hinter uns lassen und einfach unser Leben leben wollen. Unsere Geschichte hätte mit unserer Landung auf dem Flughafen Gatwick geendet.

Am nächsten Tag besuchte ich Mum und gab ihr das Buch.

»Scheint interessant zu sein«, sagte sie und legte es beiseite, um es sich später anzusehen. Der Keim für die nächste Katastrophe war gelegt.

Wir tranken Tee und plauderten und ich vergaß die Sache. Es war unmöglich, über alles, was in der Familie vor sich ging, auf dem Laufenden zu bleiben. Wir hatten genug mit uns selbst zu tun. So ist das, wenn man Kinder hat. Die Zeit scheint einfach davonzulaufen. Die Tage rauschten nur so an mir vorbei, während ich versuchte, mein Leben in den Griff zu bekommen.

Ich war in eine nette kleine Wohnung gezogen und die meiste Zeit damit beschäftigt, mich um Liam zu kümmern. Ich konnte mir Gott sei Dank ein kleines Auto leisten, was mich riesig freute, denn es verschaffte mir die notwendige Freiheit, um in Birmingham herumzukommen und Leute zu besuchen.

Einige Wochen später kam Mum wieder auf das Thema zu sprechen. »Ich hab das Buch gelesen, das du mir gegeben hast«, sagte sie. »Ich denke, wir sollten uns mit diesen Leuten in Verbindung setzen.«

»Tu, was du für richtig hältst«, sagte ich und vergaß die Sache dann wieder. Ich nahm die Dinge inzwischen gelassener. In der ersten Zeit nach meiner Rückkehr aus dem Jemen war ich bei jeder Kleinigkeit, die sich tat, total begeistert gewesen, ungeduldig und entschlossen, alles zu unternehmen, Nadja und die Kinder so schnell wie möglich dort herauszuholen. Die Zeit hatte mich gelehrt, dass es sinnlos war, wegen jedes Versprechens oder Hoffnungsschimmers in helle Aufregung zu geraten. Ich hatte so viele Enttäuschungen hinter mir, dass ich meine Hoffnungen auf gar nichts mehr setzte. Natürlich würde es mich interessieren zu hören, was diese Leute zu sagen hatten, sollte Mum mit ihnen Verbindung aufnehmen, aber ich würde nicht vor Spannung die Luft anhalten.

Ein paar Wochen später war ich mit Liam bei Mum und trank wahrscheinlich wie üblich eine Tasse Tee, als sie sagte: »Wir treffen einen von diesen Typen.«

»Welche Typen?«

»Die in dem Buch, das du mir gegeben hast«, sagte Mum, als läge das auf der Hand.

»Nein!« Ich war überrascht.

»Doch, wir haben sie ausfindig gemacht und sie wollen sich mit uns treffen. Einer von ihnen kommt extra aus Amerika rüber.«

»Und was soll ich tun?«, fragte ich.

»Zuerst werde ich ihn mir mal ansehen«, sagte sie. »Ich will nicht, dass du unnötig Kraft vergeudest. Du hast im Moment genug mit Liam zu tun. Ich erzähle dir dann, was er gesagt hat.«

Wider besseres Wissen flammte in mir wieder einmal ein winziger Hoffnungsfunke auf.

Mum erfuhr, dass es eine Frau namens Judy sei, mit der sie sich treffen würde. Man vereinbarte ein Treffen auf einer Autobahnraststätte irgendwo zwischen London und Birmingham – ein für diese Situation passender Ort. Ein Ort, an dem Geheimnisse ausgetauscht werden konnten, ohne dass man Angst davor haben musste, von einem Journalisten oder neugierigen Nachbarn entdeckt zu werden.

Die ganze Sache hatte etwas Geheimnisvolles, was den Operationen, auf die sich diese Organisation spezialisiert hatte, angemessen zu sein schien, und der Hoffnungsfunke in mir begann zu wachsen und zu flackern. Der Gedanke, dass wir möglicherweise einen neuen Weg gefunden hatten, Nadja und die Kinder zu befreien, machte mich ganz aufgeregt.

In zahllosen Nächten hatte ich davon geträumt, einfach einen Helikopter zu mieten und in die Berge der Mukbana zu fliegen, um die fehlenden Mitglieder meiner Familie dort rauszuholen. Im kalten Licht der Realität erinnerte ich mich dann daran, wie schwer es für jeden gewesen war, sich mit den Männern aus den Dörfern anzulegen, und mir wurde klar, dass mein Traum genauso der Fantasie entsprang wie ein James-Bond-Film. Das hielt mich aber nicht davon ab, von einer Spezialeinheit zäher Burschen wie Bruce Willis, Sylvester Stallone und Arnold Schwarzenegger zu träumen, die mir sagen würden, ich solle mir keine Sorgen mehr machen und alles ihnen überlassen.

Und dann tauchte diese geheimnisvolle Gruppe von Leuten auf. Die Operationen, die sie durchgeführt hatten, hörten sich an wie das Drehbuch zu einem Film. Vielleicht war mein Traum gar kein Fantasiegebilde. Vielleicht war dies der Ausweg. Vielleicht hatten wir bisher nur den Fehler gemacht, uns auf Diplomaten zu verlassen, die eine Karriere abzusichern hatten und deren ganzes Leben aus Vorsicht, Kompromissen und langwierigen Verhandlungen bestand.

Inzwischen wussten wir, dass sich mit Diplomatie nichts erreichen lassen würde. Das war offensichtlich. Wir brauchten Leute, die keine Angst davor hatten zu handeln, Leute, die, wenn nötig, auch Gewalt anwenden würden, um die Männer zu überwältigen, die meine Schwester gefangen hielten. Wir brauchten Leute, die bereit waren, ein gewisses Risiko einzugehen, und die glaubten, dass der Zweck die Mittel heiligt.

Mum wurde von einem Freund zu diesem Treffen begleitet, und den ganzen Nachmittag grübelte ich darüber nach, was man vielleicht alles tun könnte. Ich versuchte, mit Liam zu spielen, aber immer wieder wanderten meine Gedanken zurück zu dieser Raststätte und der Frage, inwieweit die Amerikaner uns helfen konnten.

Die Tatsache, dass diese Leute Amerikaner waren, stimmte mich noch optimistischer. Sie würden sich sicherlich weniger den Kopf darüber zerbrechen, dass die diplomatischen Beziehungen mit einem Land des Mittleren Ostens beeinträchtigt werden könnten. Das war natürlich unlogisch von mir gedacht, denn diese Leute waren ja nicht die amerikanische Regierung, aber die Idee, eine amerikanische Truppe dort hinzuschicken, um Nadja zu befreien, schien keinesfalls abwegig zu sein. Ich redete mir nur allzu gerne ein, dass wir es fast geschafft hatten.

Trotz der vielen Enttäuschungen und Rückschläge wollte ich nach wie vor unbedingt eine Art gute Fee finden. Eine, die mit ihrem Zauberstab winken, uns alle Sorgen und Verantwortung abnehmen und uns versprechen würde, Nadja und die Kinder zurückzubringen.

Am Abend rief Mum an.

»Wie war's?«, fragte ich.

»Es war gut«, sagte sie in ihrer trockenen, zurückhaltenden Art. »Wir haben uns lange unterhalten, und sie ist sehr zuversichtlich, dass sie diese Mission durchführen können.«

»Was brauchen sie?«, wollte ich wissen. »Brauchen sie Geld?«

»Bis jetzt haben wir noch nicht über Geld gesprochen. Sie brauchen Fakten. Sie müssen wissen, wie die Gegend um die Dörfer herum aussieht. Sie brauchen eine genaue Beschreibung.«

»Das kann ich machen«, sagte ich. Die Einzelheiten des Ortes, an dem ich jene schrecklichen acht Jahre verbracht hatte, waren in mein Gedächtnis eingebrannt. Ich kannte jeden Pfad und jeden Felsen, jeden dürren Baum und jeden kargen Berg. Es gab damals, als wir im Jemen ankamen, noch keine Karte von diesem Gebiet. Zumindest hatte man das Mum gesagt, als sie mit der Suche nach uns begann. Doch ich sah alles bis ins kleinste Detail vor mir. Ich war Tag für Tag über die staubigen Pfade gewandert, und man hatte mich nach Ta'izz und wieder zurück gebracht, Fahrten, bei denen ich davon geträumt hatte, irgendwann fliehen zu können. Ich wollte diesen Leuten jede Einzelheit beschreiben, die ich noch im Gedächtnis hatte.

In den nächsten Tagen saßen Mum, Jana und ich um Mums Küchentisch herum und fertigten zahllose Zeichnungen und Schaubilder an. Wir zeichneten ein, wo sich Nadjas Haus und die anderen Häuser befanden, wo die Pfade in das Dorf hinein- und aus ihm herausführten und wo sich die besten Aussichtspunkte befanden, um das Kommen und Gehen der Männer zu beobachten, ohne entdeckt zu werden.

Ich schrieb alles auf, was ich über die Stadt Ta'izz wusste, über die Verkehrsmöglichkeiten und über die Straße in die Mukbana. Ich führte die Wegweiser und die an dieser Straße gelegenen Dörfer auf. Ich war euphorisch, wieder aktiv etwas tun zu können. Das war einfach viel besser, als herumzusitzen und darauf zu warten, dass uns jemand anrief und Neuigkeiten zu berichten hatte. Wir übernahmen wieder die Kontrolle und das war ein gutes Gefühl.

Wir tranken eine Tasse Tee nach der anderen, während uns immer mehr Einzelheiten einfielen. Die Erinnerungen waren jetzt nicht mehr so schmerzlich wie damals, als ich sie für das Buch ans Licht geholt hatte, weil wir jetzt auf ein bestimmtes Ziel hinarbeiteten. Unsere Schutzengel waren endlich da und wir waren ganz atemlos vor Aufregung. Ich wollte für sie jedes noch so kleine Detail aufzeichnen.

»Sie sind nicht detailliert genug«, sagte ich eines Abends, als wir uns unsere Zeichnungen ansahen. »Sie müssen genau wissen, wie weit die einzelnen Orte voneinander entfernt sind. Sie müssen genau wissen, wie hoch diese Berge sind, damit ihnen klar ist, was sie von dort aus sehen können und wann sie für die Dorfbewohner sichtbar sind. Wir müssen richtige Karten vom Jemen finden.«

Am folgenden Tag klapperte ich sämtliche Buchläden in Birmingham ab, doch außer Atlanten, die nur die größeren Städte aufführten, hatten sie nichts zu bieten. Ich bat eine der Buchhändlerinnen um Hilfe, und sie empfahl mir einen Laden in London, in dem es Reiseliteratur und Karten gab.

Der Laden lag in Long Acre, zwischen Covent Garden und Leicester Square. Dort gab es jedes nur erdenkliche Buch über jedes nur erdenkliche Reiseziel der Welt. Ich wünschte mir, wir hätten eher von diesem Laden gehört. Hätte Mum damals, als es uns endlich gelungen war, uns mit ihr in Verbindung zu setzen, solche Karten gehabt, wäre es für sie wesentlich einfacher gewesen, uns zu finden. Ich kaufte eine Karte, in der sogar die Dörfer Aschube und Hockail eingezeichnet waren. Mein Herz pochte wild vor Aufregung. Dieses Mal würden wir es schaffen. Wir würden Nadja zurückbekommen, selbst wenn wir zu diesem Zweck Männer engagieren mussten, die auch vor Gewalt nicht zurückschreckten. Jetzt wollte ich die Männer, die die Operation durchführen würden, selbst kennen lernen.

»Ich werde ein weiteres Treffen vereinbaren«, versprach Mum.

Ein paar Tage später bestellte man uns zu einem Post-House-Hotel am Stadtrand von Birmingham. Als wir vor dem trostlos und geschäftsmäßig wirkenden Hotel unseren Wagen parkten, hatte ich Ameisen im Bauch. Ich sah, dass Mum angespannt war. Sie starrte gedankenverloren vor sich hin und sagte kein Wort. Wir stiegen aus dem Wagen und gingen ins Hotel.

Im Foyer warteten zwei Männer und zwei Frauen auf uns, eine von ihnen war Judy. Sie erkannte Mum, als wir auf sie zukamen, und alle standen auf, um uns zu begrüßen. Die zweite Frau, die sich Jackie nannte, hatte einen englischen Akzent. Judy und die beiden

Männer – ihr Mann, Don Feeney, und Ken, ein großer, ruhiger Bursche, der uns als langjähriger Freund von Don vorgestellt wurde – waren Amerikaner.

Don schien der Boss zu sein. Er entschuldigte sich bei Mum, bei dem ersten Treffen nicht dabei gewesen zu sein, aber man habe ihn bei dem Versuch erwischt, Kinder aus Island herauszuschmuggeln, und ins Gefängnis gesteckt.

Don sah völlig unauffällig aus. Er war nicht besonders groß, hatte kurzes Haar und trug legere Kleidung, Jeans und ein Hemd. Ich fragte nach dem Mann, dessen Foto ich auf dem Einband des Buches gesehen hatte, denn ich hatte mir vorgestellt, wir würden mit ihm verhandeln.

»Dave macht bei den Operationen selbst nicht mehr mit«, verriet man uns. »Aber er engagiert sich weiterhin sehr für die Organisation. Wir benutzen seine Ranch für unser Training.«

Mit einer Gruppe so lockerer und angenehmer Leute hatten wir es noch nie zu tun gehabt. Ich fühlte mich bei ihnen sofort sicher aufgehoben. Es war, als habe Gott endlich all die Gebete erhört, die ich in meine Kissen geschluchzt hatte. Er hatte ruhige, kompetente, hervorragend ausgebildete Leute geschickt, die dafür sorgen würden, dass wir all unsere Probleme loswurden. Alles würde gut werden. Wir mussten ihnen nur die Informationen geben, die sie brauchten, und dann darauf warten, dass sie uns über den nächsten Schritt informierten.

Wenn man so verzweifelt ist, wie Mum und ich es zu diesem Zeitpunkt waren, tut man alles und glaubt jedem, der einen Ausweg verspricht. Als wir ihnen noch einmal unsere Geschichte erzählten, fingen beide

Frauen an zu weinen. Ihr Gefühlsausbruch wirkte völlig echt. Wir blickten optimistisch in die Zukunft!

Die Männer befragten mich stundenlang eingehend, wobei die Karte vor uns auf dem Tisch ausgebreitet lag. Sie redeten wie Soldaten, wie Männer der Tat, die wussten, wie mit gefährlichen Situationen umzugehen ist. Sie sagten uns, die Jemeniten hätten während des Iranisch-Irakischen Krieges den Radarüberwachungsbereich gesenkt, was es schwierig machen würde, in den Jemen hinein- und wieder herauszufliegen.

»Wir werden sehr tief am Boden bleiben müssen«, sagten sie. Ich konnte nur nicken, so als würde ich verstehen, wovon die Rede war. Ich überließ ihnen die Sache gerne. James Bond war für mich Wirklichkeit geworden.

»Wir sehen hier keine Probleme«, sagten sie schließlich. »Die Sache sollte schnell erledigt sein. Sie spielt sich ja vor allem auf dem Boden ab. Da so viele Kinder beteiligt sind, werden wir acht bis zehn Männer brauchen, die alle mit Tarnuniformen und Stun-Guns ausgerüstet sind.«

»Die werdet ihr brauchen«, sagte ich. »Ihr könnt euch gar nicht vorstellen, wie diese Leute die britischen Kinder, die sie in die Finger gekriegt haben, bewachen. Wenn sie euch schnappen, werden sie euch erschießen. Ihr braucht sicher auch etwas, um Nadja zu beruhigen, denn sie wird wahrscheinlich panische Angst haben und nicht wissen, was los ist. Sie wird die Kinder beschützen wollen.«

»Die Kinder werden kein Problem sein«, versicherten sie uns. »Deswegen gehen wir mit einem so großen Team hinein.«

»Nach Ihrem ersten Treffen mit Judy«, sagte Don zu

Mum, »haben wir ein paar von unseren Männern in den Jemen geschickt, damit sie sich da mal umsehen. Sie haben ein paar Fotos gemacht.«

Er legte die vergrößerten Aufnahmen vor uns auf den Tisch. Ich hielt vor Erstaunen die Luft an. Sie waren tatsächlich bis nach Aschube vorgedrungen und hatten das Dach von Nadjas Haus von einem Berghang aus fotografiert. Sie hatten ein Dorf erreicht, in das man, wie uns häufig von Diplomaten versichert wurde, »unmöglich gelangen kann«. Sie waren tatsächlich dort gewesen und mit Fotos zurückgekehrt. Ich konnte kaum glauben, was ich da sah. Die Fotos waren so scharf und genau, dass ich beinahe das Gefühl hatte, dort zu sein und alles mit eigenen Augen zu sehen. Mir kamen die Tränen, als ich mir vorstellte, dass Nadja im Haus gewesen war, als sie es fotografierten. Sie waren so nah dran gewesen.

Es schien, als hätten sie es schon halb geschafft, sie dort rauszuholen. Ein weiteres Foto zeigte einen der Männer vor einem Hinweisschild in die Mukbana. Es überlief mich kalt, als ich mich daran erinnerte, wie wir an diesem Schild vorbeigekommen waren, als man mich das erste Mal ins Dorf gebracht hatte.

»Wir holen sie mit dem Helikopter raus«, erklärte Don. »Wir haben die beste Stelle gefunden, wo der Hubschrauber warten kann, sodass wir ihn schnell erreichen können und weg sind, bevor die Männer wissen, wie ihnen geschieht. Und wir brauchen ein Schiff, zu dem wir alle bringen können.«

»Wo wird das Schiff warten?«, wollte ich wissen.

Er breitete wieder die Karte aus und zeigte auf die südlichste Spitze des Roten Meers, wo der Jemen fast an Afrika heranreicht.

»Dort«, sagte er, »in Dschibuti. Es ist ein Französisch sprechender Hafen, der bedeutendste im Golf von Aden und Äthiopiens wichtigster Zugang zum Meer.«

»Gut«, sagte ich, »umso besser, wenn es ein französischer ist. Die französische Regierung hat mehr für uns getan als jede andere.«

»Wir wollen die Sache während des Ramadan durchführen«, sagte Don, »wenn alle am Tag fasten und schlafen. Sie werden nicht so aufmerksam sein und draußen werden sich weniger Männer aufhalten. Bis sie mitkriegen, was los ist, sind wir schon in der Luft.«

Sie schienen alles unter Kontrolle zu haben und so tüchtig zu sein, dass ich mich fragte, warum bislang noch niemand so mit uns geredet hatte. Die Leute vom Konsulat hatten nicht halb so viel Initiative gezeigt wie diese Menschen, obwohl es doch eigentlich zu ihrem Job gehörte, uns zu helfen.

Sie hatten im Lauf der Jahre pro forma ein paar Versuche unternommen zu kontrollieren, ob es Nadja gut ging, aber Tatsache ist, dass eine Angestellte des Konsulats, als sie nach den Fernsehsendungen in Frankreich ein Interview mit Nadja führen wollte, mit der falschen Frau sprach. Sie war nicht einmal im richtigen Haus gewesen, sondern in einer viel feineren Gegend der Mukbana und hatte mit einem völlig verschleierten Mädchen gesprochen, das kaum Englisch verstand. In ihrem Bericht war von der »wunderschönen Landschaft« die Rede, die Nadja immer vor Augen hatte, und von einem Haus voller »Komfort«. Nadja soll Dinge gesagt haben wie: »Ich nicht wollen nach Hause.«

Jeder, der mit Nadja gesprochen hat, weiß, dass sie, wenn sie Englisch spricht, noch immer wie eine Birminghamerin klingt. So offensichtlich falsche Berichte wie dieser haben, mit dem offiziellen Stempel versehen, ihren Weg in die Archive gefunden und wurden als wahr angesehen. Immer wenn wir unseren Fall erneut diskutierten, mussten wir erklären, warum Nadja unmöglich eine solche Unterhaltung hätte führen können, was bedeutete, dass wir einen britischen Beamten als Lügner bezeichnen oder ihm zumindest unterstellen mussten, dass er inkompetent war.

Im Lauf der Jahre hatten wir mehrere dieser »offiziellen« Berichte über Nadjas Zustand erhalten. Sie tauchten immer aus heiterem Himmel auf. Normalerweise wussten wir nicht einmal, dass jemand sie besuchte. Einer der Beamten schrieb in seinem Bericht, Nadja sei gesund und es gehe ihr gut, »obwohl sie auf mich benommen wirkte und unter dem Einfluss von Drogen zu stehen schien«.

Solche Briefe trafen völlig unerwartet bei uns ein, und dann standen wir da mit schrecklichen Bildern im Kopf von Nadjas Zustand, ohne ihr Hilfe schicken oder die Wahrheit herausfinden zu können.

Doch jetzt, so glaubte ich, konnten wir die ganze bürokratische Stümperei hinter uns lassen. Als das Treffen in diesem Hotel beendet war, war ich bereit, unser aller Leben in die Hände dieser Leute zu geben. Widerstrebend sagten sie dann, dass wir nun über Geld reden müssten. In diesem Moment hätte ich ihnen alles gegeben, was ich besaß. Inzwischen hatte sich bereits einiges an Tantiemen angesammelt, und ich hatte schon immer alles Geld, das ich zusammenbringen konnte, als Teil eines Fonds für den Kampf betrachtet, Nadja und die Kinder nach Hause zu holen. Wenn diese Leute sie befreien konnten, würde ich ihnen gerne alles geben, was ich bisher verdient hatte, und auch das, was das Buch in Zukunft einbrachte.

Der Zeitpunkt war günstig. Ich hatte vom französischen Verleger gerade einen Scheck über rund 100.000 Pfund bekommen. Eine solche Summe war für mich völlig irreal und hatte überhaupt keinen Bezug zu meinem alltäglichen Leben. Ich traute meinen Augen nicht, als ich die vielen Nullen auf dem Scheck sah, den der Literaturagent mir geschickt hatte. Es war mir egal, was mit dem Geld passierte, solange ich Nadja wieder bei mir in England hatte. Don versprach, sofort mit den Vorbereitungen der Operation zu beginnen und uns über ihre Fortschritte auf dem Laufenden zu halten. Wir müssten Geduld haben – etwas, worin wir Erfahrung hatten.

In optimistischen Momenten glaubte ich, dass sich diese Amerikaner als unsere Retter erweisen würden. Ich stellte mir vor, wie sie ihre Pläne machten und ihre kleine Privatarmee organisierten, wie sie Waffen kauften und einen Helikopter und ein Schiff mieteten. Ich erlaubte mir daran zu glauben, dass wir uns endlich dem Höhepunkt unserer Geschichte und dem Ende von Nadjas Martyrium näherten.

Mum gab mir immer Bescheid, wenn sie mehr Geld brauchten. Ich bezahlte es gerne. Ich wusste, dass eine Operation wie diese sehr teuer sein würde. Zuerst baten sie um 20.000 Pfund, um die Sache vorzubereiten. Man veranlasste, dass das Geld direkt von meinem Bankkonto zum Konto einer CTU genannten Firma in den Vereinigten Staaten wanderte. Offensichtlich hatte man die Firma eigens für diese Operation gegründet. Mir war das egal. Das Geheimnisvolle, das der geschäftlichen Seite anhaftete, schien im Einklang mit der gesamten

Operation zu stehen. Wir bewegten uns schließlich außerhalb der Grenzen internationalen Rechts, mussten also davon ausgehen, dass unsere neuen Verbündeten gewisse Vorsichtsmaßnahmen treffen wollten.

Sie baten uns um ein erneutes Treffen, das dann im Haus eines Freundes von Mum stattfand. In der Zwischenzeit hatten sie weitere Nachforschungen angestellt und wir waren von ihren Ergebnissen und der Genauigkeit ihrer Pläne beeindruckt. Der Tag, an dem sie bereit sein würden, in der Mukbana zu landen, schien näher zu rücken. Als wir alles besprochen hatten, war es bereits Nachmittag. Sie sagten uns, sie bräuchten noch einen Scheck, um die nächsten Schritte einzuleiten. Und sie seien in Eile, weil sie abends schon wieder zurückflögen.

»Die Banken machen gleich zu«, sagte ich. »Ich muss dort anrufen und Bescheid geben, dass wir wegen des Geldes vorbeikommen.«

Mum und ich fuhren im Eiltempo ins Stadtzentrum und schafften es gerade noch rechtzeitig. Wir hoben das Geld ab, fuhren wieder zurück und gaben es ihnen.

Innerhalb weniger Monate hatten sie von uns 85.000 Pfund erhalten und gesagt, sie seien bereit, die Mission durchzuführen. Mein Optimismus wuchs, gleichzeitig aber auch die Angst davor, Nadja und die Kinder könnten verletzt werden, wenn etwas schief ging. Ich verdrängte meine Zweifel. Wir mussten das Risiko eingehen. Die Amerikaner hatten uns versichert, sie hätten jede Eventualität berücksichtigt. Wir mussten ihnen vertrauen, und sie machten es uns leicht, das zu tun.

Mum telefonierte fast täglich mit ihnen. Sie hatte ihre Handynummern und wusste nie, wo sie gerade steckten, wenn sie sie anrief. Manchmal redete sie zwei-

oder dreimal am Tag mit ihnen, um sich zu vergewissern, dass sie noch für uns da waren. Und bekam dann eine Telefonrechnung über 500 Pfund, die ich gerne für sie bezahlte. Sie flog sogar zusammen mit Jana nach Carolina, um das Team zu besuchen und ihm noch mehr Geld zu bringen. Sie gingen zu ihnen nach Hause und lernten ihre Familien kennen. Mum war davon überzeugt, dass sie alles in ihrer Macht Stehende taten, um die Sache in Gang zu bringen.

Sie erzählten uns immer wieder, dass sie neben der Vorbereitung unseres Jobs noch andere Aufträge ausführten, was erklärte, warum sie immer unterwegs waren, wenn wir versuchten, sie zu erreichen. Am liebsten wäre es uns gewesen, sie hätten sich ganz auf unseren Fall konzentriert, aber in gewisser Weise war es auch ermutigend zu wissen, dass ihre Dienste so gefragt waren und dass sie bei Rettungsaktionen in aller Welt Erfahrung sammelten.

Sie ließen nie einen Zweifel daran, dass es ihnen gelingen würde, Nadja und die Kinder zu befreien, und wir ließen uns gerne von ihnen überzeugen. Mum fiel auf, dass sie nie versuchten, sie anzurufen. Es war immer Mum, die anrief, aber sie schob es darauf, dass sie so beschäftigt waren.

Sie sagten uns ganz offen, dass nicht alle ihre Operationen so glatt verliefen, wie sie es sich wünschten, und wiesen darauf hin, dass immer ein gewisses Risiko dabei war. Das war uns klar. Schließlich brachen sie das Gesetz und konnten so wie Don in Island festgenommen werden. Sie hatten immer sehr überzeugende Erklärungen für irgendwelche Verzögerungen.

Wir schienen mal wieder in der Warteschlange zu stehen, aber diesmal wussten wir zumindest, dass etwas unternommen wurde, und hatten jemanden, mit dem wir über Fortschritte reden konnten. Es war anders, als darauf zu warten, dass Mohammed oder Gowad ein Versprechen einlösten, dass sie uns während eines Streits gegeben hatten, oder darauf, dass ein Abgeordneter sich an das Versprechen hielt, »Nachforschungen anzustellen und sich dann bei uns zu melden«.

Ein Jahr nach unserem ersten Treffen riefen die Amerikaner an und sagten, sie seien jetzt bereit, in die Mukbana zu fliegen und bräuchten weitere 100.000 Pfund, um loslegen zu können. Die Tatsache, dass sie so lange gebraucht hatten, um dieses Stadium zu erreichen, war für uns ein Zeichen dafür, dass sie sehr gründliche Vorarbeit geleistet hatten.

Wenn sie gleich zu Beginn eine so hohe Summe verlangt hätten, hätten wir ihnen das Geld vielleicht nicht so bereitwillig gegeben. Ich wusste aus anderen Quellen, dass für Rettungsaktionen wie diese normalerweise nicht mehr als 80.000 Pfund verlangt wurden, und war überrascht, dass der Preis für unsere so in die Höhe ging. Aber ich vertraute diesen Leuten völlig. Sie schienen bislang all ihre Versprechen eingelöst zu haben.

»Warum kostet es so viel?«, fragte ich Mum.

»Wegen all der Kinder«, erklärte sie. »Sie haben noch nie eine Mission durchgeführt, bei der es um so viele Kinder ging. Die Sache erfordert weitaus mehr Männer und Organisation. Sie können nicht so viele Risiken wie sonst eingehen.«

Die Erklärung klang einleuchtend. Ich war bereit, ihnen das Geld zu geben, damit die Sache voranging. Mum und Jana würden schon wissen, was sie taten. Schließlich verhandelten sie ja seit langem regelmäßig mit den Amerikanern. Wir zahlten das Geld auf ihr

Konto ein – inzwischen belief sich die Summe auf insgesamt 185.000 Pfund – und warteten auf die Nachricht, dass die Operation gerade durchgeführt wurde oder bereits beendet war.

Als aus den Tagen Wochen wurden, versuchte ich, nicht daran zu denken, was möglicherweise los war. Ich betete nur, dass sie uns bald mit einer guten Nachricht überraschen würden, und konzentrierte mich auf meinen Alltag. Manchmal fragte ich Mum, ob sie irgendetwas Neues erfahren hatte und warum alles so ruhig geworden sei. Es gab immer eine wirklich gute Erklärung: Ein anderer Job war dazwischen gekommen oder es war nicht die richtige Jahreszeit oder sie hatten Probleme mit ihren Leuten.

Sie schienen immer zu wissen, was im Jemen los war, und das lieferte ihnen viele Gründe, nicht zu handeln. Wenn zum Beispiel eine prominente Persönlichkeit in Ta'izz weilte und die Sicherheitsmaßnahmen verstärkt werden mussten, war es ungünstig loszulegen. Sie waren die Profis und wir vertrauten ihrem Urteil. Die Tatsache, dass sie die Ereignisse im Jemen so genau beobachteten, gab uns das Gefühl, sie würden bald etwas unternehmen. Mum zweifelte nie an dem, was sie ihr sagten, warum also hätte ich es tun sollen? Ich wollte nicht, dass sie in die Mukbana flogen, solange sie sich nicht ganz sicher waren, dass es der bestmögliche Zeitpunkt war. Ich wusste, dass es bei einer solchen Mission nur eine einzige Chance gab und dass sie nie wieder eine bekommen würden, wenn etwas schief ging.

Deswegen schwieg ich und behielt meine wachsende Unruhe für mich. Mir fehlte die Energie, um mich aktiv an den Gesprächen über die Operation zu beteiligen, und war froh, alles Mum überlassen zu können. Ich wusste ja, dass sie es mir sofort berichten würde, wenn sich irgendetwas Wichtiges tat.

Aus den Wochen wurden jedoch Monate und wir hörten noch immer nichts. Wenn ich optimistisch war, stellte ich mir vor, dass die Operation im Gang war, und dann wurde ich bei dem Gedanken, dass Nadja endlich auf dem Weg nach Hause war, ganz aufgeregt. War ich hingegen niedergeschlagen, glaubte ich, dass sie die Operation nie durchführen würden oder dass sie zu ihrer Mission aufgebrochen waren und sich irgendeine Katastrophe ereignet hatte.

Schließlich fiel mir auf, dass Mum nervös wurde. Wenn wir miteinander redeten, war sie zerstreut und gereizt und rauchte die ganze Zeit. Offensichtlich beschäftigte sie irgendetwas, das sie mir nicht erzählen wollte.

»Du hast doch was«, sagte ich eines Tages, als wir wieder zusammensaßen. »Was ist los?«

Anfangs wollte sie nicht heraus damit. Sie wich aus und versuchte, das Thema zu wechseln, aber ich gab nicht auf. Wir setzten uns und redeten weiter, bis sie schließlich zugab, sie habe so langsam ihre Zweifel, ob die Amerikaner jemals etwas unternehmen würden.

»Sie tun überhaupt nichts«, sagte sie mit gepresster Stimme, die ihre innere Anspannung verriet.

»Dräng sie nicht, Mum«, sagte ich in dem Versuch, sie zu beruhigen, obwohl mich manchmal die gleichen Zweifel plagten. Ich konnte den Gedanken nicht ertragen, dass sie das kleine bisschen Hoffnung verlor, an das sie sich klammerte, seit die Amerikaner die Szene betreten hatten.

»Wenn sie etwas unternehmen, tun sie es dann, wenn sie es für richtig halten. Vielleicht überraschen sie uns eines Tages einfach. Wir kriegen einen Anruf, dass wir schnell irgendwo hinkommen sollen, um Nadja zu treffen. Wir haben so viele Jahre gewartet und gelitten, da kommt es doch auf ein paar Tage mehr oder weniger auch nicht mehr an, oder?«

Aber es wurde immer schwieriger, die Amerikaner telefonisch zu erreichen. Bei den Handynummern meldete sich keiner mehr. Wenn Mum bei ihnen zu Hause in Carolina anrief, hörte sie von den Kindern: »Nein, Dad ist nicht da. Er ist im Ausland. Wir haben seine Nummer nicht.«

Immer öfter kam mir der Gedanke, dass man uns ausgenommen hatte und dass wir diese Leute und unser Geld nie wiedersehen würden. Wieder einmal hingen wir in der Luft und wussten nicht, was als Nächstes passieren würde. Was dann tatsächlich passierte, hätte ich nie für möglich gehalten.

KAPITEL 7

Der Steuerberater und der Finanzbeamte

Bekam ich vom Finanzamt einen Brief oder einen Steuerbescheid, bezahlte ich anfangs immer, was man von mir forderte. Es kam eine Menge Geld rein, und ich hatte keine Ahnung, was ich bezahlen musste; deswegen wartete ich die Bescheide ab. Ich hatte vorher noch nie Geld verwaltet. Als ich England verließ, war ich fünfzehn, und im Jemen hatte ich natürlich kein Geld – in den Dörfern kümmerten sich die Männer um die finanziellen Angelegenheiten.

Bei den Jobs, zum Beispiel in einer Fabrik, die ich nach meiner Rückkehr aus England annahm, hatten die Chefs sich um die fälligen Steuerzahlungen gekümmert. Ich hatte einfach genommen, was sie mir am Ende der Woche gaben, und keine Fragen gestellt. Geld hat mich noch nie interessiert.

Wenn ich zum Beispiel einen Brief erhielt, in dem ich zur Zahlung eines Sozialversicherungsbeitrags aufgefordert wurde, ging ich zum Finanzamt im Stadtzentrum und gab dort einen Scheck ab. Ich erhielt eine Quittung und ging mit dem Gefühl nach Hause, alles erledigt zu haben. Ich hatte keine Ahnung, dass es damit nicht getan war.

Als die Tantiemen aus Ländern wie Frankreich und

Deutschland eintrafen, zahlte ich sie auf mein Konto ein und hob Geld ab, wann immer ich es brauchte. Die Summen waren so riesig, dass ich mir nicht vorstellen konnte, wir würden das gesamte Geld je ausgeben können. Hätte das Finanzamt seinen Anteil verlangt, hätte ich ihn selbstverständlich bezahlt. Mir war nicht klar, dass es ein Jahr Aufschub gab, bevor die Steuerbescheide eintrudelten, und dass ich gesetzlich dazu verpflichtet war, mich um deren Begleichung zu kümmern. Selbst wenn ich es gewusst hätte, hätte ich mich wahrscheinlich nicht anders verhalten. Es schien genug Geld für alles da zu sein. Allerdings hatte ich nicht damit gerechnet, dass die Amerikaner uns dazu bringen würden, fast 200.000 Pfund auf das Konto von CTU zu überweisen.

Als dann die Steuerbescheide über mehrere zehntausend Pfund eintrafen, hatte ich kein Geld, um sie zu bezahlen. Den größten Teil des Geldes hatte die Firma CTU in Amerika bekommen, und der Rest war dafür draufgegangen, die Kampagne zur Befreiung von Nadja weiterzuführen oder Freunden und Verwandten auszuhelfen, wenn sie in Schwierigkeiten waren. Ich hatte einfach nach Belieben Schecks ausgestellt und Bargeld abgehoben, ohne zu wissen, wie viel Geld anschließend noch übrig war. Es war einiges zusammengekommen – zum Beispiel die Telefonrechnungen und Mums und Janas Reise in den Jemen –, und jetzt war das Konto leer.

Ich wusste nicht, was ich tun sollte, und beschloss, in der blödsinnigen Hoffnung, das Problem werde sich von alleine lösen, nichts zu unternehmen. Vielleicht, so sagte ich mir, würde mein Literaturagent mir einen weiteren dicken Scheck schicken, und dann könnte ich zum Finanzamt gehen und die Sache erledigen. Vorerst würde ich einfach abwarten und sehen, was passierte. Ich ignorierte die Briefe und Bescheide. Sie stapelten sich in einer Ecke des Zimmers und ich verdrängte das Problem. Es war mir einfach zu viel, mich auch noch darum kümmern zu müssen. Schließlich erzählte ich jedoch Mum und Jana beiläufig davon.

»Du solltest dir einen Steuerberater nehmen«, sagte Jana. »Das Problem löst sich nicht von selbst. Sie werden keine Ruhe geben, bis du bezahlt hast.«

»Was ist ein Steuerberater?«, fragte ich.

»Jemand, der sich mit diesem ganzen Zeugs auskennt«, sie wedelte mit den Formularen herum, »der dir sagt, wie viel du dem Finanzamt schuldest und was du bezahlen solltest.«

»Ich kenne keine Steuerberater«, wandte ich ein. »Ich hab von dem Ganzen keine Ahnung.«

»Ich kann dir einen Namen geben«, sagte sie. »Wenn du willst, kann ich auch Kontakt mit ihm aufnehmen.«

Inzwischen hatte sich Jana Mum und mir unzählige Male als wahre Freundin erwiesen, und wir wussten beide, dass sie viel welterfahrener war als wir. In solchen Dingen vertrauten wir ihrem Rat. Wie versprochen stellte sie für mich den Kontakt zu Michael in London her. Einige Wochen später fuhren wir mit einer Tasche voll Steuerbescheiden und anderen Papieren dorthin, um uns mit ihm zu treffen.

Ich war sehr nervös. Nachdem ich mit Jana über die Situation gesprochen hatte, war mir klar, dass ich mich in große Schwierigkeiten gebracht hatte. Es hatte keine weiteren dicken Schecks mehr gegeben, und mein Literaturagent hatte mir gesagt, ich hätte alles Geld bekommen, was mir im Moment zustehe. Irgendwann würden weitere Zahlungen eintreffen, aber das Geld würde nicht reichen, um derartig hohe Rechnungen zu bezahlen. Für das Finanzamt musste es so aussehen, als hätte ich bewusst Steuern hinterzogen. Ich hatte ein Vermögen verdient, und innerhalb weniger Jahre war das ganze Geld futsch, ohne dass ich einen Pfennig Steuern bezahlt hatte. Ich sah mich schon im Gefängnis und für den Rest meines Lebens verschuldet.

Michael war sehr freundlich. Wir setzten uns in seinem Büro zusammen und er hörte sich die ganze Geschichte an. Er merkte offensichtlich, in welcher Verfassung ich war, denn er setzte mich überhaupt nicht unter Druck. Ich erzählte ihm von dem Buch und dem vielen Geld, das ich damit verdient hatte, und erklärte ihm, wofür es draufgegangen war und wie viel ich den Amerikanern gegeben hatte. Er war sichtlich erstaunt. Ich glaube nicht, dass er schon einmal jemandem begegnet war, der sich so schnell in solche Schwierigkeiten gebracht hatte. Er hielt mich bestimmt für unglaublich leichtgläubig und naiv, war aber viel zu nett, um irgendetwas zu sagen. Vermutlich hätten Steuerberater wie er keinen Job, gäbe es nicht noch mehr Leute wie mich.

Michael stellte mir immer wieder Fragen, vermutlich die gleichen, die die Finanzbeamten ihm stellen würden, wenn er ihnen zu erklären versuchte, was passiert war. Auch wenn er äußerst freundlich war, kam ich mir doch vor, als befände ich mich im Zeugenstand vor Gericht und werde beschuldigt, das Geld gestohlen zu haben.

Während ich versuchte, jede seiner Fragen ehrlich zu beantworten, fühlte ich mich wie eine Verbrecherin, und ich rauchte ununterbrochen, um meine Nerven zu beruhigen. Manchmal konnte ich mich einfach nicht mehr an alles erinnern, was passiert war. Ich gab Michael den ganzen Stapel Papiere, der sich bei mir zu Hause angesammelt hatte, und die Unterlagen zu den Zahlungen an CTU, die ich mir von meiner Bank besorgt hatte.

»Fahren Sie wieder nach Hause«, sagte er, »und überlassen Sie die Sache mir. Ich muss mir überlegen, wie wir das Problem am besten angehen. Keine Panik. Wir werden schon eine Lösung finden.«

Es war ihm anzusehen, dass er Schwierigkeiten hatte, alles zu verstehen, und einige Zeit brauchen würde, um über das, was ich ihm erzählt hatte, nachzudenken und die Unterlagen zu studieren. Er machte auf mich einen sehr freundlichen Eindruck, und Jana sagte, er habe ihr eine Menge bei ihren Problemen geholfen. Deswegen legte ich mein Schicksal gern in seine Hände. Und so wie ich ihm vertraute, glaubte er mir offensichtlich, dass ich nicht versuchte, ihn zu betrügen. Ich war naiv und dumm gewesen, das Geld auszugeben, ohne daran zu denken, zuerst Steuern zu zahlen, aber ich hatte niemanden absichtlich hintergangen. Ich hatte keine Geheimkonten im Ausland. Ich hatte einfach nur für den Moment gelebt, hatte Geld für Dinge ausgegeben, die ich haben wollte, und Leuten geholfen, die mich um Hilfe baten. Und den Rest hatte ich den Amerikanern gegeben. Es gab keine Grauzonen. Es war kein Geheimnis, wo das Geld abgeblieben war. Aber ich begriff nun, dass ich dennoch in großen Schwierigkeiten steckte. Zusätzlich zu all unseren Problemen hatte ich es geschafft, Steuerschulden zu machen. Von dem Geld, das wir verdient hatten, war nichts mehr übrig, und egal was Michael sagte, ich war mir sicher, dass man mich der Steuerhinterziehung bezichtigen würde.

Deprimiert, wie ich war, stellte ich mir vor, im Gefängnis zu landen. Und was würde dann aus Liam und Cyan werden? Es war so viel Geld reingekommen, und ich hatte mir nicht einmal die Zeit genommen, mit ihnen einen Ausflug zu CenterParcs oder sonst wohin zu machen, und nun war es zu spät. Es war nichts übrig geblieben für sie oder für Nadja, sollte sie jemals zurückkommen. Ich hatte das Gefühl, als läge die ganze Last der Welt auf meinen Schultern, und glaubte, es nicht viel länger aushalten zu können.

Jana, die mitkriegte, in welchem Zustand ich mich befand, rief ein paar Tage später Michael an: »Sie wird der Situation nicht gewachsen sein«, sagte sie. »Sie steht kurz vor einem Nervenzusammenbruch. Du musst die Sache eine Weile ruhen lassen.«

Michael war sehr verständnisvoll und versicherte, dass er in meinem Namen mit den Steuerbeamten reden werde und dass man mich im Moment noch nicht mit einbeziehen müsse.

Ein paar Wochen lang verlief für mich alles ganz ruhig. Ich versuchte, mein Leben weiterzuführen, ignorierte die ganze Geschichte, kümmerte mich um Liam und Cyan und besuchte Freunde und Verwandte. Hin und wieder dachte ich daran, was hinter den Kulissen vor sich gehen musste, und verspürte den überwältigenden Wunsch, alles hinzuschmeißen. Doch nach und nach kehrten meine Kraft und meine Zuversicht zurück. Als Michael mich schließlich anrief und fragte, ob ich zu einem Termin mit einem Finanzbeamten in sein Büro kommen könne, fühlte ich mich der Lage gewachsen.

Schon vor meinem ersten Termin mit Michael war ich sehr nervös gewesen, aber dieses Mal war es noch hundertmal schlimmer, und ich zitterte vor Anspannung, als ich das Büro erreichte. Aber Mr. Smart war genau das Gegenteil von dem, was ich mir unter einem Steuerbeamten vorgestellt hatte. Er war freundlich und so besorgt um mich, wie Michael es gewesen war. Er war extra aus Schottland angereist, und heute weiß ich, dass er in Verbindung mit dem Betrugsdezernat stand. Damals hatte Michael es jedoch für besser gehalten, es mir zu verschweigen, denn er befürchtete, diese Information könne mir den Rest geben.

Die Tatsache, dass wir Namen, Adressen und Kontonummern des CTU-Teams hatten, beeinflusste Mr. Smarts Einstellung positiv. Ich hatte alle entsprechenden Unterlagen mitgebracht und Mr. Smart war begeistert und schien ziemlich überrascht zu sein.

»Das ist hervorragend«, sagte er glücklich. »Ich hatte schon befürchtet, Sie würden heute hierher kommen und mir sagen, Sie hätten ihnen das Geld gegeben, aber keine Unterlagen darüber. Das hätte mir meine Arbeit sehr erschwert. Mit diesen Informationen können wir sie per Computer ausfindig machen. Dann haben wir wenigstens etwas, das wir an den IRS (Inland Revenue Service) weiterleiten können, das amerikanische Äquivalent des britischen Finanzamtes. Dort wird man dann versuchen, zumindest einen Teil des Geldes zurückzubekommen.«

Er nahm die Unterlagen an sich und wir fuhren wieder nach Hause. Ich fühlte mich schon viel besser, obwohl mir klar war, dass ich riesige Steuerschulden hatte. Man würde mich vielleicht nicht gerichtlich belangen, aber ich war dennoch total pleite. Mr. Smart kehrte nach Schottland zurück, um seine Computerrecherchen in Angriff zu nehmen, und wir befanden uns mal wieder in Wartestellung, ohne eine Vorstellung davon, was sich hinter den Kulissen abspielte.

Während die Steuerbehörden in Amerika Nachforschungen anstellten, machte Michael sich daran, meine Bücher in Ordnung zu bringen und genau herauszufinden, was ich dem Finanzamt schuldete. Er bat mich immer wieder, für alle Ausgaben in den Jahren, in denen ich für mein Buch Vorschüsse und Tantiemen erhalten hatte, Quittungen beizubringen und ihm Unterlagen von meinem Literaturagenten zu besorgen. Er musste nachweisen, wie viel Geld ich tatsächlich bekommen hatte und wo es geblieben war.

Tag für Tag erklärte Michael mir am Telefon geduldig alles Mögliche, und so langsam kam ich dahinter, wie das System funktionierte. Ich begriff jetzt, wo ich Fehler gemacht hatte. Ich verstand, dass ich als Autorin zu den Selbstständigen zählte, für die es eigene Regeln und Vorschriften gab, um die ich mich nie gekümmert und die mir niemand richtig erklärt hatte. Schritt für Schritt wurde mir alles klar.

Die Amerikaner, denen nicht bewusst war, dass die Finanzbehörden hinter ihnen her waren, meldeten sich sporadisch bei Mum. Vielleicht hofften sie, an weiteres Geld heranzukommen. Von Zeit zu Zeit riefen sie Mum an und versicherten ihr, sie seien noch immer an der Sache dran und hätten sie nicht vergessen. Und nach wie vor hatten sie gute Erklärungen für die ausbleibenden Ergebnisse auf Lager. Meistens hieß es, andere Fälle seien dazwischen gekommen, die dringender wären und für die sie eine schnellere Lösung gefunden hätten. Unser Auftrag sei schwieriger auszuführen, sie müssten sichergehen, dass alles perfekt sei, bevor sie loslegten.

Obwohl es Momente gab, in denen ich gerne glauben wollte, dass sie die Wahrheit sagten und nur auf den richtigen Moment warteten, um zuzuschlagen, war mir eigentlich klar, dass das Geld weg war und ich nichts dagegen unternehmen konnte. Mum diskutierte nicht mit ihnen und warf ihnen auch nicht vor, uns zu betrügen. Wie ich wollte sie daran glauben, dass sie vielleicht doch die Wahrheit sagten. Sie hatte auch Angst vor ihnen. Schließlich handelte es sich um Leute, die uns davon überzeugt hatten, dass sie ihre Waffen gebrauchen würden, um ihr Ziel zu erreichen. Mum wollte sie sich nicht zu Feinden machen.

Noch einmal meine Mutter sehen verkaufte sich noch immer in ganz Europa und fast jeden Monat rief der eine oder andere Verleger an und lud mich zu weiteren Interviews in seinem Land ein. In der Regel folgte ich der Einladung, aber es fiel mir von Mal zu Mal schwerer. Meine Kräfte waren aufgebraucht. Ich funktionierte wie ferngesteuert, während ich mir Sorgen um Mum machte und versuchte, mit Liam und Cyan fertig zu werden, Michaels Fragen zu beantworten und die Reisepläne mitzubekommen, die man ständig für mich machte, während ich zu Flughäfen und von dort wieder nach Hause fuhr, Flugtickets abholte, zu den Hotels unterwegs war und die ganze Sache einem weiteren Journalisten erzählte, der nichts darüber wusste. Mir schwirrte der Kopf.

Ich wollte keinen der Verleger enttäuschen, denn sie hatten sich so dafür eingesetzt, dass die ganze Welt von unserer Geschichte erfuhr. Vor allem die Franzosen hatten Erstaunliches geleistet. Sie hatten bis zu diesem

Zeitpunkt über eine Million Exemplare des Buches verkauft und alles in ihrer Macht Stehende getan, uns zu helfen. Dass es ihnen nicht gelungen war, Nadja aus dem Jemen herauszuholen, war sicherlich nicht auf mangelndes Engagement zurückzuführen.

Anfangs hatte ich so viel Energie gehabt. Ich hatte stundenlang Interviews gegeben und immer wieder die gleichen Fragen beantwortet. Ich war mir so sicher gewesen, dass Nadja im Handumdrehen frei sein würde, wenn wir nur den Druck aufrechterhielten. Als aus den Monaten Jahre wurden, ließ meine Energie allmählich nach, und ich war nicht mehr so entgegenkommend, wenn die Leute mir meiner Meinung nach dumme Fragen stellten oder nicht ganz auf unserer Seite zu stehen schienen. Ich war so müde, dass ich den Journalisten und Fernsehteams, die mich mit Fragen bombardierten, manchmal nicht gerade freundlich begegnete.

»Passt auf«, schnauzte ich sie einmal an, als sie mich ständig unterbrachen und ich mich fühlte, als sei ich schon ewig auf den Beinen gewesen, »ihr braucht mich, um eure Geschichte zu kriegen. Ich brauche euch nicht. Also macht keinen Stress und lasst mich sagen, was ich sagen will. Hört zu und schreibt oder was auch immer, und verschwindet dann.«

In solchen Momenten erschien mir alles so sinnlos. Was für einen Zweck hatte es, immer weiter zu versuchen, den Fall publik zu machen, wenn die Jemeniten sich einen Dreck darum scherten? War alles eine riesige Zeitverschwendung gewesen? Doch dann fand ich die Zeit, mich ein wenig auszuruhen oder irgendjemand sagte etwas Ermutigendes, und die Kraft weiterzumachen stellte sich wieder ein. Was hätte ich auch sonst tun sollen, ich konnte unmöglich herumsitzen und nichts unternehmen, solange Nadja noch immer im Jemen war und darauf wartete, dass ich mein Versprechen einlöste.

Als der IRS in Amerika nach der CTU suchte, fand er heraus, dass die Firma, an die wir all das Geld gezahlt hatten, nicht mehr existierte. Man hatte sie nur zu dem Zweck gegründet, unsere Zahlungen entgegenzunehmen. Inzwischen hatte man das Geld abgezogen und die Firma dichtgemacht. Die Spur schien im Sande zu verlaufen. Weitere Nachforschungen ergaben, dass dieselben Leute eine Reihe anderer Unternehmen gegründet hatten, wahrscheinlich eins für jeden Auftrag, die sich ebenfalls in Luft aufgelöst hatten. Eins dieser Unternehmen hieß »The No Longer Trading Company«, was ziemlich dreist wirkte, so als würden sie jedem den Mittelfinger zeigen, der sie aufzuspüren versuchte.

Mr. Smart erzählte uns bei einem Treffen, der IRS habe, als er die Rechte der Leute an ihrem Grundbesitz hatte einfrieren wollen, herausgefunden, dass sie in Wirklichkeit nichts besaßen. All ihre Häuser und Büros schienen gemietet zu sein, sodass sie ihre Sachen zusammenpacken und weiterziehen konnten, sobald irgendetwas schief lief. Es schien sich um professionelle Betrüger zu handeln.

Unterdessen dachten Mum und ich über neue Möglichkeiten nach, die Aufmerksamkeit der Welt auf Nadjas Elend zu lenken. Obwohl wir das gesamte Geld verloren hatten, das *Noch einmal meine Mutter sehen* uns bislang eingebracht hatte, und obwohl es qualvoll gewesen war, auf den Promotiontouren immer wieder diese entsetzliche Erfahrung durchleben zu müssen, war die Veröffentlichung eines Buches das bei weitem effektivste Mittel gewesen, um unsere Geschichte bekannt zu machen.

Als Mum mir erzählte, sie denke daran, selbst ein Buch über ihr Leben und ihre Erfahrungen zu schreiben, hatte ich gemischte Gefühle. Ich befürchtete, es würde für sie eine schreckliche Tortur werden, das Buch zu schreiben und dann auch noch Werbung dafür zu machen. Ich wusste, wie schwer es mir gefallen war, und Mum war gesundheitlich angeschlagener als ich. Gleichzeitig musste ich aber zugeben, dass es eine hervorragende Möglichkeit war, die Öffentlichkeit wieder auf unsere Geschichte aufmerksam zu machen.

Noch einmal meine Mutter sehen stand zwar überall auf der Welt noch in den Buchläden und war auch als Hörspiel erfolgreich gewesen, aber es hatte keinen Neuigkeitswert mehr. Ich wurde immer seltener gebeten, ein Interview zu geben. In gewisser Weise empfand ich das als Erleichterung – ich konnte mich endlich ungestörter meinen Kindern widmen –, doch gleichzeitig wollte ich unbedingt den Druck auf die britische und die jemenitische Regierung aufrechterhalten, damit etwas unternommen wurde. Ein neues Buch würde eine weitere Folge von Interviews und Rezensionen bedeuten. Vielleicht hatten wir dieses Mal Glück und erreichten endlich die richtigen Leute. Mum würde vielleicht auch ein bisschen Geld verdienen, sodass sie wieder in den Jemen reisen konnte, wenn sich die Gelegenheit ergab. Oder wir konnten es uns leisten, Flugtickets für Nadja und die Kinder zu bezahlen – oder was immer Mohammed von uns verlangen würde. Wenn man es genau betrachtete, war ein weiteres Buch eine gute Idee.

Ich wusste, dass Mum nicht in der Lage sein würde, es alleine zu schreiben. Das wäre für sie viel zu anstrengend gewesen. Sie hatte so viele Daten und Fakten im Kopf, dass es ihr niemals gelingen würde, sie so zu Papier zu bringen, dass ein Leser schlau daraus werden würde. Es hatte viele hundert Unterhaltungen mit Diplomaten und Politikern, Journalisten und Verlegern gegeben. Berge von Briefen und Formularen und Gerichtsdokumenten mussten durchgesehen werden. Die Anstrengung hätte sie umgebracht. Sie musste jemanden finden, mit dem sie sich die Arbeit teilen konnte.

Mum beschloss, das Buch mit Jana zu schreiben, was ich für eine gute Idee hielt. Zum einen hatte sie Vertrauen zu Jana, zum anderen hatten die beiden erstaunlich viel zusammen durchgemacht. Sich Jana zu öffnen würde kein Problem sein, und Jana wusste sowieso schon viel über die ganze Sache.

Jana hat ein außerordentlich gutes Gedächtnis, was für Mum sehr nützlich ist. Mum ist durch die tagtäglichen Belastungen so in Anspruch genommen, dass sie oft wichtige Ereignisse und Daten vergisst. Jana vergisst niemals etwas. Wenn Mum eine Geschichte erzählt und Probleme hat, sich an einen Namen oder eine Abfolge von Ereignissen zu erinnern, kann Jana immer einspringen.

Außerdem kann sie im Gegensatz zu Mum sehr gut mit dem Computer umgehen. Es würde für sie also ein Leichtes sein, das Manuskript zu schreiben und dafür zu sorgen, dass der Text flüssig klang und für den Leser Sinn machte.

Das Buch sollte Mums Leben behandeln, und zwar von ihrem 13. Lebensjahr an – zu diesem Zeitpunkt ging sie von zu Hause weg – bis zur Gegenwart. Es würde darstellen, wie sie Dad kennen gelernt hatte und wie er sie schließlich vollkommen unterdrückte. Es würde davon berichten, wie er ihre ersten beiden Kinder, Laila und Ahmed, mit in den Jemen nahm, sodass Mum sie erst wiedersah, als sie bereits erwachsen waren. Und es würde die Geschichte von Nadjas und meinem Verschwinden aus ihrer Sichtweise beleuchten. Ihr Leben war ein einziger Albtraum während der acht Jahre, die wir beide in der Mukbana gewesen waren; und sie hatte bei dem verzweifelten Versuch, uns zu finden und dort herauszuholen, immer das Gefühl gehabt, mit dem Kopf gegen die Wand zu rennen.

Es war ein großer Wendepunkt in Mums Leben gewesen. Bis dahin hatte sie sich, ganz die unterwürfige Frau, völlig von Dad unterdrücken lassen. Sie hatte sieben Kinder von ihm und er hatte sie wie Dreck behandelt. Er hatte ihr so großes Leid zugefügt, dass sie zwei Nervenzusammenbrüche erlitten hatte.

Der Gedanke, Nadja und mich auf die gleiche Weise zu verlieren wie Laila und Ahmed, war einfach zu viel. Sie sah sich endlich gezwungen, sich zur Wehr zu setzen. Sie war entschlossen, Tina, Ashia und Mo vor dem gleichen Schicksal zu bewahren. Mum trennte sich von Dad und begann ihren langen Kampf um Unterstützung für unsere Sache, sie nahm Kontakt mit den Medien auf und mit der Regierung, und die Anstrengung ruinierte ihre Gesundheit endgültig, aber sie weigerte sich, den Kampf aufzugeben.

Mums Buch würde auch all ihre Versuche beschreiben, nach meiner Rückkehr Nadja und die Kinder nach Hause zu holen. Es würde den Menschen, die mit unserer Geschichte vertraut waren, erklären, wie es dazu kam, dass sie sich von Dad hereinlegen ließ, und einige der Fragen beantworten, die uns nach dem Erscheinen von *Noch einmal meine Mutter sehen* immer wieder gestellt wurden.

Mum erzählte meinem Agenten von der Idee, und der verkaufte sie demselben britischen Verleger, der auch mein Buch herausgebracht hatte. Und dann verschwand Mum ganze Tage lang in Janas Haus und kam erst spätabends mit Stapeln von Computerausdrucken wieder zurück. Ich weiß nicht, ob sie die ganze Sache ohne Janas Unterstützung durchgestanden hätte. Die beiden waren ein erstaunliches Team.

Das Manuskript von Mum und Jana wog schließlich drei Kilo, und der Verlag musste es um die Hälfte kürzen, um es auf eine akzeptable Länge zu bringen. *Without Mercy. A Mother's Struggle Against Modern Slavery* (»Ohne Gnade. Der Kampf einer Mutter gegen die moderne Sklaverei«) erschien 1995 und erhielt einige sehr gute Kritiken in der britischen Presse. Wir waren wieder zurück in den Buchläden und in den Zeitungen. Vielleicht würden wir diesmal die richtige Person finden?

KAPITEL 8

»Eine großartige Geschichte!«

Mein Buch hatte so viel Geld eingebracht, dass ich mir wohl einbildete, es würde immer so weitergehen und die Quelle nie versiegen. Aber aus Gesprächen mit Michael und meinem Agenten wusste ich nun, dass die Einnahmen drastisch zurückgingen. Ich verstand jetzt, dass sich die meisten Bestseller nur wenige Monate an der Spitze halten; wenn man Glück hat, vielleicht ein Jahr. Sobald jeder, der sich für das Thema interessiert, das Buch gekauft hat, gehen die Verkäufe stark zurück und dementsprechend verringern sich, ein paar Monate später, auch die Einkünfte.

Michael hatte hart gearbeitet, um die finanziellen Angelegenheiten der letzten Jahre bis in alle Einzelheiten für mich zu klären, und er hatte mit Mr. Smart, dem klar geworden war, dass ich niemals den vollen Betrag würde bezahlen können, eine Einigung erzielt. Mr. Smart war bereit, sich mit einer wesentlich geringeren als der ursprünglich geforderten Summe zufrieden zu geben, weil er hoffte, dass es ihm gelingen würde, den Rest von den Amerikanern zurückzubekommen. Von diesem Zeitpunkt an leitete mein Agent, wenn Honorarschecks eingingen, diese immer sofort ans Finanzamt weiter. Sobald ich meine Schulden bezahlt hatte, würde man das Geld wieder an mich schicken. Obwohl der ausstehende Betrag reduziert worden war, sah es nicht so aus, als würden die eingehenden Beträge je ausreichen, um meine Schulden zu begleichen. Es war wie ein Fass ohne Boden.

Wenn es dem Finanzamt gelang, Geld von den Amerikanern zurückzubekommen, würde es sich davon nehmen, was ich ihm schuldete, und mir den Rest geben, hatte Mr. Smart gesagt. Es schien ein fairer Deal zu sein, aber ich fand ihn sehr deprimierend. Wir konnten nur abwarten und hoffen, dass sich auch wirklich etwas tat. Wieder einmal waren wir zum Warten verdammt.

Da das Geld nun weg war, mussten wir nach anderen Möglichkeiten suchen, Nadja zu helfen. Wir mussten unseren Lebensstandard herunterschrauben und uns drastisch einschränken. Ich bekomme nun Sozialhilfe und Kindergeld, und Paul hat seine Beihilfe für Erwerbsunfähige, aber zusammen macht das nur 160 Pfund pro Woche aus. Wir kommen gerade so über die Runden, obwohl am Wochenende praktisch nichts mehr in der Kasse ist. Aber es ist mir egal. Solange wir genug zu essen und alle genug zum Anziehen haben, bin ich zufrieden. Ich weiß, dass ich wieder Geld verdienen werde und mir hoffentlich ein neues Auto leisten kann, um die Kinder zur Schule zu bringen, sobald ich meine Ausbildung als Schwimmlehrerin abgeschlossen habe.

Es machte mir nicht allzu viel aus, das Geld an die Söldner verloren zu haben, bis ich diese Engländerin, die sich Jackie genannt hatte, zufällig im Frühstücksfernsehen sah. Sie hatte ein Buch über ihre Abenteuer geschrieben, in dem auch Einzelheiten unseres Falls erwähnt waren, und die Kameras zeigten das luxuriöse

Haus und das Auto, das sie sich mit den Einnahmen aus ihren Aktivitäten gekauft hatte. Es war, als prahle jemand vor mir mit Geld, das für meine Kinder hätte verwendet werden sollen.

Als Mum mir einen Brief von einem Dokumentarfilmer namens Nick Gray zeigte, wollte ich zuerst nichts davon wissen. Wir hatten bereits mit einem anderen an unserer Geschichte interessierten Filmemacher zu tun gehabt, und die Sache hatte zu nichts geführt, außer dass wir uns die Finger verbrannt hatten. Mir kam es so vor, als wären wir ein leichtes Ziel für alle, die uns auch nur die geringste Hoffnung machten, Nadja möglicherweise freizubekommen. Ich konnte den Gedanken nicht ertragen, mir wieder völlig vergeblich Hoffnungen zu machen. »Red nicht mit mir über irgendwelche Leute«, sagte ich. »Lass mich in Ruhe. Lass mich einfach mein Leben weiterführen. Das Geld ist weg, und wir müssen einen anderen Weg finden, um Nadja zu retten. Wir bringen die Kampagne wieder in Gang, demonstrieren oder was auch immer, aber keine Dokumentarfilme mehr.«

Mum lachte, aber es war ein nervöses Lachen. Sie wusste, dass ich an meine Grenze gestoßen war, weil es ihr genauso ging, aber sie konnte es nicht lassen, nach jedem Strohhalm zu greifen, den man ihr bot. Sie muss genauso große Angst davor gehabt haben, wieder enttäuscht zu werden, wie ich, aber sie brachte es einfach nicht fertig, sich eine Chance entgehen zu lassen, wie winzig sie auch sein mochte. Sie überging meine schlechte Laune und machte sich daran, mich umzustimmen. Es dauerte nicht lange, bis ich mich unwillig bereit erklärte, diesen Mann gemeinsam mit ihr zu treffen.

Ich machte ein bitterböses Gesicht, als wir zu diesem Treffen gingen, und nahm mir vor, Mr. Gray zu zeigen, dass ich ihn durchschaute, dass ich nur Spott übrig hatte für all seine Versprechungen. Blieb er trotzdem bei der Stange, würde ich ihm vielleicht eine Chance geben, überlegte ich mir. Es wäre eine Art Test. Wenn er zu schnell aufgab, würde er uns sowieso nichts nützen. Wir brauchten jemanden, der sich durch Hindernisse nicht abschrecken ließ und der den ganzen Ärger aushielt, den man ihm im Lauf seiner Nachforschungen von allen Seiten machen würde.

Nick Gray kam mir sehr natürlich vor. Er hörte sich unsere Geschichte an, aber wir hatten beschlossen, ihm zu diesem Zeitpunkt noch nichts von den Amerikanern zu erzählen. Da wir inzwischen glaubten, dass sie uns bewusst hintergangen hatten, kamen sie uns ziemlich gefährlich und unheimlich vor. Solange wir davon ausgegangen waren, sie stünden auf unserer Seite, hatten uns ihr militärisches Gehabe und ihr Gerede über gewalttätige Aktionen nicht gestört. Jetzt schienen sie unsere Feinde geworden zu sein und das machte uns nervös. »Diese Leute sind zu allem fähig«, sagte ich eines Tages zu Mum, als wir gerade über sie redeten. »Sie könnten einfach im Garten hinter unserem Haus auftauchen und uns erschießen. Wir wissen, dass sie dazu in der Lage sind, wegen der Dinge, die sie in der Vergangenheit getan haben. Wir können es uns nicht leisten, sie zu verärgern.«

Nick war bei diesem ersten Treffen sehr geduldig. Vielleicht hatte man ihn gewarnt, dass ich manchmal sehr schwierig sein konnte. Er schien zu verstehen, dass ich unter Stress stand, und nahm mein Verhalten nicht persönlich. An einem Punkt unseres Gesprächs verwendete ich Wörter, von denen ich nicht einmal wusste, dass ich sie kannte. Ich hatte einfach so die Nase voll von Menschen, die daherkamen und uns Hoffnungen machten. Nick blieb sehr ruhig. Er widersprach mir nicht und versuchte auch nicht, mit mir zu diskutieren, sondern hörte sich einfach alles an, was ich zu sagen hatte, ein bisschen wie ein Therapeut. Ich glaube, ich wollte ihn bewusst aus der Gelassenheit aufrütteln, mit der er alles akzeptierte, was ich ihm erzählte. Damals war es mir egal, welchen Eindruck ich bei jemandem hinterließ. Eine Zeit lang war ich sogar scheußlich zu meiner eigenen Familie. Als ich mit meinem Latein am Ende war und mir angesichts seiner grenzenlosen Geduld nichts mehr einfiel, was ich hätte sagen können, verkündete er, dass er den Film machen wolle.

»Ich überlasse es Ihnen«, sagte er, als er aufstand, um zu gehen. »Sollten Sie sich dafür entscheiden, rufen Sie mich an und wir machen den Film.«

Das Gespräch hatte meine Einstellung nicht geändert. Ich konnte mich einfach nicht dazu durchringen, mich einem solchen Aufruhr der Gefühle auszusetzen, den ein Dokumentarfilm unweigerlich mit sich brachte. Ich wollte nicht wieder stundenlang Interviews geben und all die Schrecken noch einmal durchleben müssen. Ich wollte mir keine Tonbänder von Nadja anhören oder Bilder von ihr sehen, wo ich doch wusste, dass sie immer noch darauf wartete, dass ich mein Versprechen einlöste. Der Gedanke, all das noch einmal durchmachen zu müssen, um am Ende dann doch wieder enttäuscht zu werden, war mir einfach unerträglich.

Mum muss gemerkt haben, dass ich Zeit brauchte, um darüber nachzudenken. Zuerst versuchte ich, die Sache zu verdrängen, aber irgendwie ließ sie mich nicht los. Ich zermarterte mir das Gehirn, um Mum eine Alternative bieten zu können, aber mir fiel nichts ein, und ich hörte immer wieder eine leise innere Stimme, die mir sagte, dass ich eine gute Gelegenheit verstreichen lassen würde.

Die Tage vergingen und eines Nachts lag ich im Bett und ging die Sache in Gedanken immer wieder durch. Hab ich nicht schon genug mitgemacht? Ich sollte mich nicht so quälen, dachte ich. Aber auch: Alles muss ans Tageslicht kommen. Wenn wir nicht dafür sorgen, dass Nadjas Geschichte im Bewusstsein der Leute bleibt, verlieren andere Mütter ihre Kinder auf die gleiche Weise. Selbst wenn wir Nadja mit diesem Film nicht zurückbekommen, bewahrt er vielleicht ein anderes kleines Mädchen vor dem gleichen Schicksal. Er könnte irgendeine Frau vor den Gefahren warnen und sie davon abhalten, ihr Kind ohne sie ins Ausland reisen zu lassen. Entsprechend würden die Amerikaner, wenn wir ihre Machenschaften nicht aufdeckten, andere verzweifelte Mütter ausnehmen. Man bot mir eine Chance, dies zu verhindern. Ich musste sie ergreifen.

Als ich Mum meine Entscheidung mitteilte, war sie sichtlich erleichtert. Aber sie wollte, dass wir nur über Nadja und die Behörden redeten. Sie hatte zu viel Angst vor den Amerikanern, um es zu riskieren, schon jetzt über sie zu sprechen.

Am nächsten Tag riefen wir Nick Gray an und sagten ihm, wir hätten beschlossen, den Film zu machen. Er lud uns zu Yorkshire Television nach Leeds ein, um uns mit den an der Geschichte interessierten Produzenten bekannt zu machen und über das Projekt zu reden. Wenn wir den Film machen wollten, müssten wir einen Vertrag unterschreiben, sagte Nick.

Ich wollte nichts unterschreiben. Auch so hatte ich schon genug Probleme. Nick war freundlich, aber bestimmt. Wenn wir das Projekt machen wollten, brauche er eine Unterschrift. Schließlich holte ich tief Luft, nahm den Stift in die Hand, schloss die Augen und unterschrieb. Viel schlimmer konnte es ja nicht werden. Hier bot sich eine Chance und ich musste sie nutzen. Nun, da ich mich auf das Projekt festgelegt hatte, konnte ich mir keine Alternative mehr vorstellen.

Nick kam mit seinem Kamerateam und einer Interviewerin namens Emma zu Mum ins Haus. Er machte stundenlang Aufnahmen, sodass er am Ende viel zu schneiden hatte. Unser Tag begann damit, dass Emma rund drei Stunden mit mir redete. Danach fuhr ich völlig ausgelaugt nach Hause und ruhte mich aus, bevor ich die Kinder aus der Schule oder bei einem Babysitter abholte, während Nick ein ähnlich langes Interview mit Mum durchführte.

Zunächst sprachen wir über Nadja und unsere Gefühle. Mir fiel es sehr schwer, lange vor der Kamera zu reden, ohne in Tränen auszubrechen. Alle Schutzwälle, die ich um mich baue, um den Schmerz nicht heranzulassen, und alle Ablenkungen, die mein Alltag mir bietet, lösen sich in nichts auf, wenn ich über meine Gefühle sprechen muss. Sobald ich das tue, stelle ich mir Nadja in diesem Dorf vor. Ich sehe, wie die Männer sie tyrannisieren und verspotten. Ich habe den Kampf vor Augen, den sie täglich durchstehen muss. Ich spüre, wie sich ihr der Magen vor Hunger zusammenkrampft, etwas, an das sie sich so gewöhnt hat, dass sie es schon gar nicht mehr bemerkt. Ich erinnere mich an die glühende Hitze des Küchenherdes und die zermürbende Plackerei, das immer gleiche Essen vorzubereiten. Am

Tag sind da die hartnäckigen Fliegenschwärme, und ich kann mir vorstellen, wie sie nachts auf ihrem harten Bett liegt, wie jeder Muskel und jedes Gelenk schmerzt und sie dem entfernten Heulen der Wölfe in den Bergen lauscht.

Ich weiß, wie schwer es ist, weil ich es selbst durchgemacht habe. Aber ich war immer fest entschlossen, eines Tages dort wegzukommen, und das gab mir etwas, für das es sich zu leben lohnte, einen Grund, jeden Morgen aufzuwachen. Ich bin mir sicher, dass Nadja die meiste Zeit über keine Hoffnung mehr hat, jemals dort rauszukommen. Sie muss nun glauben, dass sie dazu verdammt ist, dieses entsetzliche Leben bis zu ihrem Tod zu führen. Sie wird so lange Kinder auf die Welt bringen, bis sie nicht mehr fruchtbar ist, und dann wird sie eine alte Frau sein, ausgelaugt von Menschen, denen sie gleichgültig ist und die sie nur als weiteres Stück Vieh betrachten, dessen Aufgabe es ist, zu arbeiten und Junge zu kriegen. Wenn ich es zulasse, dass solche Gedanken hochkommen, muss ich einfach weinen, egal ob eine Kamera da ist oder nicht.

Als wir uns nach einigen Tagen an Nick gewöhnt hatten, fragte Mum: »Sollen wir ihm von den Amerikanern erzählen, Zana?«

Zu diesem Zeitpunkt fühlte ich mich dazu bereit und war damit einverstanden. Ich freute mich, dass Mum meinte, das Thema nun endlich zur Sprache bringen zu können. Ich war nämlich fest davon überzeugt, dass die Amerikaner ungeschoren davonkamen, wenn wir schwiegen. Wenn wir sie jedoch öffentlich angriffen, müssten sie sich auf irgendeine Weise rechtfertigen. Außerdem würde die Story mit den Amerikanern dem

Film noch einen anderen Aspekt hinzufügen. Nick war so etwas wie ein Freund der Familie geworden und ich wollte ihm die ganze Wahrheit anvertrauen.

Wir sagten Nick und seinem Team, dass wir noch etwas zu erzählen hätten. Die Kamera wurde wieder eingeschaltet. Wir erklärten ihnen alles, von dem Moment an, als man mir beim Lunch in Stockholm das Buch über den Tisch reichte, bis zu den erfolglosen Telefonaten nach Carolina oder auf die Philippinen oder wer weiß wohin.

Als Nick alles wusste, wollte er nach Amerika fliegen und versuchen, die CTU-Leute vor die Kamera zu kriegen. »Das ist eine großartige Geschichte«, sagte er. »Ich könnte ihnen erzählen, dass wir einen Dokumentarfilm über die Rettung vermisster Kinder machen. Sie werden sich auf die Chance kostenloser Publicity stürzen. Und dann kann ich euren Fall erwähnen und sie fragen, was passiert ist. Sie müssen nicht wissen, dass ihr herausgefunden habt, dass sie euch reingelegt haben. Wir können beide Versionen der Geschichte zeigen und den Zuschauer entscheiden lassen, wem er glaubt. Es dürfte ziemlich offensichtlich sein, was geschehen ist. Ich muss auch die Filmcrew mit in den Jemen nehmen, um Aufnahmen von den Orten zu haben, an denen alles passiert ist, damit die Leute einen Eindruck davon bekommen.«

»Du wirst nie in das Dorf reinkommen oder bis zu Nadja vordringen«, warnte ich ihn.

»Ich weiß«, sagte er. »Aber wir können trotzdem Hintergrundmaterial sammeln, dem Zuschauer eine Vorstellung von der Atmosphäre geben und von dem Gebiet, in dem du eingesperrt warst und in dem Nadja sich noch immer befindet. Es wäre fantastisch, wenn du mitkämst, damit wir dich dort filmen könnten. Wenn du mit nach Ta'izz kommen würdest, könnten wir sie vielleicht dazu überreden, Nadja dorthin zu bringen, und dann das Treffen filmen.«

Jetzt bekam ich es doch mit der Angst. Ich würde auf keinen Fall mit einer Filmcrew zurück in den Jemen gehen. Ich hatte Gerüchte gehört, dass die Männer geplant hatten, mich zu kidnappen, als ich mit den Franzosen dorthin geflogen war, um Nadja in diesem Garten zu treffen. Mum hatte mir auch erzählt, Abdullah würde behaupten, mich erneut geheiratet zu haben. Ich hatte Angst davor, dass sie mich auf der Straße aufgreifen und entführen würden, wenn ich zurückginge, und dass in England niemand mehr etwas von mir hören würde.

Ich war mir genauso sicher, dass auch Mum auf keinen Fall noch mal dorthin sollte. Sie hätte während ihrer Reise mit Jana ermordet werden können und war von einem Mob angegriffen worden. Wie wütend würden sie erst werden, wenn sie mit einem Filmteam auftauchte?

Tina und Ashia waren derselben Meinung, und wir sagten Mum, dass wir einem solchen Plan niemals zustimmen würden. Mum lässt sich jedoch nicht so leicht von etwas abbringen. Wenn es auch nur die geringste Chance gab, Nadja wiederzusehen, egal wie sehr sie sich dabei in Gefahr begab, dann wollte sie es versuchen. Gegen unseren Rat nahm sie Kontakt mit der Botschaft in Sanaa auf und bat um ein Einreisevisum. Zu meiner Erleichterung hielten die Beamten, mit denen sie sprach, die Reise jedoch ebenfalls für viel zu gefährlich. Aber Mum ließ sich nicht abwimmeln. Sie wollte unbedingt ihre Tochter sehen.

»Ich muss erst jemanden zu Nadja schicken«, sagte der Konsul, als er erkannte, dass er Mum die Sache nicht so leicht ausreden konnte, »um sie zu fragen, ob sie Sie sehen will.«

»Wie können Sie es wagen?«, explodierte Mum. »Ich bin ihre Mutter. Ich hab Ihre Leute nicht nötig, um sie zu fragen, ob sie mich sehen will.«

Der Konsul ignorierte sie. Er schickte jemanden zu Nadja, und ihre Reaktion muss so ähnlich gewesen sein wie meine, als Mum mir Nicks Brief zeigte. Sie sagte dem Emissär, sie wolle keinen weiteren Ärger mehr. Es war klar, dass Mohammed ihr das Leben schwer machen würde, wenn Mum auf ihrem Wunsch bestand. Es ging jetzt jedoch vor allem darum, den Film fertig zu stellen, und nicht, weiteren Ärger zu provozieren. Wir begriffen, dass wir uns mal wieder auf politisch gefährliches Terrain begeben würden, wenn Mum nicht nachgab, und dann würde sich bei diesem Besuch die Aufmerksamkeit auf sie richten und nicht auf Nadja. Wir mussten uns etwas Besseres einfallen lassen. Wir waren erleichtert, dass Mum nicht gehen würde, wussten aber nicht, wen wir sonst schicken sollten.

»Ich werde gehen«, tat Mo plötzlich kund. Wir waren alle überrascht. Während all der Jahre des Wartens auf Nadja war unser kleiner Bruder erwachsen geworden. Er war jetzt vierundzwanzig und wollte seine Rolle in diesem Familiendrama einnehmen. Wenn man es sich überlegte, war er genau der Richtige. Da er ein Mann war, bestand wenig Gefahr, dass Dad ihn würde kidnappen lassen, und er hatte niemanden in Ta'izz verärgert.

Mo war noch ein kleiner Junge gewesen, als er mit Mum auf der Suche nach Nadja und mir im Jemen gewesen war, aber zumindest hatte er eine leise Ahnung davon, was ihn dort erwartete. Und es wäre schön für Nadja, ihren kleinen Bruder nach so langer Zeit wiederzusehen.

Mo war zu einem sehr selbstbewussten Menschen herangereift. Er arbeitete in einer Fabrik, die Caddies für die Reichen dieser Welt produzierte. Mo reparierte die Caddies, die aus so weit entfernten Ländern wie Südafrika zurück zur Wartung in die Fabrik geschickt wurden, oft mit einem Trinkgeld für Mo. Der Fabrikbesitzer war ein Israeli, der mein Buch gelesen hatte und alles über unsere Geschichte wusste. Er war gerne bereit, Mo so viel Urlaub zu geben, wie er für diese Reise benötigte, ohne ihm seinen Lohn zu kürzen. Mo kam mit allen Leuten gut aus, ein weiterer Grund, warum es besser war, wenn er in den Jemen flog und nicht Mum oder ich. Er würde nicht so leicht einen Streit vom Zaun brechen oder unfreundlich werden, wenn etwas schief lief.

Vor seiner Abreise beschloss Mo, Kontakt zu unserem Vater aufzunehmen. Er wollte herausfinden, wo Nadja sich aufhielt und wie es ihr ging, und dafür brauchte er Dads Hilfe. Damit hatte ich kein Problem. Mein gestörtes Verhältnis zu Dad war meine Sache. Ich erwartete nicht, dass auch die anderen ihn ächteten.

Vor vielen Jahren, als ich noch in der Mukbana lebte, war Mo in Dads Wohnung gegangen und hatte heimlich ein Tonband und einen Brief dort rausgeholt. Den Brief hatte ich an Mum geschickt, aber Dad hatte ihn damals abgefangen. Es war sehr mutig von dem kleinen Jungen gewesen, und es half, Mum bewusst zu machen, wie schlecht es Nadja und mir ging. Seit damals hatten Dad und Mo nicht mehr miteinander gesprochen, denn Dad hatte verlangt, Mo müsse sich zwischen ihm und Mum entscheiden. Mo entschied sich für Mum.

Als Mos Reise auf dem Plan stand, schien es vernünftig, dass er Dad besuchte und ihn fragte, ob es für ihn gefährlich sei, in den Jemen zu reisen. Wir wussten, dass man auf Dad hören würde, wenn er den Leuten dort sagte, sie sollten Mo in Ruhe lassen. Wenn Dad Mohammed aufforderte, Nadja nach Ta'izz zu bringen, damit Mo sie sehen konnte, würde dieses Treffen stattfinden. Mo musste Dad das Gefühl geben, er wolle sich wieder mit ihm versöhnen, dann konnte er vielleicht von Mann zu Mann mit ihm reden.

Er machte sich zu Dad auf, ohne die leiseste Ahnung, welche Art von Empfang ihn erwartete. Würde Dad ihn überhaupt sehen wollen? Und wenn ja, würde er herumtoben, weil er all die Jahre Partei für Mum ergriffen hatte? Oder würde er seinen verlorenen Sohn mit offenen Armen empfangen und hoffen, ihn auf seine Seite ziehen und gegen die Frauen in seiner Familie aufhetzen zu können?

KAPITEL 9

Mo

Es muss Mo unglaubliche Selbstbeherrschung gekostet haben, an jenem Tag höflich zu Dad zu sein, wo er doch nur eines wollte: ihn schlagen.

Weil Mo bereits von Anfang an bei Mums Suche nach uns im Jemen dabei gewesen war, wusste er mehr als die meisten anderen von dem, was wir durchgemacht hatten. Er hatte gesehen, unter welchen Bedingungen wir dort leben mussten und dass man uns wie Sklaven behandelte. Wie ich konnte er sich genau vorstellen, was Nadja Tag für Tag erleiden musste, während Dad in seinem Haus in Birmingham saß und keinen Finger rührte, um sie zu befreien. Ein Anruf von Dad – und Nadja säße innerhalb weniger Tage in einem Flugzeug nach England.

Mo kochte vor unterdrückter Wut und verspürte den großen Wunsch, Dad einen Faustschlag zu versetzen, wenn er gleich vor ihm stand. Aber er biss die Zähne zusammen, als er an die Tür klopfte. Er musste sich beherrschen. Er musste Dad glauben machen, dass er sich mit ihm aussöhnen wollte. Er musste sich immer wieder sagen, dass er es für Nadja und für Mum tat und dass sie leiden würden, wenn er die Sache vermasselte.

Dad lebte noch immer mit seiner neuen jungen Frau und zwei Kindern in Sparkbrook. Als er die Tür öffnete und Mo auf den Stufen stehen sah, muss er gemischte Gefühle gehabt und sich gefragt haben, welche Probleme nun auf ihn zukamen. Doch als er begriff, dass Mo in freundlicher Absicht gekommen war, wurde er von Gefühlen überwältigt. Ähnliches war passiert, als ich ihn nach meiner Rückkehr aus dem Jemen besucht hatte. Ich ging wie eine Araberin gekleidet zu ihm, um ihm zu sagen, dass ich ihn liebte, und ihn anzuflehen, Nadja nach Hause kommen zu lassen. Damals hatte er geweint und mir versichert, es sei ihm nie bewusst gewesen, wie schlecht man uns behandelt hatte. Er werde Mohammed sofort anweisen, Nadja zurückzuschicken. Natürlich war nichts davon ernst gemeint und ich besuchte ihn nie wieder.

Seinen zweiten Sohn zu sehen muss ihn noch rührseliger gemacht haben. Er führte Mo ins Haus und stellte ihn seiner Frau und seiner neuen Familie vor.

Dad hat sich schon immer gerne reden gehört, und da ihn Mos ruhige, ernste Art nervös machte, quasselte er unentwegt über sich selbst. Man habe ihm 15.000 Pfund für die Hochzeit mit diesem Mädchen bezahlt, damit sie ins Land habe kommen können, erzählte er Mo, sie müsse unbedingt eine größere Operation machen lassen. Eines ihrer Beine sei kürzer als das andere und sie müsse deswegen einen orthopädischen Schuh tragen.

Ihre Familie lebte bereits in Birmingham und Dad war mit ihr befreundet. Keiner von uns zweifelt daran, dass die Geschichte stimmt. Sie war so typisch für Dad. Rätselhaft ist uns jedoch, wieso das Außenministerium Nadja und mir sagte, es könne unsere Bitte, uns aus dem Jemen herauszuholen, nicht erfüllen, weil wir die »doppelte Staatsangehörigkeit« hätten. Mum ist Engländerin und folglich muss Dad demnach die jemenitische Staatsbürgerschaft haben. Wenn das der Fall ist, wie kann er dann ein Mädchen heiraten, damit sie einen britischen Pass bekommt? Er muss also Brite sein! Und das bedeutet, dass Nadja und ich nie die doppelte Staatsangehörigkeit hatten, dass wir immer Britinnen waren, die Regierung sich jedoch weigerte, diese Tatsache anzuerkennen.

Es macht mich manchmal traurig, dass wir unsere kleinen Halbgeschwister nie kennen lernen werden, aber nach allem, was passiert ist, werden die beiden Familien niemals freundschaftlich miteinander umgehen können. Unser Hass auf Dad und unser Misstrauen ihm gegenüber sind so groß, dass wir ihn nie wieder in unser Leben hereinlassen wollen.

In letzter Zeit sind viele Frauen aus der Mukbana nach England gekommen. Früher reisten nur die Männer, schickten ihren Frauen und Müttern Geld und legten sich einen Notgroschen für die Rente zurück. Aufgrund einer Änderung der Steuergesetze ist es nun aber profitabler, die Frauen mitzubringen. Die Männer können für ihre Frauen Sozialhilfe beziehen und das Geld sparen. Wenn sie schließlich in Rente gehen, nehmen sie das Geld mit in den Jemen, wo die Lebenshaltungskosten nur einen Bruchteil von denen in England betragen. Genau das taten Gowad (Nadjas so genannter Schwiegervater) und seine Frau, Salama. Als sie nach vielen Jahren genug Geld gespart hatten, verkauften sie ihr Haus in Birmingham, kehrten nach Hause zurück und lebten von dem Erlös. Ich hörte von verschiedenen Leuten, Gowad sei nur wenige Wochen nach seiner Rückkehr gestorben – was mich denken lässt, dass es doch eine Art Gerechtigkeit im Leben gibt, wenn auch manchmal zu spät.

Ich könnte mir vorstellen, dass Dad Gowad vermisst. Ich glaube, sie haben sich häufig während Gowads Zeit in England gesehen und über alles geredet, was passiert ist, während sie bis in die frühen Morgenstunden Karten spielten und planten, wie sie uns das Leben so schwer wie möglich machen konnten.

Als Gowad und Salama nach England kamen und Nadja die Aufgabe überließen, ihre Kinder zu versorgen, wollten sie angeblich nach wenigen Monaten in den Jemen zurückkehren. Sie hatten niemals die Absicht gehabt, das zu tun, und Nadja musste neben ihren eigenen Kindern auch noch ihre Kinder großziehen. Als sie wieder nach Hause kamen, waren die Kinder erwachsen. Sie bekamen in England noch eine weitere Tochter, und manchmal sah ich Gowad, wenn er sie zur Schule brachte.

Vor einigen Jahren meldete ich mich zu einem Schneiderkurs an einem College in Birmingham an. Im Klassenraum saßen lauter Jemenitinnen, die kein Wort Englisch sprachen. Sie waren alle jung und verschleiert und erinnerten mich an die Mädchen im Dorf, die mir so vertraut geworden waren. Vermutlich hatte man die meisten von ihnen hierher gebracht, um sie mit älteren Männern wie Dad zu verheiraten. Ihre Väter hatten sie wahrscheinlich verkauft, damit sie in England leben und Geld an ihre Familien schicken konnten: das Umgekehrte von dem, was Nadja und mir passiert war.

Allerdings ist es unendlich angenehmer, in Birmingham zu leben als in der Mukbana, und sobald sie sich erst einmal an den westlichen Lebensstil gewöhnt haben, will kaum eine von ihnen zurückgehen. Aber wenn sie in Großbritannien ankommen, muss der Kulturschock für sie genauso groß sein, wie er für Nadja und mich im Jemen war.

Die Lehrerin ermutigte die Mädchen, während des Unterrichts den Schleier abzunehmen, da nur Frauen im Klassenraum waren, aber sie taten es nicht. Sie müssen sich sehr verwundbar und unsicher gefühlt haben. Wie zu Hause in den Dörfern waren sie von ihren Kindern umgeben – obwohl sie eigentlich von der Kinderkrippe hätten Gebrauch machen sollen. Ich ging nicht mehr zu diesem Kurs. Es dauerte zu lange, alles zu übersetzen, was die Lehrerin sagte, und die Kinder machten so viel Lärm, dass wir nichts zustande brachten. Ich hatte all das hinter mir gelassen und wollte nicht wieder daran erinnert werden.

Manchmal hätte ich Gowad gern mit meinen eigenen Händen umgebracht, so wie ich auch gerne meinen Vater und Abdul Khada töten würde, den Mann, der mich für seinen Sohn in den Jemen brachte und mich acht Jahre lang wie einen Hund behandelte. In Wirklichkeit weiß ich, dass es keinen Sinn hätte, dass es Nadja nicht zu uns zurückbringen würde. Ich schaue weg, wenn ich einen von ihnen in Birmingham auf der Straße sehe, und versuche, nicht daran zu denken, was sie uns angetan haben.

Obwohl ich diesen drei Männern noch immer die Schuld daran gebe, diese Situation herbeigeführt zu haben, verspüre ich mittlerweile größere Wut auf die Regierungsbehörden, die uns hätten helfen sollen. Wenn ein Kind von einem Elternteil misshandelt wird, schreiten die Behörden sehr schnell ein. Und das ist richtig so. Aber warum waren wir diese Mühe nie wert?

Mo besuchte Dad zweimal und kam jedes Mal mit so viel aufgestauter Wut zurück, dass wir dachten, er würde gleich explodieren. Früher hatte er geschworen, Dad umzubringen, wenn er ihn sähe, und wir wussten, dass er das ernst meinte. Nun musste Mo, um die notwendige Unterstützung für seine Reise zu erhalten, dasitzen und sich anhören, wie der alte Mann mit seinen Taten prahlte und wie er Mum und mich schlecht machte.

»Hör mal«, sagte Mo bei dem ersten Treffen, »du bist noch immer mein Vater und ich bin noch immer dein Sohn. Es gibt Familienangelegenheiten, über die wir sprechen müssen. Ich will mit meiner Schwester reden. Du musst das für mich arrangieren. Kannst du dafür sorgen, dass sie dich hier anruft, damit ich mit ihr reden kann?«

Dad, der zweifellos erfreut war, so respektvoll von seinem Sohn behandelt zu werden, erklärte sich einverstanden, seinen Verbindungsmann in Ta'izz, Nasser Saleh, anzurufen und dafür zu sorgen, dass Nadja aus dem Dorf in dessen Haus gebracht wurde, damit sie mit Mo telefonieren konnte.

Ich kann mich noch gut an dieses Haus erinnern, und Mo erzählte mir später, dass sich dort nichts geändert habe. Im Gegensatz zu vielen Leuten in Ta'izz, die Linoleum auf dem Boden, schöne Möbel und die neuesten Elektrogeräte hatten, lebte Saleh noch immer am Ende eines Feldweges in einem Haus mit nackten Betonböden. Er muss von all den Leuten, für die er als Verbindungsmann tätig war, genug Geld bekommen haben, um sich etwas Besseres leisten zu können, aber er lebte weiterhin wie die ärmsten Dorfbewohner. Er war ein richtiger Kümmerling, der immer umherrannte und tat, was andere ihm befahlen, aber Mo wusste, dass er mit ihm würde verhandeln müssen, wenn er Nadja sehen wollte. Er musste auch für Nicks Dokumentarfilm Material sammeln, das zeigte, wie Nadjas Leben von den Männern dominiert wurde.

Nasser Saleh rief zurück und ließ Dad wissen, wann Nadja sich in seinem Haus aufhalten würde. Mo ging am verabredeten Tag wieder zu Dad, um mit Nadja zu telefonieren. Ich bezweifelte stark, dass sie ihr Wort halten und Nadja wirklich nach Ta'izz bringen würden.

Nick gab Mo ein Aufnahmegerät und ein winziges Mikrofon mit, damit wir uns später anhören konnten, was Nadja gesagt hatte. Auf dem Weg zu Dad schlug Mo das Herz bis zum Hals. Er hatte keine Ahnung, wie Dad reagieren würde, wenn er mitkriegte, dass er heimlich aufgenommen wurde. Es würde sicherlich zu einem heftigen Streit kommen, und Mo konnte dann jede Unterstützung in Ta'izz vergessen. Es war schon schwer genug für ihn, sich zu überlegen, was er Nadja sagen sollte, um sie nicht zu ängstigen, aber das Aufnahmegerät anzustellen und gleichzeitig vor Dad versteckt zu halten, würde den Stress noch verdoppeln.

Die Verbindung zu Salehs Haus klappte und, oh Wunder, Nadja war wie versprochen dort. Die Männer waren scheinbar eher gewillt, mit Mo zu kooperieren als mit uns, eher gewillt, ihr Wort zu halten. Nadja kam an den Apparat und Mo schaltete heimlich den Rekorder ein.

»Ich habe vor, rüberzukommen und dich zu besuchen«, sagte er, nachdem sie eine Weile lang Höflichkeiten ausgetauscht hatten.

»Du willst was?« Nadja traute offensichtlich ihren Ohren nicht. »Und wenn ich komme?«

»Was meinst du?«, fragte Mo.

»Was, wenn ich mit Mohammed und den Kindern nach England komme?«

»Meinst du das ernst?«

»Ja«, sagte Nadja. »Aber wir brauchen Geld für die Tickets.«

Mo schwieg einen Moment lang und überlegte, was das wohl zu bedeuten hatte. Waren es ihre eigenen Worte, oder hatte man ihr befohlen, es zu sagen? Waren sie schließlich so weit, sie gehen zu lassen? Konnte es nach so langer Zeit auf einmal wirklich so einfach sein? War es eine Verzögerungstaktik, um ihn davon abzuhalten, in den Jemen zu gehen?

»In Ordnung«, sagte er schließlich. »Wir kümmern uns darum. Ich bringe dann die Tickets mit. Wie viele Kinder sind es?«

»Sechs.«

Wir wussten nicht einmal mehr, wie viele Kinder sie hatte.

Nach dem Telefongespräch hätte Mo das Haus am liebsten sofort verlassen, um uns von dieser plötzlichen Wendung zu berichten. Er wollte auch unbedingt von Dad wegkommen, bevor der das Mikrofon entdeckte. Zu schnell wieder zu gehen hätte jedoch verdächtig wirken können. Deswegen blieb er noch und plauderte eine Weile über seine bevorstehende Reise, bevor er irgendwann aufstand, das Haus verließ und nach Hause eilte.

An jenem Abend spielte er Nick und uns das Band vor. Wir waren alle völlig erstaunt und konnten kaum glauben, was wir da hörten. Ich freute mich riesig, dass Nadja möglicherweise endlich nach Hause kam, hörte jedoch gleichzeitig eine leise Stimme in meinem

Hinterkopf, die mir abriet, mir unnütz Hoffnungen zu machen.

Es ist gut möglich, dass Mohammed Nadja tatsächlich gesagt hat, sie könnten alle zusammen nach England reisen. Ich weiß, dass die britische Botschaft versprochen hatte, dafür zu sorgen, dass der Papierkram so schnell wie möglich erledigt würde, sollte die Familie jemals nach England reisen wollen. Ich glaubte nur nicht, dass es Mohammed wirklich ernst damit war. Sobald ihm klar wurde, was möglicherweise passieren konnte, wenn sie erst einmal in England waren, würde er sicherlich alle Versprechen zurücknehmen, die er Nadja eventuell gegeben hatte. Es war ihm sicher klar, dass Nadja, sobald sie mit den Kindern heil in Birmingham gelandet war, niemals zurück nach Aschube würde gehen wollen und dass er die Kontrolle über sie verlieren würde, sobald sie unter dem Schutz ihrer richtigen Familie stand.

»Okay«, sagte Nick, als das Band zu Ende gelaufen war. »Wir besorgen die Tickets für euch. Jetzt musst du tatsächlich in den Jemen gehen, Mo. Sie erwartet dich und sie scheint sich auf deinen Besuch zu freuen.«

Er muss sich gedacht haben, was für ein wunderbares Ende es für seinen Film abgeben würde, wenn er tatsächlich zeigen konnte, wie Nadja nach sechzehn Jahren endlich nach Hause kam. Und ich hätte mich wirklich für ihn gefreut, wenn er es hätte filmen können. Meinetwegen hätte jede Kamera der Welt dabei sein können, solange Nadja wirklich wieder nach Hause kam.

»Du wirst Nadja nicht filmen können, Nick«, warnte Mo ihn. »Wenn du das versuchst, vermasselst du alles. Du kannst deine Aufnahmen von der Umgebung und von Ta'izz machen, und ich werde versuchen, Nadja auf Band aufzunehmen, aber sie werden dich nicht mit Kameras in ihre Nähe lassen. Wer weiß, was sie tun wird, wenn sie herausfindet, dass ich mit einem Kamerateam gekommen bin.«

Ich wusste, dass er Recht hatte. Ich kann mich noch gut erinnern, wie sie auf das französische Kamerateam reagierte und mit welchem Argwohn sie Jana behandelte, weil sie glaubte, sie sei eine Journalistin. Niemand im Jemen durfte wissen, dass der Film gedreht wurde, denn sonst würden sie ihr das Leben noch schwerer machen, als es bereits war.

Wenn der Film je gezeigt wurde, konnten wir natürlich nicht verhindern, dass Mohammed es herausfand. Aber dieses Risiko mussten wir eingehen.

Mo flog alleine in den Jemen, sodass es für jedermann so aussah, als statte hier ein Mann seiner Schwester einen harmlosen Besuch ab. Wir hatten wieder einen Koffer mit Geschenken für Nadja und die Kinder gepackt.

Nick und sein Team folgten einige Tage später und gaben sich als Touristen mit einer Videokamera aus.

»Mach dir keine Sorgen«, sagte Mo kurz vor seiner Abreise zu mir. »Ich hol sie nach Hause.«

Er war so zuversichtlich und voller Hoffnung, dass ich ihm seinen Optimismus nicht nehmen wollte. Ich hoffte für uns alle, dass er es schaffte. Ich hatte kein so gutes Gefühl, aber ich wollte ihn nicht entmutigen. Er hatte auch so schon genug Sorgen und Druck. Ich behielt meine Bedenken für mich und wünschte ihm Glück.

Obwohl ich gerne daran geglaubt hätte, dass Nadja zurückkam, konnte ich es mir einfach nicht vorstellen. Ich konnte mir denken, dass sie Nadja in eine Wohnung in der Stadt brachten, damit sie mit Mo reden konnte. Ich konnte mir vorstellen, dass Mohammed und Saleh Mo viel Freiheit lassen, aber jeden seiner Schritte beobachten würden. Aber dann würden sie Nadja unter Druck setzen, ihm zu sagen, sie sei glücklich im Jemen und wolle nicht weg. Sie würden wollen, dass er mit der Botschaft nach Hause kam, es habe keinen Sinn, wenn Mum und ich weiterkämpften, weil Nadja sich entschieden habe zu bleiben.

Vielleicht konnte Mo Nadja dazu bringen, ihm gegenüber die Wahrheit zu sagen, wenn er die Gelegenheit hatte, ohne Mohammed mit ihr zu reden, aber sie würde ihre Meinung sofort wieder ändern, wenn sie annahm, er nehme ihre Worte für einen Film auf.

Der Gedanke, dass wir nicht offen und ehrlich zu ihr sein konnten, behagte mir gar nicht, aber ich wusste, sie würde unser Vorhaben nicht verstehen können und Angst vor weiterer Publicity haben. Ich wurde immer deprimierter.

»Du verschwendest dein Geld mit diesen Tickets«, hatte ich einige Tage, nachdem Mo bei Dad gewesen war, zu Nick gesagt, »denn sie wird nicht kommen.«

»Ich habe mit dem Reisebüro vereinbart, dass wir eine Rückerstattung bekommen, wenn wir die Tickets nicht brauchen«, sagte Nick. »Nur für den Fall.« Das klang nicht gerade, als sei er viel optimistischer als ich. Nachdem er sich stundenlang von Mum und mir hatte anhören müssen, wie oft unsere Hoffnungen zunichte gemacht worden waren, glaubte er vermutlich auch nicht mehr daran, dass Nadja endlich kommen würde.

Als Mo abgereist war, machten wir uns Sorgen um seine Sicherheit. Wir wussten, was Mum widerfahren war, und der Gedanke, ihm könnte das Gleiche passieren – obwohl er ein Mann war –, behagte uns gar nicht. Nachdem ich mit meinen Schwestern Tina und Ashia gesprochen hatte, beschloss ich, Mo zuliebe zu Dad zu gehen und darauf zu beharren, dass er mich mit Mo telefonieren ließ. Wenn ich Glück hatte, war dann auch Nadja da. Wir würden uns besser fühlen, wenn wir mit ihnen geredet hätten, und ein Telefonat mit Nadja konnten wir auf keinen Fall selbst arrangieren.

Wir wussten, dass wir mit Nadja keinen Kontakt aufnehmen konnten, wenn sie im Dorf war. Solange sie in Ta'izz war, war es jedoch möglich, gesetzt den Fall, wir konnten Dad dazu überreden, ein Telefonat zu arrangieren.

Uns war klar, dass Mum sich bei ihrem Jemenbesuch sehr viele Feinde gemacht hatte, und wir wussten, dass Dad sich mit Leuten in Verbindung setzen konnte, die dafür sorgen würden, dass man sich um Mo kümmerte und ihn beschützte. Dad wünschte Mo bestimmt nichts Böses, aber es gab andere, vor denen Mo möglicherweise geschützt werden musste. Ich wollte sichergehen, dass diese Leute wussten, dass Mo mit Dads Segen in Ta'izz war.

Ich hatte Dad seit 1988 direkt nach meiner Rückkehr nach England nicht mehr gesehen. Seit damals war ich ihm bewusst aus dem Weg gegangen, denn ich hatte Angst, mich nicht beherrschen zu können und mit den Fäusten auf ihn loszugehen oder noch Schlimmeres zu tun, wenn ich ihn frei auf der Straße herumlaufen sah, während Nadja noch immer gefangen gehalten wurde. Ich wusste, dass ein Wort zu Gowad oder Mohammed gereicht hätte, und unser Albtraum wäre vorbei gewesen. Doch dazu hatte er nie den Mut gehabt. Er hätte seinen Freunden sagen können, dass Nadja ihre Familie in England besuchen müsse, so wie er ihnen in den acht Jahren, in denen auch ich dort war, jederzeit hätte sagen können, sie sollten uns beide freilassen. Aber er hat nie einen Finger gekrümmt, um uns zu helfen, obwohl er doch unser Vater ist und all unser Elend verursacht hat. Bei diesem einen Besuch hatte er geweint und mich um Vergebung gebeten, aber es waren Krokodilstränen gewesen. In den darauf folgenden Jahren hatte er nichts getan, um die Situation zu ändern. Er hatte mich damals genauso angelogen wie viele Male zuvor.

Der Gedanke, Dads Haus zu betreten, war mir unerträglich. Aber wenn ich während Mos Aufenthalt in Ta'izz mit Nadja sprechen wollte, brauchte ich seine Hilfe. Es gab sonst niemanden. Wenn Mum oder ich selbst versuchten, bei Nasser Saleh anzurufen, würde man Nadja nie an den Apparat holen. Mir blieb also nichts anderes übrig, als zu Dad zu gehen und ihn zu bitten, das Telefonat zu arrangieren. Das hieß, dass ich mich im Zaum halten musste und ihn nicht verärgern, geschweige denn auf ihn losgehen durfte. Am liebsten hätte ich ihn umgebracht. Aber ich musste den Mund halten aus Angst, ihm unbeherrscht Dinge an den Kopf zu werfen, und den Blick senken aus Angst, in sein grinsendes Gesicht zu sehen und mich nicht mehr beherrschen zu können.

Tina, die in all den Jahren immer mal wieder mit Dad gesprochen hatte, wenn sie ihm auf der Straße begegnet war, erklärte sich bereit, mich zu begleiten. Ich brauchte jemanden, der für mich das Reden übernahm. Wir tauchten ohne Vorwarnung bei Dad auf. Wir wollten ihn überraschen, damit er weder die Zeit hatte, sich eine Geschichte zurechtzulegen, warum wir etwas Unmögliches von ihm verlangten, noch die Gelegenheit hatte, einfach wegzugehen und es seiner jungen Frau zu überlassen, uns alleine gegenüberzutreten. Auf unser Klopfen hin öffnete er die Tür und starrte uns völlig entsetzt an, während ich, ohne ein Wort zu sagen, an ihm vorbei ins Haus ging.

Als er sich ein wenig gefangen hatte, umarmte er Tina. Sie reagierte auf ruhige, respektvolle Art. Ihr Gesichtsausdruck verriet nicht, was sie dachte, als sie mir, Dad dicht hinter ihr, ins Wohnzimmer folgte.

Die Tatsache, dass Tina und Ashia den Kontakt zu Dad aufrechterhalten hatten, war in den letzten Jahren manchmal hilfreich gewesen, denn er erzählte ihnen Dinge, die Mum und ich sonst nie erfahren hätten. Einmal hatte er Tina gesagt, Abdul Khada, der Mann, der glaubte, mein Schwiegervater zu sein, sei mit Dokumenten nach Großbritannien gekommen, um mich wieder zurück in den Jemen zu bringen. Mum und ich hatten gelacht, als wir das hörten. Wir würden es gerne erleben, dass er bei einem von uns auf der Türstufe auftaucht, um das in die Tat umzusetzen. Bis jetzt hat er nicht den Mut aufgebracht, uns gegenüberzutreten. Nachdem er mich acht Jahre lang im Jemen terrorisiert und gequält hat, würde ich ihn gerne in Großbritannien in die Finger kriegen.

Doch noch während wir lachten, überkam uns ein mulmiges Gefühl. Wer hätte schon geglaubt, Dad wäre in der Lage, Nadja und mich zu verkaufen, als wir vierzehn und fünfzehn Jahre alt waren? Die Macht von

Männern wie Dad und Abdul Khada durfte man nie unterschätzen. Deswegen war es nützlich gewesen, zu wissen, was sie planten.

Dads Frau saß im Wohnzimmer, als ich hereinkam. Ich blickte sie kurz an, sagte aber nichts und setzte mich aufs Sofa. Sie sah jung aus und sah verwirrt und ängstlich von einem zum anderen. Sie muss sich gefragt haben, was los war. Wer weiß, welche Geschichten sie von Dad und seinen Freunden über mich gehört hatte? Wahrscheinlich hatten sie ihr erzählt, ich sei verrückt und gefährlich, eine Art Teufelin, die darauf aus war, ihr Leben zu zerstören. In vieler Hinsicht war ich das wohl. Auf dem Fußboden spielten zwei kleine Kinder, und ich sah, dass Dads Frau mit einem dritten Kind schwanger war. Die Kinder trauten sich nicht in meine Nähe. Vermutlich spürten sie, dass ich nicht als Freund gekommen war. Dass ich ihre große Schwester war, wussten sie vermutlich nicht.

Als ich dort saß und sie schweigend anstarrte, während Dad und Tina sich unterhielten, taten sie mir Leid. Sie lebten zwar in Birmingham, waren aber von ihrer eigenen Familie abgeschnitten, die nur ein paar Straßen weiter lebte. Sie hatten keine Ahnung, wer Liam und Cyan und Mark waren. Tatsächlich waren diese kleinen Kinder Onkel und Tante meiner Kinder. Ich fand es traurig, dass sie nicht Teil unserer Großfamilie sein und Tag für Tag ganz normal mit den anderen Kindern spielen konnten.

Vermutlich wird Dad sie, wenn sie ein bisschen älter sind, in den Jemen schicken, wo man sie dann verheiratet oder zur Armee schickt, und wir werden sie nie wiedersehen. Da Dads Frau Jemenitin ist, würde es für sie kein Problem sein, mit ihnen zurück in den Jemen zu gehen. Sie würde nie in die schreckliche Lage geraten, in der Mum sich befindet.

Ich hätte wirklich gerne mit ihnen Kontakt gehabt, aber ich wusste, dass das nicht möglich war, denn dann hätte ich auch wieder mit Dad zu tun gehabt. Wenn er irgendwann starb oder verschwand, würde ich sie besuchen und versuchen, ihnen so gut ich konnte zu helfen, aber solange er bei ihnen lebt, ist daran nicht zu denken.

Tina erklärte Dad, ich sei gekommen, weil ich, solange Mo im Jemen war, all seine Anrufe entgegennehmen wolle. Dad protestierte nicht. Er wirkte sehr demütig und versuchte, obwohl seine Stimme sich überschlug, weil er so aufgewühlt war, ein normales Gespräch mit Tina zu führen. Meine ruhige, missmutige Art muss ihn genervt haben. Er muss gespürt haben, wie sehr ich ihn hasste und wie nahe ich dran war, ihn anzugreifen. Die Atmosphäre in diesem Raum war unglaublich angespannt.

Dad hatte sich seit unserer letzten Begegnung kaum verändert. Er war nur älter und grauhaariger geworden. Keiner von uns weiß genau, wie alt er ist, weil er hinsichtlich seines Alters gelogen hatte, als er nach England kam, und auch später, je nach Situation, unterschiedliche Angaben machte. Ich konnte es nicht fassen, dass ein so unbedeutender kleiner Mann noch immer so viel Kontrolle über unser aller Leben hatte. Wir hatten seit Jahren nichts mehr mit ihm zu tun, und dennoch konnte er Nadja von uns fern halten. Er konnte noch immer meinen Sohn Marcus von mir fern halten. Er konnte noch immer dafür sorgen, dass Nadjas Kinder ihre Familie mütterlicherseits nicht kennen lernten. Ich war eine erwachsene Frau, die in einer angeblich freien Gesellschaft lebte, und er konnte noch immer meine Familie kontrollieren, als sei ich ein kleines Kind. Doch er hatte jedes elterliche Recht missbraucht und bewiesen, dass es ihm einzig und allein um seine eigenen Interessen ging. Er hatte für keinen von uns je etwas getan. Er war bereit gewesen, das Leben, das Mum für uns aufgebaut hatte, zu zerstören. In diesem Moment hasste ich ihn so sehr, dass ich darauf brannte, mir ein Messer zu schnappen und ihm die Kehle aufzuschlitzen.

Alles, was ich im Jemen durchgemacht hatte, war wieder präsent, als ich seine Stimme hörte. Ich erinnerte mich an die Schläge und Erniedrigungen, die Vergewaltigungen und die unbehandelten Krankheiten. Ich dachte an Marcus und daran, wie man mich gezwungen hatte, ihn zurückzulassen, und ich dachte an Nadja, die nach all diesen Jahren immer noch dort war.

Als Dad klar wurde, dass ich es ernst meinte und nicht gehen würde, bevor er dafür gesorgt hatte, dass ich mit Nadja und Mo sprechen konnte, griff er zum Hörer und wählte Salehs Nummer. Ohne ein Wort nahm ich ihm den Hörer aus der Hand und hielt ihn an mein Ohr. Es klingelte.

»Hallo.« Das war Nadjas Stimme. Durch irgendeinen Zufall war sie ans Telefon gegangen. Es schien nach all der Zeit lächerlich einfach zu sein. Ich war verblüfft, so schnell mit ihr reden zu können. Ich hatte erwartet, Dad und Saleh würden mich mindestens ein paar Wochen hinhalten, bevor das Telefonat stattfand. Ich überlegte, was ich sagen sollte.

»Hallo«, begann ich. »Weißt du, wer dran ist?«

»Ja«, sagte sie so selbstverständlich, als hätte ich sie erst gestern gesehen.

Im Zimmer herrschte eine so angespannte Atmosphäre, dass ich nicht richtig mit ihr reden konnte, denn ich wusste, dass Dad jedes Wort mithörte und nur darauf wartete, dass ich etwas sagte, das er zu einem späteren Zeitpunkt gegen mich verwenden könnte. Ich fragte, ob es Mo gut ginge, was sie bejahte.

»Wie fühlst du dich?«, fragte ich.

»Ich habe es gerade Mo erzählt«, antwortete sie.

Nadja sprach während unserer gesamten Unterhaltung Englisch. Sie verfiel kein einziges Mal ins Arabische, was wirklich erstaunlich war, weil es mir, vor allem wenn ich mit den Kindern schimpfe, gelegentlich immer noch passiert, obwohl ich seit zehn Jahren wieder in England bin. Vermutlich hatte sie gerade mit Mo geredet, als das Telefon klingelte, sodass sie es schon wieder gewöhnt war, Englisch zu sprechen.

Nachdem ich mit ihr geredet hatte, reichte ich Tina den Hörer. Ich ging sofort zu unserem Wagen, ohne Dad anzusehen, und wartete dort auf sie. Sobald ich draußen war, hatte ich es nicht mehr eilig, nach Hause zu kommen. Ich brauchte Zeit, um meine Gedanken zu ordnen. Als Tina sich schließlich auf dem Sitz neben mir niederließ, sagte keine von uns ein Wort. Schweigend fuhren wir zurück zu Mum. Wir berichteten ihr, was passiert war, und danach redeten Tina und ich nie wieder miteinander über die Ereignisse jenes Tages. Es war, als wolle keine von uns laut zugeben müssen, dass dieser Mann tatsächlich unser Vater war.

Tina erzählte Mum, sie habe Nadja gefragt, ob sie zusammen mit Mo zurück nach England komme.

»Ich kann nicht«, hatte Nadja geantwortet. »Mohammed hat die Kinder in die Schule gegeben und jetzt gibt es bis Juni keine Ferien mehr. Aber wir kommen bald rüber. Mohammed hat es mir versprochen.«

Ich kann mich noch gut an diese Art von Versprechen erinnern. Als ich mit Nadja dort gewesen war, hatten sie uns immer wieder versprochen, wir könnten nach England zurückgehen, »wenn der richtige Zeitpunkt gekommen sei«, aber der kam nie. Ich war erstaunt, dass Nadja ihnen überhaupt noch etwas glaubte, aber vermutlich blieb ihr gar nichts anderes übrig, wollte sie nicht auch noch den letzten Strohhalm verlieren, an den sie sich klammern konnte. Sie muss daran glauben, dass man sie eines Tages gehen lässt, denn sonst gäbe es für sie keinen Grund mehr weiterzuleben.

Als Tina Mum von der Ausrede mit der Schule erzählte, war mir endgültig klar, dass Nadja nicht mit Mo zurückkommen würde. Mohammed und seine Familie trieben mal wieder ihr Spielchen mit ihr. Weiteres Vertrösten. Weitere Komplikationen. Weitere Lügen. Weitere Hoffnungslosigkeit.

Ein paar Tage später konnte ich von Dads Haus aus ein weiteres Mal mit Mo telefonieren. Es war ein schwieriges Gespräch. Vermutlich war Mo nicht alleine im Zimmer, und er versuchte, mir verschlüsselte Botschaften zu übermitteln. Keiner von uns konnte frei darüber reden, was in jenen schäbigen Räumen in Ta'izz möglicherweise vor sich ging.

Sobald Mo dort war, schickte er uns regelmäßig Faxe. Er schrieb uns, Mohammed arbeite nun als Polizist in einer Stadt namens Hodeidah, etwa vier Autostunden von Ta'izz entfernt, habe sich aber freigenommen, um bei Nadja zu sein, wenn sie ihren Bruder traf. Das überraschte uns nicht. Wir hatten kaum erwartet, dass er seine Frau unbeaufsichtigt mit ihrer Familie würde reden lassen. Er besuchte Mo kurz nach dessen Ankunft. Vermutlich wollte er ihn wissen lassen, dass er da war und bestimmte, wo's langging.

»Ich habe die Tickets für euch gekauft«, sagte Mo zu Mohammed. »Sollen wir zur britischen Botschaft gehen und die Pässe für die Kinder holen, damit wir alle zusammen zurück nach England reisen können?«

»Tickets?« Mohammed war überrascht und wurde wütend. »Ich wollte nicht, dass du die Tickets mitbringst. Ich wollte, dass du das Geld mitbringst.«

Nadja sah ihn entsetzt an und brach in Tränen aus. »Du hast es mir versprochen«, brüllte sie Mohammed an und rannte dann aus dem Zimmer.

Dennoch schien Mo optimistisch zu sein, Nadja überreden zu können, nach Hause zu kommen, sobald Mohammed wieder arbeitete. Ich fragte mich allmählich, ob ich die Situation nicht doch falsch eingeschätzt hatte und es vielleicht doch noch Hoffnung gab.

Aber nach drei Tagen änderte sich der fröhliche Ton seiner Faxe. Eine leichte Panik war zu spüren. »Sie ist halsstarrig, Mum«, schrieb er. »Es läuft nicht so, wie ich es mir vorgestellt habe. Sie üben Druck auf uns aus.«

Mum und ich hatten Angst um ihn. Ich konnte mir vorstellen, wie schwierig es für Mo sein musste, Nadja all das zu erklären, was die Familie in den letzten zehn Jahren unternommen hatte, und in ihr den Willen zu wecken, ihre Freiheit wiederzuerlangen. Er würde ihre Denkweise nicht so gut verstehen können, wie ich es vermocht hätte, und sie würde ihm ihre Gefühle nicht so offen zeigen. Sie würde ihn nicht hinter die harte äußere Schale blicken lassen, die sie sich im Lauf der Jahre zugelegt hat, um sich vor den ständigen Enttäuschungen zu schützen und den täglichen Kampf überstehen zu können.

KAPITEL 10

»Sie hat's gesagt, oder?«

Die einfache Tatsache, dass Mo ein Mann war, machte ihm das Leben in Ta'izz viel leichter, als es für Mum oder Jana gewesen war. Im Jemen gehört das Leben den Männern, die Frauen sind nur dazu da, ihnen zu dienen und Kinder zu gebären.

Mo konnte kommen und gehen, wann er wollte. Er war niemandem Rechenschaft schuldig. Bei ihm tauchten nicht an jeder Ecke »Taxifahrer« oder »Führer« auf, die wie bei Mum darauf bestanden, auf ihn aufzupassen. Er konnte sich in den Kaffeehäusern und auf den Märkten einfach unter die Leute mischen und belebte Straßen entlangspazieren, ohne schief angesehen zu werden.

Nick und sein Team, die ebenfalls in der Stadt waren, konnten sich mit ihm treffen und ihn heimlich auf der Straße filmen, ohne dass es jemand bemerkte. Sie brauchten Hintergrundmaterial als Ergänzung für die undeutlichen Bandaufnahmen, die Mo von seinen Unterhaltungen mit Nadja machte. Sie wollten den Gegensatz zwischen Ta'izz und Birmingham zeigen, um dem Zuschauer eine Vorstellung davon zu vermitteln, dass Nadja und ich damals in eine völlig andere Kultur gestoßen wurden.

Als Mo wieder nach England kam, brachte er ein neunzigminütiges Band mit. Ich hatte gemischte Gefühle, wenn ich daran dachte. Einerseits wollte ich unbedingt Nadjas Stimme hören, andererseits wusste ich, dass deren Klang mir das Herz brechen würde. Ich würde mich schrecklich fühlen, wenn sie darüber sprach, wie schwer ihr Leben war, aber genauso schrecklich, wenn sie behauptete, glücklich zu sein, denn dann würde ich wissen, dass man sie noch immer zum Lügen zwang. Schließlich nahm ich all meinen Mut zusammen und hörte es mir an.

Als wir den vertrauten Klang ihrer Stimme hörten, begriffen wir, wieso die Dinge zwischen Mo und ihr schief gelaufen waren. Anfangs war sie wirklich entspannt und fühlte sich wohl. Sie klang zuversichtlich und schien sich zu freuen, dass ein Mitglied der Familie sie besuchte.

Als Mo sie nach der Vergangenheit fragte, sagte sie ihm, sie wolle nicht darüber reden. Ich kann mir vorstellen, wie sehr es ihr wehtun muss, sich alles, was sie durchgemacht hat, zu vergegenwärtigen. Ich bin mir sicher, dass sich ihr der Tag, an dem sie im Jemen ankam, unauslöschlich ins Gedächtnis eingebrannt hat. Ich werde ihn jedenfalls nie vergessen. Die Männer zwangen mich, ihr zu sagen, dass man sie mit einem Jungen verheiratet hatte, den sie nicht kannte, und dass sie nicht nach Birmingham zurückgehen würde. Diesen Augenblick wird sie in ihren schlimmsten Albträumen, wenn sie neben Mohammed liegen muss und sein Schnarchen hört, immer wieder durchleben.

Den Koffer mit Geschenken auszupacken, den wir Mo mitgegeben haben, muss für Nadja sehr bewegend gewesen sein. Wenn man in einer so völlig anderen Welt lebt, ohne jeden Komfort, kann der Anblick einer Chipstüte alle möglichen Erinnerungen zurückbringen. Sie redete mit Mo über jeden einzelnen Gegenstand, aufgeregt wie ein Schulkind, das seinen Weihnachtsstrumpf öffnet.

Ich kann mich noch an den trockenen, puderigen Geschmack der Schokolade und Kekse erinnern, die wir beide uns im Jemen gekauft hatten, wenn es uns gelungen war, an Geld heranzukommen, und wir uns mit einem kleinen Luxus aufmuntern wollten. Der Geschmack von Toffos wird sie an unsere gemeinsame Kindheit erinnert haben, in der sie, egal wo, immer eine Packung davon bei sich trug.

»Wo ist meine Familie?«, fragte sie Mo an einer Stelle des Bandes. »Ich will nach Hause.«

Doch als sie das Aufnahmegerät entdeckte, war Panik in ihrer Stimme zu hören. »Schalt es aus!«, bat sie. »Tu mir das nicht an. Ich werde Schwierigkeiten bekommen.«

Mo ließ das Band weiterlaufen.

Als sie glaubte, ihre Worte könnten in den Medien wiedergegeben werden und ihr Mann könnte davon erfahren, gab sie sofort wieder die einstudierten Sätze von sich, die wir sie vor den Fernsehkameras hatten sagen hören. Sie behauptete, glücklich zu sein und den Jemen nicht verlassen zu wollen.

Die fröhlich plaudernde Schwester war wieder zu einer Fremden geworden. Ihre Stimme klang wütend und verbittert, so als sei Mo an ihrem Unglück schuld. Vielleicht glaubte sie das in diesem Moment sogar. Obwohl sie nun wusste, dass Mo ihre frühere Aussage, sie wolle nach Hause kommen, aufgenommen hatte, leugnete sie alles.

Als Mo sich schließlich bereit erklärte, das Gerät auszuschalten, erzählte sie ihm, wie viel Druck sie hatte aushalten müssen, als Mum und Jana da gewesen seien oder wenn Angehörige der britischen Botschaft dem Dorf einen Besuch abgestattet hatten.

»Sie machen mir alle Angst«, sagte sie. »Selbst die Leute von der Botschaft haben mir gesagt, ich müsse die Kinder zurücklassen, wenn ich zurück nach England wolle. Das könnte ich nicht ertragen. Wer würde sich um sie kümmern, wenn ich nicht da wäre? Ich muss tun, was sie mir sagen. Wenn sie mir einen Brief vorlegen und mir befehlen, ihn abzuschreiben, muss ich es tun.«

Wir wussten, dass das stimmte, weil sie in einem Brief an Mum mit »Hochachtungsvoll« unterschrieben hatte und ihre Rechtschreibung und Zeichensetzung perfekt gewesen waren. Nadjas Rechtschreibung war jedoch fehlerhaft gewesen, als sie mit vierzehn noch in England zur Schule ging. Da sie seit sechzehn Jahren im Jemen war, tagtäglich Arabisch sprach und, egal in welcher Sprache, praktisch nichts las, war es sehr unwahrscheinlich, dass sich ihre Schreibfähigkeiten verbessert hatten.

»Wenn du wählen könntest«, fragte Mo sie an einer Stelle des Bandes, »was würdest du dann gerne tun?«

»Ich weiß nicht, was du meinst«, sagte sie und klang bei der Vorstellung, ihre eigene Wahl treffen zu können, wirklich verwirrt.

»Wenn du der Mann wärest und tun könntest, was du wolltest«, erklärte Mo geduldig, »was würdest du dann tun?«

»Ich würde reisen«, sagte sie.

»Wohin reisen?«

»Überallhin.«

Ich wusste genau, was sie meinte, denn ich hatte nach meiner Flucht dasselbe Gefühl gehabt. Ich wollte die ganze Welt bereisen und konnte es aufgrund meiner Promotiontouren für das Buch sogar tun. Ich weiß, wie eingesperrt ich mich in den acht Jahren im Jemen gefühlt habe. Fast zehn Jahre später immer noch dort zu sein hätte mich in den Wahnsinn getrieben.

»Aber wo würdest du gerne hingehen?«, hakte Mo nach.

»Na ja, wo ist mein Zuhause? Wo ist meine Familie?«, fragte sie. »England.«

In all den Jahren, in denen verschiedene Leute Nadja interviewt haben, hat sie nie gesagt, dass sie nicht zurück nach England will. Manchmal sagt sie »Es ist unmöglich« und manchmal: »Mach dir keine Sorgen, Mum, es geht mit gut«. Sie sagte ihr sogar manchmal, Mohammed sei ein guter Ehemann – wenn er gerade zuhört. Aber nie, dass sie nicht zurückkommen will. Wir wissen, dass sie es sagen würde, wenn es so wäre, weil dann der ganze Druck von ihr genommen wäre. Wenn wir hören würden, dass sie es sagt, und glauben könnten, dass sie es auch meint, gäben wir den Versuch auf, um ihre Freilassung zu kämpfen, und ließen sie das Leben ihrer Wahl in diesem Dorf leben. Aber wir wissen, dass das nicht der Fall ist.

All das war auf den Bändern zu hören. Als wir sie Nick vorspielten, fragte er uns, welche Teile er in seinem Film verwenden dürfe. Wir baten ihn, die Öffentlichkeit hören zu lassen, dass sie reisen und nach England kommen wolle, um ihre Familie zu besuchen. Diese Worte fassten die Hoffnungen zusammen, die sie, wie wir wussten, in ihrem Herzen trug. Wir baten ihn, nicht die Teile zu verwenden, in denen sie wieder wie ein Roboter sprach und sagte, sie sei glücklich im Jemen und man solle sie in Ruhe lassen, Phrasen, zu deren Wiederholung sie gezwungen wurde.

Wir erklärten ihm, dass, wenn sie mit dieser roboterhaften Stimme redete, sie sich in ihr Schneckenhaus zurückgezogen hatte. Nadja ist seit fast zwanzig Jahren im Jemen. Seit ich weggegangen bin, hat sie niemanden mehr gehabt, mit dem sie über ihre Gefühle reden, niemanden, dem sie völlig vertrauen kann. Sie hat keine Möglichkeit, Spannungen abzubauen. Deswegen frisst sie alles in sich hinein, damit sie nicht schreiend in die Berge läuft oder jemanden mit einem Tranchiermesser angreift.

Stattdessen sitzt sie da wie ein Zombie, mit ausdruckslosem Blick, und betet die Sätze herunter, die ihrer Meinung nach die Leute dazu bringen werden, sie in Ruhe zu lassen. Wie ein Hund, der sich daran gewöhnt hat, geschlagen zu werden, wenn er bellt oder gute Laune hat. Schließlich wird das arme Tier nicht mehr bellen, sondern sich in eine Ecke davonschleichen und darauf konzentrieren, nichts zu tun, was die Aufmerksamkeit seiner Peiniger erregen könnte.

Wenn Nadja Mum, Mo oder mich ihre Erbitterung spüren lässt, dann deswegen, weil sie weiß, dass wir sie nach jedem unserer Besuche wieder alleine lassen. Ich erinnere mich daran, wie Mum das erste Mal in den Jemen kam, um uns zu suchen, und dann nach England zurück musste, um für unsere Freilassung zu kämpfen. Der Schmerz, sie gehen zu sehen und wieder alleine gelassen zu werden, war beinahe unerträglich. Wir wussten, dass ihr nichts anderes übrig blieb, aber das änderte nichts an dem Gefühl der Leere und des Verrats.

Jedes Mal, wenn einer von uns dort hingeht und versucht, Nadja zu sehen, erleidet sie erneut diesen Verlust.

Wenn man ständig enttäuscht wird, hat man schließlich keine Hoffnung mehr. Ich glaube auch, Nadja erzählt den Leuten, dass es ihr gut geht und dass sie glücklich ist, um Mum nicht zu beunruhigen. Sie lässt sich nichts anmerken, aber die Art, wie sie diese Sätze sagt, zeigt uns, dass sie nicht aus dem Herzen kommen. Es ist einfach die erlernte Reaktion eines Menschen, der es satt hat, dass man ihm Hoffnung macht, nur um sie wieder zu zerstören.

All das erklärten wir Nick. Er versprach uns, die Aussagen zu verwenden, die ihre wahren Gefühle zeigten – die Momente, in denen sie sich Mo öffnete und ihm sagte, was sie wirklich wollte –, und wir vertrauten ihm.

Ursprünglich sollte Mo nur eine Woche in Ta'izz bleiben. In der Hoffnung, Nadja aus der Reserve locken zu können, wenn er mehr Zeit mit ihr verbrachte, verlängerte er seinen Besuch jedoch um drei Tage. Er hoffte, dass sie sich mit seiner Hilfe daran erinnerte, wer sie war und was sie von ihrem Leben erwartete.

Die Erfahrung erschütterte ihn zutiefst. Vielleicht hatte er seine Chancen auf Erfolg zu optimistisch eingeschätzt. Als er feststellte, dass er Nadja genauso wenig helfen konnte wie Mum oder ich, war er sehr enttäuscht. Jemanden, den man liebt, leiden zu sehen und seinen Schmerz nicht lindern zu können, gehört zu den schlimmsten Erfahrungen, die man machen kann.

Als Mo wieder in England war, fiel es ihm schwer, über das, was er im Jemen gesehen und erlebt hatte, zu reden. Er schien Zeit zu brauchen, all das zu verdauen und zu verstehen. Ich weiß, dass er mir aus Sorge, ich könne mich zu sehr aufregen, bestimmte Dinge nicht erzählte, und ich wollte ihn nicht drängen. Er hatte ein paar Fotos von Nadja und den Kindern gemacht, und ich war entsetzt, wie dünn und alt meine Schwester geworden war. Während ihre Kinder robust und glücklich wirkten, schien alles Leben aus Nadja gewichen zu sein. Tina ist sehr hübsch geworden und sieht genauso aus wie ihre Mutter. Die heitere Gelassenheit, die sie ausstrahlt, erinnert uns an die Nadja, die wir vor vielen, vielen Jahren einmal kannten.

Wenn Mo mir irgendwelche Kleinigkeiten erzählte, war ihm nicht immer bewusst, wie wichtig sie für mich waren. Als er mir zum Beispiel sagte, Mohammed habe sich bei ihm darüber beklagt, dass die Kinder sich immer an Nadja klammerten, da wusste ich, dass Nadja sich nicht wirklich verändert hatte. Die meisten Frauen in den Dörfern sorgen so früh wie möglich dafür, dass ihre Kinder ihnen nicht ständig am Rockzipfel hängen. Vielleicht deswegen, weil sie wissen, dass man sie ihnen wegnehmen wird, und sie deshalb verhindern wollen, dass sich eine zu enge Bindung zu ihnen entwickelt. Vielleicht aber auch, weil sie einfach keine Zeit oder Energie für sie übrig haben. Nadja aber verhält sich noch immer wie eine britische Mutter und versucht, ihre Kinder so lange wie möglich zu hegen und zu pflegen und zu beschützen. Das würde auch erklären, warum sie um so viel erschöpfter und ausgelaugter aussieht als die anderen Frauen im Dorf. Sie steckt zu viel Energie in die Kinder.

Nach seiner Rückkehr brauchte Mo viel Zeit für sich und verschwand stundenlang auf dem Dachboden. Wenn er herunterkam, waren seine Knöchel blutig und voll blauer Flecken. Keiner von uns mochte ihn fragen, warum. Sein Blick hielt uns davon ab, ihm persönliche Fragen zu stellen oder hinter die Maske zu spähen, die er sich zugelegt hatte.

Eines Tages gingen Mum und ich, als Mo weg war, nach oben, um zu sehen, was er dort trieb. Dort, wo er auf die Wand eingedroschen und sich selbst Schmerzen zugefügt hatte, als würde er versuchen, seine Wut loszuwerden, waren Abdrücke zu sehen. Vielleicht stellte er sich ja vor, die Wände, auf die er einschlug, seien die Gesichter von Dad und Mohammed. Seine Freundin erzählte uns, er könne nachts nicht schlafen. Oft würde er den Versuch aufgeben und um zwei oder drei Uhr morgens aufstehen. Er mache dann lange Spaziergänge und komme erst nach Stunden wieder zurück. Ich konnte ihm nachfühlen, dass er all die hässlichen Bilder aus seinem Kopf vertreiben wollte, die durch Nadjas Erzählungen dort hineingeraten waren. Bei mir hat das nicht funktioniert. Ich konnte mich nur mit anderen Dingen ablenken.

Wenn ich beschäftigt bin, kann ich die Bilder vom Jemen für kurze Zeit verdrängen, aber sie kommen immer wieder zurück. Wenn ich tagsüber herumhetze, schaffe ich es, nicht über all die verlorenen Jahre nachzudenken. Aber wenn ich nachts nicht schlafen kann, stürmen die Gedanken wieder unweigerlich auf mich ein und die Müdigkeit macht sie noch hundertmal schlimmer. Manchmal ist es einfach nicht auszuhalten.

Mo besuchte Gowad, bevor er Birmingham verließ, um ihn zu fragen, warum Nadja, Mohammed und die Kinder nicht einfach auf Urlaub nach England kommen könnten. In Familien wie der von Gowad ist dem Vater uneingeschränkter Respekt entgegenzubringen. Mohammed würde nie etwas ohne die Zustimmung seines Vaters tun, obwohl er ein erwachsener Mann ist. (Zweifellos hatte Dad gehofft, wir würden ebenfalls lernen, ihm diesen uneingeschränkten Respekt entgegenzubringen, wenn er uns in den Jemen schickte. Als ich in der Mukbana lebte, verwirrt und teilweise einer Gehirnwäsche unterzogen, verwandelte ich mich fast in die Tochter, die er sich wünschte. Ich vermute, dass Nadja, indem sie sich den Wünschen der Männer in ihrem Leben beugt, seinen Ehrgeiz in dieser Hinsicht befriedigt hat.) Mo wusste, dass Nadja und die Kinder innerhalb weniger Tage in einem Flugzeug sitzen könnten, wenn er es schaffte, Gowad dazu zu überreden, ihnen die Erlaubnis zu geben.

Gowad lachte Mo ins Gesicht. Ich kann mir vorstellen, wie er meinen Bruder als naiven Jungen abtat, der – obwohl er es hätte besser wissen müssen – die Weisheit der Älteren und ihm Überlegenen infrage stellte. All die aufgestaute Wut auf diesen Mann, der die Macht hatte, unserer Schwester wieder zu einem normalen Leben zu verhelfen, brach mit einem Mal aus Mo heraus – und er lief Amok. Als er das Haus verließ, schnappte er sich Ziegelsteine und schleuderte sie durch Gowads Fenster. Es half ihm sicherlich, Dampf abzulassen, aber es kam ihn teuer zu stehen. Gowad ging zur Polizei und Mo landete vor Gericht und musste für den Schaden aufkommen.

Mir scheint, wir leben in einer verkehrten Welt, denn wie sonst könnte es sein, dass einem Mann wie Gowad für ein paar kaputte Fenster Schadensersatz gewährt wird? Die Behörden greifen gerne ein, wenn Eigentum beschädigt wird, sind aber offensichtlich machtlos, wenn einem jungen Mädchen pausenlos Schaden zugefügt wird, jahrein, jahraus.

Meine Beziehung zu Mo ist jetzt enger als je zuvor. Da er dort gewesen ist und einen Einblick in Nadjas Leben erhalten hat, versteht er jetzt, was Mum und ich durchgemacht haben, und diese Erfahrung hat ihn völlig verändert. Egal was ich ihm sage, ich weiß, dass er es versteht. Wir können stundenlang miteinander schweigen und wissen beide, was der andere denkt. Auch er versucht, wieder ein normales, glückliches Leben zu führen, aber die Schatten lassen ihn nicht los. Selbst wenn Nadja morgen nach Hause käme, das, was wir alle in den letzten zwanzig Jahren durchgemacht haben, könnte wohl keiner wieder gutmachen.

Mo hatte aus dem Jemen ein Foto von Marcus mitgebracht. Die Familie seines Vaters musste von Mos Besuch gehört haben und ließ ihm das Foto durch Nadja zukommen. Nun habe ich einen Schnappschuss von meinem ersten Sohn. Er ist jetzt fast zehn Jahre älter als an dem Tag, an dem ich ihn das letzte Mal sah. Aber das ist auch alles, was ich von ihm weiß. Ich weiß nicht, wer seine Freunde sind und was er am liebsten isst. Ich weiß nicht, ob er ein freundlicher Junge ist oder ein Rabauke. Ich weiß nicht, ob er gut in der Schule ist oder nicht. Ist er ein kleiner Prahlhans oder eher zurückhaltend? Es gibt niemanden, der mir etwas über ihn erzählen kann. Wir haben zwar mehrmals über die britische Botschaft erfahren, er sei bei Nadja, aber das stimmte nicht. Nadja behauptet, sie habe ihn seit meinem Weggang nicht mehr gesehen.

Wie intensiv ich mir auch das Foto anschaue, ich kann darin das Kind, das ich zurückließ, nicht wiedererkennen. Marcus wirkt schon sehr erwachsen, er trägt eine fließende weiße Robe und eine Kopfbedeckung, wie sie Jassir Arafat getragen hat. An seiner Taille hängt ein Dolch. Er ist ein junger Mann, alt genug, um im Jemen Auto zu fahren oder in einem anderen arabischen Land zu arbeiten.

Während ich das Foto anstarre, frage ich mich, ob er je seine Cousins und Cousinen in Aschube zu Gesicht bekommt. Hat man ihm die Geschichte der zwei »traurigen Schwestern aus der Mukbana«, wie man Nadja und mich damals nannte, erzählt?Aufgrund der immensen internationalen Publicity werden die Frauen, wenn sie kochen oder ihre Wäsche waschen, und die Männer, wenn sie im Schatten sitzen, Quat kauen und über die Welt diskutieren, wahrscheinlich immer noch dann und wann unsere Geschichte erwähnen. Ich bin mir sicher, dass irgendjemand Exemplare von *Noch einmal meine Mutter sehen* und *Without Mercy* am Flughafen gekauft oder von einem Verwandten in England bekommen und mit in die Dörfer genommen hat.

In der Mukbana ist nicht viel los. Das Leben ist monoton und die Tage sind lang. Die Leute erzählen sich Geschichten, um sich die Zeit zu vertreiben, und Marcus hat bestimmt etwas aufgeschnappt, das ihn neugierig gemacht hat, mehr zu erfahren. Seine Freunde in der Schule werden zumindest einen Teil der Wahrheit kennen. Ich hoffe, sie sind nett zu ihm und ziehen ihn nicht damit auf.

Ich versuche, hinter das Bild zu schauen und den kleinen Jungen zu entdecken, den ich zurücklassen musste, aber ich kann ihn nicht finden. Ich habe all die Jahre dazwischen verloren und habe keine Möglichkeit, sie wiederzubekommen. Wenn ich das Foto betrachte, sehe ich einen Fremden. Ich weiß nicht, wie lange es dauern wird, bis ich ihn wiedersehe. Vielleicht niemals.

Ich erinnere mich daran, wie Marcus sich immer an mich klammerte, als er noch klein war, und ich frage mich, was mit ihm geschehen ist, nachdem ich weggegangen war. Ich wäre ihm gerne eine gute, liebende Mutter gewesen, aber die Umstände haben es nicht zugelassen. Er wuchs ohne den einen Menschen auf, den er am meisten gebraucht hätte, und so etwas hinterlässt Spuren. Für die britischen und die jemenitischen Behörden ist das jedoch nicht von Belang. Jedes Mal, wenn sie eine Entscheidung um ein weiteres Jahr verschoben, stahlen sie Marcus ein Jahr seiner Kindheit.

In den dunkelsten Momenten nach Mos Rückkehr klammerte ich mich an die Hoffnung, Nicks Film würde vielleicht alles ändern. Vielleicht würden wir damit noch einmal Aufsehen erregen, und jemand, der an den Hebeln der Macht saß, würde einen Weg finden, wie Marcus und ich wieder zusammen kommen konnten. Ich musste Nick vertrauen.

Als Nick aus dem Jemen zurückkam, setzten wir uns alle zu Hause um einen Tisch, und er filmte uns, als wir darüber sprachen, was Nadja, den Bändern nach zu urteilen, durchmachen musste. Nick bereitete die Sendung so gründlich vor, dass ich die Wirkung, die sie haben würde, immer optimistischer einschätzte.

Er flog auch ein paar Mal nach Amerika. Es gelang ihm, Don und Judy Feeney von CTU ausfindig zu machen, und er führte mit ihnen ein Interview über ihre Arbeit. Er sagte ihnen nicht, dass er mit uns in Kontakt stand, sondern nur, er habe mit einigen Müttern gesprochen, für die sie gearbeitet hätten, und interessiere sich dafür, auf welche Weise sie Leuten halfen. Sie müssen begeistert gewesen sein, zu kostenloser Werbung im britischen Fernsehen zu kommen.

Als Nick im Verlauf des Gesprächs Mums Namen erwähnte, argumentierten sie so überzeugend und selbstsicher, wie sie es immer getan hatten. Unsere Chancen auf Erfolg seien immer gering gewesen, sagten sie. Doch davon, dass sie uns Geld wiedergeben würden, falls sie keinen Erfolg hatten, war nicht die Rede. Als Nick wegen des Geldes nachhakte, brach Judy das Interview ab. Die Art seiner Fragestellung machte dem Zuschauer deutlich, dass Nick der Meinung war, die Amerikaner hätten uns ausgenommen.

Als wir begannen, in der Öffentlichkeit darüber zu reden, wie viel Geld wir den Amerikanern gegeben hatten, ohne ein Ergebnis zu sehen, nahmen andere Mütter mit uns Kontakt auf, die die gleiche Erfahrung gemacht hatten. Einige von ihnen hatte Mum im Lauf der Jahre in Fernsehsendungen über entführte Kinder oder bei Treffen von Reunite und anderen Organisationen kennen gelernt. Keine von ihnen hatte so viel Geld verloren wie wir. Entweder hatten sie früher gemerkt, was los war, oder sie hatten einfach nicht über so große Summen verfügt.

Unser größter Fehler war der gewesen, so lange zu schweigen. (Natürlich hatten die Amerikaner auf Verschwiegenheit und Diskretion bestanden!) Hätte Mum in einer der zahlreichen Versammlungen die Amerikaner erwähnt, wäre sie viel früher gewarnt worden, dass sie ihre Versprechen nicht immer hielten. Wir hätten ihnen dann nicht so lange immer wieder Geld gegeben. Als wir entdeckten, dass sie uns betrogen, war es zu spät.

Man hatte tatsächlich einen CTU-Mitarbeiter dazu überredet, in einer Nachmittagssendung aufzutreten und zu den Vorwürfen, die wir und andere unzufriedene Kunden ihnen machten, Stellung zu beziehen. Sein Gesicht wurde nicht gezeigt, damit niemand ihn erkennen konnte. Er verteidigte sich damit, in seiner Branche gäbe es niemals Gewissheiten. Es bestünde immer die Möglichkeit, dass sie einen Job nicht durchführen könnten, und sie würden die Kunden immer über die Risiken aufklären.

Ich erinnere mich, dass sie bei unseren ersten Treffen behauptet hatten, die Erfolgschance läge bei 80 bis 90 Prozent. Ich hatte zunächst geglaubt, sie läge wohl eher bei 50 Prozent, bis ich miterlebte, wie professionell ihre Pläne wirkten und wie viel an technischer Ausrüstung sie zu verwenden beabsichtigten. Eine Zeit lang war ich dann optimistischer. Ich glaube, wenn sie die Operation tatsächlich in Angriff genommen hätten, wäre ein Erfolg gut möglich gewesen. Aber warum hätten sie sich all die Mühe machen sollen? Sie hatten ja bereits unser Geld.

Einer der Männer, die für CTU arbeiteten, verließ das Unternehmen und gründete seine eigene Firma. Er rief Mum an, um zu fragen, ob sie andere Mütter kenne, mit denen seine Leute sich in Verbindung setzen könnten. Mum schlug ihm vor, erst Nadja und die Kinder zu befreien. Wenn ihm das gelänge, würde sie ihn gerne weiterempfehlen.

Nick hatte beschlossen, der Fairness halber auch Dad eine Chance zu geben, seine Version der Geschichte zu erzählen. Er besuchte ihn bereits zu einem frühen Zeitpunkt seiner Recherchen und hörte das gleiche Geschwätz, das Dad schon seit fast zwanzig Jahren von sich gab: Wie er uns nur vor der sündigen Lebensart des modernen Großbritannien habe bewahren und uns lehren wollen, gute arabische Frauen und Anhängerinnen des Korans zu sein.

Nachdem er aus Ta'izz zurückgekehrt war und mehr über die Situation dort erfahren hatte, beschloss Nick, Dad erneut aufzusuchen. Ich hatte nichts dagegen, denn ich wusste, dass Dad nicht in der Lage war, Journalisten überzeugende Argumente für sein Handeln zu liefern. Normalerweise endete es damit, dass er sie beschimpfte und damit deutlich machte, dass es keine moralische Rechtfertigung für sein Handeln gab.

»Was wollen Sie denn nun schon wieder?«, brüllte er, als Nick an die Tür klopfte.

»Ich will nur herausfinden, was mit Nadja passiert ist, nachdem wir Ta'izz wieder verlassen haben«, antwortete Nick ganz naiv.

»Nadja ist wieder im Dorf«, schrie Dad. »Sie steht unter dem Schutz ihrer Familie.«

Das glaubte ich gerne. Es war klar, dass sie Nadja nicht länger als unbedingt nötig in Ta'izz lassen wollten. Frauen, die längere Zeit in den Städten leben, »verwestlichen« oft, werden selbstbewusster und lassen sich nicht mehr so leicht einschüchtern. Wir wussten also, dass er die Wahrheit sagte und dass Nadja wieder in den Bergen war und darauf wartete, was ihr als Nächstes widerfahren würde.

Als Nick mit dem Film so weit war, brachte er den endgültigen Rohschnitt mit, damit wir ihn uns zu Hause ansehen konnten. Wieder kamen mir die Tränen, als Nadjas Stimme erklang und als ich hörte, wie wir anderen über sie redeten. Cyan, die auf meinem Schoß saß, sah, wie ich im Film weinte, und drehte sich verunsichert zu mir um. Sie sah, dass mir auch jetzt Tränen in den Augen standen, die ich nicht unterdrücken konnte, und verzog besorgt das Gesicht.

»Opa ist echt schrecklich«, erklärte sie. »Er lässt Tante Nadja nicht nach Hause kommen.«

»Warum weinst du, Cyan?«, fragte ich, und die Gemütsbewegung machte meine Stimme schroff.

»Tu ich gar nicht«, antwortete sie schnell. »Mir tränen nur die Augen.«

Ich wünschte, ich hätte sie den Film nicht ansehen lassen. Ich wollte nicht, dass sie ihre Mutter weinen sah.

Der Film war wunderbar. Nick hatte großartige Arbeit geleistet – bis wir zu der Stelle kamen, in der es darum ging, ob Nadja im Jemen bleiben oder nach Hause kommen wolle. Ich traute meinen Ohren nicht, als ich hörte, dass er genau das Gegenteil von dem getan hatte, worum wir ihn gebeten hatten. Er hatte den Teil des Bandes verwendet, in dem Nadja sagt, sie sei glücklich und wolle nicht weg, und die Stelle rausgeschnitten, an der sie sagt, sie wolle reisen und ihre Familie sehen. Im letzten Moment schien Nick gekniffen und sich gegen uns gestellt zu haben – oder vielleicht hatte man ihn auch dazu gezwungen.

Als diese Worte aus dem Fernseher ertönten, fühlte ich mich, als habe mir jemand einen Schlag in den Magen versetzt. Ich konnte nicht glauben, was ich da hörte. Schon wieder hatte man uns im Stich gelassen. Die Zuschauer würden den Eindruck gewinnen, dass Nadja, auch wenn die Geschichte eine große Tragödie gewesen war, sich nun mit ihrem Leben im Jemen abgefunden hatte und es keinen Sinn machte, unseren Kampf um ihre Freilassung fortzusetzen. Die Zeit war gekommen, so würde der Zuschauer folgern, den Kampf aufzugeben und zu akzeptieren, dass wir ihn verloren hatten. Weder Mum noch ich hatten vor, das zu tun. Aber Nicks Film würde letztendlich gegen uns und nicht für uns arbeiten.

Wir hatten eine wütende Auseinandersetzung mit Nick. Später schrieb ich ihm, sein Problem sei, dass er nicht wisse, was Liebe sei, weil er nie Kinder gehabt habe.

Der Dokumentarfilm, der im Frühjahr 1997 gesendet wurde, war einigermaßen erfolgreich, und es gelang, die Rechte nach Spanien zu verkaufen. Trotz unserer Vorbehalte flogen Mum und ich mit Nick nach Barcelona, um Werbung für den Film zu machen. Wir sollten nach der Vorführung gemeinsam in einer Talkshow auftreten. Wenn es noch irgendeine Chance gab, unsere Geschichte wieder bei ein paar weiteren Zeitungen in ein paar weiteren Ländern an den Mann zu bringen, dann würde ich dabei sein. Nicks Film hatte uns vielleicht nicht geholfen, Nadjas wahre Gefühle zu zeigen, aber er bot uns eine Plattform, der Öffentlichkeit unsere Geschichte zu erzählen und Kontroversen in Gang zu setzen.

Auf dem Weg nach Spanien sprach ich kein Wort mit Nick. Er wusste, wie ich mich fühlte, und er wusste, dass mir inzwischen der Ruf anhaftete, ein etwas schwieriger Mensch zu sein – jemand, dem es egal war, wen er vor den Kopf stieß. Er wich meinem Blick aus, und ich bin mir sicher, dass er Schuldgefühle hatte, aber das war mir kein Trost.

Als die spanische Fernsehgesellschaft mich einlud, nach der Sendung über den Film zu sprechen, erklärte ich den Gefühlszustand, in dem Nadja sich nach so langer Zeit befinden musste. Ich war entschlossen, alles zu tun, um den Eindruck zu schwächen, den der Film bei den Zuschauern hinterlassen hatte.

In Spanien war die Resonanz auf den Film ausgesprochen gut, in Großbritannien jedoch, wo rund drei Millionen Menschen ihn gesehen hatten, sehr enttäuschend. Ich glaube, Yorkshire Television erhielt zwei oder drei Briefe zu diesem Thema, was jedoch nichts war im Vergleich zu den Reaktionen auf unser Buch. Es war niederschmetternd. Wenn wir wollten, dass wirklich alle Aspekte der Geschichte im Fernsehen gezeigt wurden, mussten wir wohl mit einem anderen Team von Dokumentarfilmern noch einmal ganz von vorne anfangen. Der Gedanke, wieder monatelang Interviews geben zu müssen, war beinahe unerträglich.

Das mangelnde Interesse in England hätte uns eigentlich nicht überraschen sollen. Es ist uns nie gelungen, das britische Publikum auf die gleiche Weise emotional zu berühren wie das Publikum im übrigen Europa. In Ländern wie Frankreich und Holland scheint jeder über das, was uns passiert ist, empört zu sein. Alle wollen etwas unternehmen, die Regierungen, die Verleger und die Journalisten. In Großbritannien scheint jeder Gründe dafür zu haben, warum er sich nicht einmischen sollte und warum wir schlafende Hunde nicht wecken sollten. Nick hatte zu seiner Verteidigung nichts weiter zu sagen als: »Sie hat's gesagt, oder?«

Als wir aus Spanien zurück waren, besuchte Nick Mum auch weiterhin und versuchte, die Freundschaft aufrechtzuerhalten. Ich wurde immer gereizter. Eines Tages kam ich zufällig vorbei, als Nick in der Küche war und sich mit Mum unterhielt. Ich hatte endgültig die Nase voll und stürmte wutentbrannt zu ihm hin. Ich warf ihm vor, unseren Fall aus reiner Habgier verzerrt darzustellen. Ich sagte ihm, wir würden bald einen weiteren Dokumentarfilm machen, und der wäre viel fairer und besser als seiner. Ich sagte ihm, alles sei seine Schuld. Ich weiß nicht, was ich sonst noch von mir gegeben habe, aber es war nichts Schmeichelhaftes. Ich tobte im Zimmer herum und er schwitzte und wand sich.

»Zana«, sagte er, als ich ihn schließlich zu Wort kommen ließ, »es tut mir wirklich sehr, sehr Leid. Du hast keine Ahnung, wie schuldig ich mich fühle.« Ich konnte an seinem Blick ablesen, dass er die Wahrheit sagte. »Wenn ich irgendetwas tun kann, um die Sache wieder in Ordnung zu bringen …«

»Du kannst gar nichts tun«, fuhr ich ihn an. »Verschwinde einfach.«

Sein Film wurde auch noch in anderen Ländern ausgestrahlt, aber wir haben nie wieder von Nick gehört.

KAPITEL 11

»Freunde in hohen Positionen?«

Nachdem der Dokumentarfilm im Fernsehen gelaufen war, verließ Jana Birmingham und zog in die Umgebung von Peterborough. Eine Zeit lang lebte sie in einem Dorf namens Wisbech, einst Heimat von Thomas Clarkson, der zu den treibenden Kräften bei der Abschaffung der Sklaverei in Großbritannien gehörte. Zum Gedenken an Clarkson baute man in Wisbech die so genannte Freiheitsbrücke. Janas Wegzug aus Birmingham bedeutete nicht, dass sie den Kontakt zu Mum verlor. Mum besuchte sie oft.

Bei einem dieser Besuche wurde sie einer Gruppe von Anwälten vorgestellt, die sich auf Menschenrechtsfälle spezialisiert und von uns gehört hatten. Als sie uns fragten, ob sie uns auf irgendeine Weise helfen könnten, nahmen wir ihr Angebot sofort an. Im Lauf der Jahre hatten wir eine Reihe von Anwälten beauftragt zu prüfen, ob wir gegen Dad und die anderen Männer einen Prozess anstrengen konnten. Wir wussten, wie teuer und zeitaufwändig so etwas war, aber wir waren uns ziemlich sicher, dass es rechtliche Mittel geben musste, Nadja und die Kinder zurückzuholen. Wir konnten es uns allerdings nicht mehr leisten, einem Anwalt die Summen zu bezahlen, die für eine solche Mammutaufgabe nötig wären. Jana wusste das.

Sie fragte die Anwälte in Wisbech, ob sie bereit seien, für uns die rechtliche Seite der Geschichte abzuklären, ohne ein Honorar dafür zu verlangen. Sie sagte ihnen, wir hätten kein Geld mehr. Die Anwälte erklärten sich einverstanden. Jetzt haben sie all unsere Unterlagen und prüfen, ob es Sinn hat, einen Prozess gegen die britische Regierung und alle anderen zu führen, die verhindert haben, dass die Menschenrechte auch für Nadja gelten können.

Wir sind mehr denn je der Überzeugung, dass es Aufgabe der britischen Regierung ist, Nadja zu befreien. Es war ihre Aufgabe, als sie vierzehn war und noch zur Schule in Birmingham hätte gehen sollen. Da man nicht schnell gehandelt hat, ist die Situation viel komplizierter geworden, und es ist nun hundertmal schwieriger, ihre Freilassung zu erwirken, weil sie inzwischen sechs Kinder hat und schon so lange im Jemen lebt.

So viele Leute in hohen Positionen haben uns ihre Hilfe zugesagt und dann das Handtuch geworfen, als ihnen klar wurde, wie mühselig dieser Kampf sein würde, sodass wir schließlich zu der Überzeugung gelangt sind, dass es für uns keine Gerechtigkeit gibt. All diese Leute scheinen zu hoffen, dass wir den Kampf aufgeben und keinen Krach mehr schlagen werden, wenn sie uns nur lange genug ignorieren. Genau das tun nämlich die meisten Familien, die mit dieser Art von Problemen konfrontiert werden. Die Hoffnungslosigkeit der Situation zermürbt sie, und Mütter, denen man ihre Kinder weggenommen hat, kommen schließlich zu dem Schluss, es sei besser, die Kinder in

Frieden in der Sklaverei leben zu lassen, als mit dem Kampf um ihre Befreiung weiterhin Leute zu verärgern. Doch Mum und ich werden nicht so leicht aufgeben – niemals!

Aufgrund der Geschichte Wisbechs und seiner Umgebung interessieren sich viele der dort Lebenden für die Themen Sklaverei und Freiheit. Diese Leute haben weder Macht noch Einfluss, aber eine feste Vorstellung davon, was richtig und was falsch ist, und sie sind bereit, Zeit und Energie in den Kampf um eine Sache zu investieren, die sie für richtig halten.

Jana traf sich mit einigen von ihnen und erklärte ihnen unsere Situation. Eine Gruppe sprach dann über die Möglichkeit, eine konzertierte Aktion zur Befreiung Nadjas durchzuführen. Ihr wichtigstes Ziel war es, Mum zu unterstützen und Druck von ihr zu nehmen. Sie schrieben an Mitglieder des Unterhauses und an jeden, der möglicherweise Einfluss auf den Fall nehmen könnte. Ein Mitglied der Gruppe schrieb ein Stück über Sklaverei, und wir fuhren für einige Tage nach Wisbech, um uns eine Lesung anzuhören. Wie bei vielen Aktionen dieser Art war kein Geld vorhanden. Alles musste in der Freizeit erledigt werden, mit viel gutem Willen und der Überzeugung, dass es Unrecht gab, das wieder gutgemacht werden musste.

Die Gruppe sah sich Nick Grays Dokumentarfilm an. Ich war erstaunt, wie sehr die Zuschauer das, was sie dort sahen, schockierte. Wie die meisten Leute im Westen hatten sie keine Ahnung, wie weit verbreitet die Sklaverei heutzutage noch ist. Das machte mir Mut. Während unseres jahrelangen Kampfes habe ich mich manchmal gefragt, ob wir die einzigen Menschen auf der Welt sind, die so fest davon überzeugt sind, dass

Nadja ein Unrecht geschieht. Ich war erleichtert festzustellen, dass diese Leute unsere Ansicht teilten.

Bei unseren Treffen mit ihnen überlegen wir, mit welchen Leuten wir am besten Verbindung aufnehmen sollten. Hat es zum Beispiel Sinn, sich an Oprah Winfrey zu wenden mit der Bitte, eine Sendung über unseren Fall zu machen? Sollen wir mit Steven Spielberg, der sich sehr für das Thema Sklaverei interessiert, Kontakt aufnehmen? Mit welchen Talkshow-Moderatoren in Europa sollten wir uns in Verbindung setzen?

Jana sucht außerdem per Internet nach Leuten, die an unserem Fall interessiert sein könnten, und erzählt jedem, der ihr zuhört, unsere Geschichte. Das Web ist eine wunderbare Möglichkeit, unsere Botschaft überall dort zu verbreiten, wohin unser Buch nicht gelangt. Die Leute reagieren nach wie vor positiv auf unsere Geschichte und die Zahl derer, die uns unterstützen, wird immer größer. Aber wir haben noch immer niemanden gefunden, der in der Lage ist, Nadja zurückzuholen. Würden wir warten, bis wir genug Unterstützung hätten, um die Regierung zum Handeln zu zwingen, wären wir mit Sicherheit alle zu alt.

Bei einem dieser Treffen schlug jemand vor, wir sollten an Terry Waite und John McCarthy schreiben, die bekanntesten Beirut-Geiseln in Großbritannien. Terry Waite hatte außerdem als bekennender Christ viele Kontakte zu hohen Persönlichkeiten in Kirche und Politik. Er war Ratgeber des Erzbischofs von Canterbury und eines Bischofs der römisch-katholischen Kirche gewesen und hatte sich stark für internationale Wohltätigkeitsprojekte engagiert, bevor man ihn entführte.

Wir waren uns sicher, dass gerade die Beirut-Geiseln verstehen würden, was es hieß, unschuldige Menschen einzusperren. Wenn wir mit ihnen Kontakt aufnahmen, könnten sie uns vielleicht helfen, noch einflussreichere Leute auf unseren Fall aufmerksam zu machen.

Jana kam irgendwie an Terry Waites E-Mail-Adresse heran und schrieb ihm einen Brief. Einige Wochen später antwortete er, er sei sehr daran interessiert, mit uns zu reden. Ich konnte es nicht fassen, dass wir ihn tatsächlich treffen würden. Wie Millionen anderer Leute hatte ich in den Jahren, in denen die Welt sich für seine Freilassung einsetzte, seinen Fall im Fernsehen verfolgt. Der große, bärtige Mann war jahrelang eine der vertrautesten Figuren in den Nachrichtensendungen der Welt. Ich erinnere mich, dass ich geweint habe, als sie ihn schließlich freiließen.

Wann immer ich davon höre, dass jemand freigekommen ist, den man zu Unrecht eingesperrt hat, muss ich weinen. Die geringste Kleinigkeit bringt all die Gefühle wieder hoch, die ich unter Kontrolle zu halten versuche, um weiterleben zu können. Sobald sie an die Oberfläche kommen, ist der Schmerz kaum auszuhalten. Ich konnte mir recht gut vorstellen, welche Qualen Waite während der Jahre seiner Gefangenschaft erlitten haben musste, und ich war mir sicher, dass wir uns sofort verstehen würden, wenn wir uns trafen, zwei sehr unterschiedliche Menschen, die eine ähnliche Erfahrung gemacht hatten.

Wir vereinbarten einen Termin, und ich fuhr mit Jana und Emile, der uns bei unserer konzertierten Aktion sehr unterstützt hatte, nach Cambridge, wo wir Terry Waite in einem Hotel treffen sollten. Ich war aufgeregt wie ein Kind.

Als Waite im Foyer des Hotels auf uns zukam, war ich von Gefühlen überwältigt, die Kehle war mir wie zugeschnürt und ich konnte kaum ein Wort herausbringen. Ich hatte Angst, in Tränen auszubrechen, wenn ich ihm die Hand schüttelte. Ich zwang mich, die Tränen hinunterzuschlucken, und lächelte.

Wir setzten uns, und Terry Waite hörte uns zu, als wir wieder einmal unsere Geschichte erzählten. Er strahlte Ruhe und Zuversicht aus. Er sagte nicht viel, und wenn er sprach, tat er es in kurzen Sätzen.

Als ich so dasaß und mit halbem Ohr zuhörte, wie Jana unsere Geschichte erzählte, und gleichzeitig Terry Waites Reaktionen beobachtete, wurde mir klar, dass sich sein Fall völlig von unserem unterschied. Er war nicht von Publicity abhängig gewesen, um die Mächtigen auf seinen Fall aufmerksam zu machen. Er hatte bereits mächtige und einflussreiche Leute gekannt und deswegen war seine Geschichte auch erfolgreich ausgegangen. Sobald er entführt worden war, machte sein Fall Schlagzeilen, während es sechs Jahre gedauert hatte, bevor die britischen Medien sich dafür interessierten, dass Nadja und ich verschwunden waren.

Wir hatten keine Kontakte zu politischen Kreisen und keinerlei Einfluss auf sie. Die Menschen, die für uns kämpften, Menschen wie Mum, Jana und Emile, waren beinahe genauso hilflos wie wir. Sie klopften an Türen und baten die Leute, ihnen zuzuhören, und wir konnten nichts weiter tun, als immer wieder unsere Geschichte zu erzählen. Ich begriff, dass wir Nadja womöglich aus dem Jemen herausholen konnten, wenn dieser Mann sich unserem Team anschloss und uns bei unserem Kampf half. Er spielte in einer völlig anderen Liga. Ich spürte, wie ich immer aufgeregter wurde. Er war schließlich ein persönlicher Freund von Robin Cook, der 1997 Außenminister der Labour-Regierung geworden war [bis 2001, Anm. d. Übers.]. Er konnte die Aufmerksamkeit ganz anderer Leute auf unser Anliegen lenken. Vielleicht würden wir dieses Mal tatsächlich einen großen Schritt weiterkommen. Vielleicht hatten wir endlich unseren Mann gefunden.

Als er begann, Fragen über Nadja zu stellen – über ihren Gesundheitszustand und wie alt sie sei –, schnürte es mir wieder die Kehle zu und ich konnte die Tränen nicht länger zurückhalten. Ich wollte über diese Einzelheiten nicht reden, denn wenn ich es tat, würde ich Nadja wieder vor Augen haben, und dann könnte ich nicht ruhig sprechen. Ich wollte die Sache nicht zu nah an mich herankommen lassen, wollte das alles nur als eine vertraute Geschichte betrachten, die wir noch einmal erzählten, ohne gefühlsmäßig allzu sehr davon betroffen zu sein. Es reichte, wenn Terry Waite die Fakten kannte: dass man Nadja dazu gezwungen hatte, zu heiraten und im Jemen zu bleiben; und dass die Regierung von Anfang an nichts unternommen hatte, um uns zu helfen.

»Überlassen Sie die Sache mir«, sagte Waite, als er das Gefühl hatte, alles Notwendige zu wissen. »Ich werde mit dem Außenministerium sprechen und Sie wissen lassen, was sich machen lässt.«

Ich merkte, dass meine Gefühle sich wieder einmal auf eine Berg-und-Tal-Fahrt begaben. Ich wollte so gerne glauben, dass es diesmal funktionieren würde, hatte jedoch zu viele Enttäuschungen und Rückschläge hinnehmen müssen, sodass mir einfach der Glaube fehlte, dass es diesmal anders sein würde. Ich wollte optimistisch sein und darauf vertrauen, dass es dieses Mal klappte, hatte aber so große Angst vor einer weiteren Enttäuschung, dass ich es nicht wagte, meine Hoffnungen zu hoch zu schrauben. Wieder einmal fühlte ich mich innerlich zerrissen.

Nach dem Treffen wollte ich gerne mehr über Terry Waite erfahren und begann während der Rückfahrt nach Birmingham, Jana auszufragen. Jana erzählte mir von seiner Vergangenheit, und dann redeten wir über andere Leute in ähnlich einflussreichen Positionen, die wir vielleicht ansprechen könnten. Je mehr große Namen wir auf unserer Seite hatten, desto besser würden unsere Chancen stehen. Dieses Treffen hatte uns optimistisch gestimmt. Aber uns war klar, dass wir an möglichst viele offizielle Dokumente zu unserem Fall herankommen mussten, um den Leuten, die wir ansprachen, etwas Konkretes zeigen zu können. Dazu mussten wir, wie man uns sagte, an ein Mitglied des Unterhauses herantreten, etwas, das wir seit mehreren Jahren nicht mehr getan hatten.

Wir nahmen mit einem Abgeordneten Kontakt auf und vereinbarten ein Treffen. »Eine Sache, die wir tun könnten«, schlug ich bei diesem ersten Treffen vor, wobei ich an die Pläne von CTU dachte, »ist, ein paar vertrauenswürdige Leute anzuheuern, die sie einfach aus dem Jemen herausholen.«

»Wenn Sie Nadja kidnappen, begehen Sie ein Verbrechen«, warnte man uns.

»Und wenn schon«, sagte ich. »Ich werde eine Gefängnisstrafe in Großbritannien auf mich nehmen, wenn wir durch eine solche Aktion Nadja und die Kinder aus ihrem Gefängnis im Jemen befreien können.«

»*Wir* würden ein Verbrechen begehen?«, regte Mum sich auf. »Haben Sie heute schon die Nachrichten gesehen?«

»Dazu habe ich keine Zeit«, antwortete der Abgeordnete.

»Die haben berichtet, dass in der britischen Botschaft in Jordanien hunderttausende Pfund veruntreut wurden. So wie in Sanaa. Die Staatsbeamten scheinen die Verbrechen zu begehen. Wir haben keine Verbrechen begangen.«

Wir hätten wissen müssen, dass von Politikern nichts zu erwarten war. In den Jahren, in denen Margaret Thatcher und John Major an der Regierung waren, gelangte ich zu der Überzeugung, dass wir nichts erreichten, weil wir es mit einer konservativen Regierung zu tun hatten, deren Politiker sich nie für die Probleme von Leuten wie uns interessieren würden. Als die Labour Party an die Macht kam, hofften wir, endlich gehört zu werden und Hilfe zu erhalten – obwohl Mum an Tony Blair geschrieben hatte, als er noch Oppositionsführer war, und er ihren Brief einfach an jemanden weitergeleitet hatte. In Großbritannien herrschte Aufbruchstimmung, von der wir vielleicht profitieren konnten.

»Nadja ist eine erwachsene Frau«, sagte der Abgeordnete. »Ich kann sie nicht zwingen, hierher zu kommen.«

Genau das hörten wir schon seit Jahren. Aber Nadja war keine erwachsene Frau gewesen, als man sie in den Jemen brachte. Sie war damals noch ein Kind, nicht älter als heute ihr ältester Sohn.

»Sie braucht ärztliche Hilfe«, erklärten wir immer wieder vergeblich. »Wenn wir sie nur nach England zu einem Arzt bringen könnten, dann sähen wir schon, ob sie dableiben möchte. Wenn all ihre Kinder mitkommen und sie sich in Sicherheit fühlt und dann immer noch sagt, sie wolle zurück in die Mukbana, werden wir ihr nicht im Weg stehen. Aber sie muss sich frei entscheiden können, und das ist nicht möglich, solange sie deren Gefangene und so weit von ihrer Familie weg ist.«

Wir waren enttäuscht, aber uns blieb ja immer noch Terry Waite. Ich stellte mir vor, wie er sich unauffällig hinter den Kulissen von Westminster und Lambeth Palace zu schaffen machte, seinen Freunden und Kontaktpersonen geduldig unsere Lage erklärte und darauf bestand, dass sie sofort etwas unternahmen, um alles zu einem guten Ende zu bringen. Wir mussten nur darauf warten, dass er uns wissen ließ, wann Nadja befreit werden würde.

Als der Dokumentarfilm ausgestrahlt wurde, waren wir der Ansicht, er sei ein gutes Hilfsmittel für unsere Kampagne, trotz der Tatsache, dass Nick Nadjas Aussagen über ihre wahren Gefühle nicht verwendet hatte. Wir gaben dem Abgeordneten eine Kopie des ursprünglichen Bandes, das Mo von seiner Unterhaltung mit Nadja aufgenommen hatte, und sagten ihm, wir hätten ein Treffen mit Terry Waite gehabt. Auch Waite schickten wir eine Kopie des Bandes, damit er nicht nur die Aussagen hörte, die Nick für den Film ausgewählt hatte, sondern auch alles andere, was Nadja gesagt hatte. Wir waren optimistisch. Es sah so aus, als bilde sich nun so etwas wie eine organisierte Front.

Terry Waite schrieb uns einige Tage später, er habe den Eindruck, Mo setze Nadja so unter Druck, dass sie schließlich sage, sie wolle nach Hause kommen. Er schien nicht zu verstehen, dass Mo mit Nadja auf diese Weise hatte reden müssen, um ihr die Situation begreiflich zu machen. Mo war wütend geworden, weil Nadja, als das Band lief, das, was sie zuvor gesagt hatte, nicht wiederholen wollte – Worte, die ihre Gefühle deutlich gemacht hatten.

Ich erinnerte mich, dass Terry Waite in einem Dokumentarfilm über seine eigenen Erfahrungen gesagt hatte, im Gefängnis habe er gedacht, alle hätten ihn vergessen. Er schien in keiner Weise berücksichtigt zu haben, was Nadja von uns denken musste, nachdem sie seit fast zwanzig Jahren im Jemen war und die Hälfte der Zeit glaubte, wir hätten sie im Stich gelassen.

Baroness Symons vom Außenministerium schrieb uns, man könne uns nicht helfen, da Nadja die »doppelte Staatsangehörigkeit« habe – die gleiche alte Leier. Als Mum und ich das lasen, waren wir der Verzweiflung nahe. Wir waren wieder bei dem Punkt angelangt, wo wir schon einmal waren, nämlich als Nadja und ich noch Kinder waren und die doppelte Staatsangehörigkeit als Vorwand herhalten musste, nichts zu unternehmen. In der Zwischenzeit hatten wir die britische Regierung gezwungen zuzugeben, dass Nadja und ihre Kinder lediglich die britische Staatsbürgerschaft besaßen. Doch jetzt ignorierten sie das. Sie brachten wieder mal die gleichen alten Entschuldigungen vor, obwohl sowohl Mum als auch Dad britische Staatsbürger sind.

Wir holten uns bei einem muslimischen Anwalt eine zweite Meinung ein, und er sagte uns, Nadja und die Kinder seien sogar nach islamischem Recht Briten.

Der Abgeordnete teilte uns mit, die Akte müsse geschlossen werden, man könne nichts mehr für uns tun. Wir versuchten erneut, mit dem muslimischen Anwalt Verbindung aufzunehmen, aber er war wie vom Erdboden verschwunden, als hätte er sich aus Angst vor jemandem aus dem Staub gemacht.

KAPITEL 12

»Mach dir keine Sorgen, Mum.«

Als ich 1988 nach England zurückkam, sagten mir die Anwälte, ich könne meinen Vater unter Umständen wegen Entführung und Freiheitsberaubung verklagen. In der Hoffnung, Gowad so unter Druck zu setzen, dass er Nadja freiließ, verklagten wir auch ihn. Damals hatten wir noch Vertrauen in das britische Rechtssystem. Ich glaubte, jeder würde uns helfen wollen, sobald er die Fakten kannte. Mir war nicht klar, wie schwer es sein würde, die Leute von diesen Fakten zu überzeugen.

Während das Verfahren lief, begann Dad, Nadja Briefe zu schreiben. Weiß Gott, was er ihr gesagt hat, aber sie schrieb uns, wir sollten aufhören, Probleme zu machen. Dad sei ein »guter Vater« und das einzige Familienmitglied, das sie lieben würde. Später fanden wir heraus, dass er ihr geschrieben hatte, wir hätten aus purer Gehässigkeit seinen Fish-and-Chips-Laden abgebrannt, in dem wir vor unserer Reise in den Jemen alle zusammen gelebt hatten. Er schickte Nadja sogar ein Foto von dem abgebrannten Laden. So war es kaum überraschend, dass sie verwirrt war, als Mum und ich vom französischen Fernsehstudio aus mit ihr telefonierten.

Es gab einen Termin vor Gericht; der Fall wurde dann wegen »Mangels an Beweisen« vertagt. Die Tatsache, dass ich als Zeugin auftrat, zählte offenbar nicht. Ich hatte acht Jahre lang in der Mukbana verbracht und Beweise gesammelt, aber mein Wort reichte nicht aus. Wir gaben nicht auf und die Anwälte setzten einen weiteren Gerichtstermin durch. Doch bevor er stattfand, riet die britische Regierung uns, als Zeichen unseres guten Willens gegenüber der jemenitischen Regierung, unsere Anklage gegen Gowad fallen zu lassen. Wir sagten, wir würden darüber hinaus auch noch die Kooperationsbereitschaft der jemenitischen Regierung anerkennen, wenn sie nur Nadja und die Kinder aus dem Jemen herausließ.

Die Regierung akzeptierte den Deal und wir ließen die Anklagen fallen. Unsere Hoffnung wuchs. Wir hatten endlich eine Lösung gefunden, bei der die Jemeniten nicht das Gesicht verlieren würden. Nadja würde endlich nach Hause kommen. Doch dann wurde alles sehr ruhig. Als wir schließlich auf eine offizielle Erklärung drängten, teilte man uns mit, die Jemeniten hätten ihren Teil der Übereinkunft nicht eingehalten. Wieder einmal hatte man uns betrogen.

Selbst nach so langer Zeit werden Mum und ich noch immer als hysterische Weiber abgetan, denen man nicht glauben kann. Als Eileen MacDonald, eine Journalistin des *Observer,* vor vielen Jahren aus dem Jemen zurückkam und bestätigte, dass Mum die Wahrheit gesagt hatte, meinten die Vertreter des Außenministeriums doch tatsächlich, nun würden sie die Sache glauben, denn jetzt hätten sie ja eine Zeugin. Sie gaben zu, Mum nicht geglaubt zu haben.

Ich nehme an, dass man uns aufgrund unserer Hautfarbe keinen Glauben schenkt. Ich kann mir keinen anderen Grund denken, weshalb Eileen glaubwürdig sein sollte und Mum nicht.

Die enttäuschenden Erfahrungen mit dem Abgeordneten und mit Terry Waite führten dazu, dass Mum wieder Asthma bekam, sich ins Bett legte und einige Tage lang nicht mehr aufstand. Die Anspannung war wieder mal zu groß gewesen. Sie schien sich für eine Weile aus dem Leben zurückgezogen zu haben, um mit dem Stress fertig zu werden. Ihr Körper hatte abgeschaltet, um sich selbst Zeit zu geben, die Batterien wieder aufzuladen.

Der ständige Druck, dem Mum ausgesetzt war, hatte auch ihrem Mann Abdul den Rest gegeben. Er war immer sehr ruhig gewesen und hatte niemandem von seinen Problemen erzählen können, denn er wurde völlig davon in Anspruch genommen, sich Mums Sorgen anzuhören und sich in einem neuen Land zurechtzufinden. Ich weiß, dass er sich ständig Sorgen um seine Mutter in Syrien machte, die krank war und sich keine ärztliche Behandlung leisten konnte. Es muss ihm alles über den Kopf gewachsen sein, denn eines Tages, als Mum nicht zu Hause war, ging er ohne Vorwarnung weg. Er verschwand einfach und wir haben seitdem nichts mehr von ihm gehört. Ich kann verstehen, warum er es vorzog, sich still aus dem Staub zu machen, statt sich vor Mum zu rechtfertigen und ihre Verwirrung und ihre Traurigkeit mit ansehen zu müssen. Vielleicht war die Ehe für ihn ja auch nur eine Scheinehe, damit er in Großbritannien leben konnte. Sollte das der Fall gewesen sein, ist es ihm wirklich gelungen, Mum davon zu überzeugen, dass es wahre Liebe war.

Mum war sehr bestürzt, den Menschen zu verlieren, mit dem sie ihren Lebensabend hatte verbringen wollen, einen Menschen, der sie unterstützt und ihr ein Gefühl der Sicherheit gegeben hatte. Aber irgendwie schien es nur ein weiteres von hundert anderen Problemen zu sein. Es waren die Rückschläge in unserem Kampf um Nadja, die sie wirklich krank machten, und das war vielleicht auch der Grund, warum Abdul wegging. Er wusste, dass er bei Mum immer unter »ferner liefen« rangieren würde, solange Nadja nicht frei war. Mum war völlig verzweifelt, als ihr klar wurde, dass weder der Abgeordnete noch Terry Waite uns auf irgendeine Weise helfen würden.

»Es macht nichts, Mum«, versuchte ich sie zu trösten. »Es waren eben nicht die richtigen Leute. Es wird immer andere geben, bei denen wir es versuchen können. Wir müssen einfach weitersuchen.«

Zwei andere Abgeordnete, denen wir unsere Geschichte erzählten, hatten gleich darum gebeten, ihnen die Unterlagen zu unserem Fall zukommen zu lassen. Wir gaben sie ihnen und das Warten begann erneut. Auch die Gruppe in Wisbech war noch immer aktiv. Sie hatte beschlossen, eine Demonstration zu veranstalten, um mehr Öffentlichkeit herzustellen. Mir gefiel die Vorstellung eines öffentlichen Protestes. Ich hatte erlebt, welche Wirkung das in anderen Fällen gehabt hatte. Die Gruppe ließ T-Shirts drucken und beschloss, die Demonstration in London durchzuführen, wo wir eher die Aufmerksamkeit der überregionalen Medien auf uns ziehen konnten. Die Organisatoren trafen alle notwendigen Vorbereitungen, holten die Erlaubnis der Polizei ein und legten die Route fest, die am Trafalgar Square enden sollte. Die Aussicht, wieder etwas Positives zu tun, machte mich ganz aufgeregt.

Mo hatte in Ta'izz ein Foto von Nadja gemacht, das zeigte, wie erschöpft und dünn sie war. Wir ließen Hunderte von Abzügen machen und verfassten einen kurzen Text, in dem wir erklärten, dass sie nach all den Jahren immer noch im Jemen war. Das Flugblatt wollten wir dann an die Passanten verteilen.

Unmittelbar nachdem der Dokumentarfilm gedreht worden war, hatten wir begonnen, Unterschriften für eine Petition zu sammeln, die wir später bei der britischen Regierung einreichen wollten. Wir waren durch ganz Birmingham gezogen und hatten Leute gebeten zu unterschreiben. Ich brachte rund hundert Kopien zu Liams Schule, und die Kinder verteilten sie an ihre Freunde, die sie dann mit nach Hause zu ihren Familien nahmen. Wir wollten der Regierung klar machen, wie viele Menschen unsere Sache unterstützten. Jetzt, wo ich dieses Buch schreibe, haben wir bereits über eine Million Unterschriften gesammelt. Die Demonstration würde uns die Gelegenheit geben, die Liste zu vergrößern und ein breiteres Publikum zu erreichen.

Eines frühen Morgens machten wir uns von Birmingham aus per Bus Richtung Süden auf. Die meisten Leute waren Freunde und Familienmitglieder, von denen viele ihre Kinder mitgebracht hatten. Mum, Paul und ich nahmen Liam, Cyan und Mark mit und erklärten ihnen, was wir vorhatten.

In London warteten weitere Leute auf uns, sodass wir, als wir um zehn Uhr losmarschierten und unsere Plakate schwenkten, rund sechzig Teilnehmer waren. Im Vergleich zu anderen Demonstrationen war unsere zwar klein, aber wir schafften es dennoch, die Aufmerksamkeit der Passanten auf uns zu lenken. Damals tat es mir ein bisschen weh, dass uns an jenem Tag nicht mehr Leute unterstützen wollten, aber ich verstehe, dass nicht jeder bei einer solchen Sache mitmachen will, und vielleicht haben wir sie auch nicht genügend publik gemacht.

Es war ein wunderschöner, warmer Tag. Fast alle, denen wir das Flugblatt in die Hand drückten, hatten bereits von unserem Fall gehört. Niemand zögerte auch nur im Geringsten, die Petition zu unterschreiben. Wie immer waren alle, mit denen wir sprachen, mitfühlend und schockiert zu erfahren, dass Nadja noch immer eine Gefangene war. Außerhalb des Jemens oder des Außenministeriums vertritt keiner die Ansicht, Nadja solle im Jemen bleiben und wir sollten unseren Versuch aufgeben, ihre Freilassung zu erwirken.

Es war eine großartige Erfahrung, mit so vielen unterschiedlichen Menschen zu sprechen. Es bestätigte mir wieder einmal, dass die Öffentlichkeit überall in Europa auf unserer Seite steht. Ein Mann kam auf mich zu und sagte, er sei beim Finanzamt tätig. »Es war nicht richtig«, sagte er, »was die Steuerbehörden mit Ihnen gemacht haben. Die haben die Sache völlig falsch angepackt. Ich finde, man hätte Ihre Tantiemen nicht einbehalten sollen. Wenn ich im Lotto gewinnen würde, würde ich Ihnen das ganze Geld zurückgeben.«

Das fand ich unglaublich nett. Ich hoffe, er spielt weiterhin Lotto.

Wegen Mums Asthma konnten wir nicht besonders schnell marschieren. Die Polizisten, die uns durch die Straßen begleiteten, zogen uns damit auf, wie friedlich wir waren. Sie sagten, wir seien die ruhigsten Demonstranten, die sie je hätten beaufsichtigen müssen. Wir hatten ein Megafon, und als unser Selbstvertrauen wuchs, schrien wir in der Hoffnung, mehr Aufmerksamkeit zu erregen, unsere Parole heraus: »Befreit Nadja! Befreit Nadja!« Ich hatte starke Halsschmerzen und Mum kriegte keine Luft. Deswegen brüllte Paul für uns mit.

Als wir den Trafalgar Square erreichten, waren wir so verschwitzt, dass einige unserer ausgelasseneren Freunde in den Brunnen sprangen, um sich abzukühlen. Ich spazierte zwischen den Besuchermassen umher, redete mit Leuten und sammelte weiter Unterschriften. Drei Touristen kamen auf mich zu und fragten, ob ich Zana Muhsen sei. Sie sagten, sie hätten mein Buch gelesen und wollten sich mit mir fotografieren lassen. In solchen Augenblicken habe ich das Gefühl, dass es uns wirklich gelingt, unsere Botschaft in die Welt hinauszutragen. Doch dann wird mir wieder bewusst, dass wir seit dem Tag im Jahr 1988, an dem ich den Jemen verließ, die Situation nicht haben verändern können.

Als wir abends wieder im Bus saßen, fühlten wir uns völlig zerschlagen und nickten, während wir über die Autobahn nach Hause gefahren wurden, alle ein. Wir waren ein wenig enttäuscht über die geringe Resonanz, aber es war für uns eine nützliche Erfahrung. Wir wissen nun, dass wir die Sache übereilt organisiert haben, weil wir etwas unternehmen wollten, solange die Leute den Dokumentarfilm noch frisch im Kopf hatten.

Mums Gesundheitszustand hat sich im Lauf der Jahre immer weiter verschlechtert. Mit zunehmendem Stress sind auch ihre Beschwerden größer geworden. Sie hat Bronchitis, Asthma und Schuppenflechte. Ich bin mir sicher, dass der Druck, unter den sie sich stellt, die Angst um ihre Kinder und die Enttäuschungen, die sie mit jedem neuen Rückschlag hinnehmen muss, ihre Krankheiten verursacht haben. Die Tabletten, die sie nehmen muss, halten sie einigermaßen aufrecht, und ihre Willenskraft scheint ungebrochen. Im Gegenteil, je schwächer ihr Körper wird, desto größer wird sie.

Sie hat wieder Platzangst und inzwischen auch Panikattacken. Sie fängt an zu zittern, wenn jemand die Tür öffnet, hyperventiliert und spricht unartikuliert. Jetzt verlässt sie nicht einmal mehr ohne einen von uns das Haus. Sie ist völlig darauf angewiesen, dass wir mit ihr einkaufen gehen oder ihr besorgen, was sie braucht.

Als ich noch Geld hatte, konnte ich ihr helfen, indem ich ihre Telefonrechnungen bezahlte und ihr die Fahrkarten kaufte, wenn sie irgendwohin musste. Da das gesamte Geld weg ist, sind wir wieder bei null angekommen. Eine Zeit lang hat man Mum das Telefon abgestellt, was für sie eine Qual war.

So viele Leute kannten ihre Telefonnummer und hatten sie ständig angerufen. Nun konnte sie nicht einmal mehr mit Jana telefonieren, wenn ihr danach war. All das trug noch zu ihrem Stress bei, und ich wünschte, ich könnte mehr zu seiner Linderung tun.

Von CTU hörten wir nur noch, dass sie gezwungen gewesen waren, Amerika zu verlassen und auf die Philippinen zu fliehen. Rückblickend denke ich, dass sie wahrscheinlich als seriöses Unternehmen angefangen und für die Mütter, die sie engagierten, ihr Bestes getan haben. Dann gingen die, die das Unternehmen gegründet hatten, in den Ruhestand oder gaben die Sache auf, und an ihre Stelle traten weniger tüchtige Leute. Sie profitierten vom Ruf der Firmengründer, erkannten, dass sich mit diesem Job leicht Geld verdienen ließ, und wurden gierig. Als schließlich wir an der Reihe waren, ging es ihnen kaum noch um die Sache. Sie nahmen einfach das Geld und entwarfen viele Pläne, um uns bei Laune zu halten.

Hin und wieder erwische ich mich bei dem Gedanken: Vielleicht werden sie uns überraschen. Vielleicht wird Mum oder Jana mich eines Tages anrufen und sagen, dass Nadja frei ist und darauf wartet, uns zu sehen. Aber diese Augenblicke werden, je mehr Zeit verstreicht, immer seltener.

Wenn ich Mum besuche, liegt sie manchmal völlig erschöpft da, unfähig, auch nur einen Arm oder ein Bein zu bewegen. Wenn ich mir überlege, was sie sich zugemutet hat, wundere ich mich, dass wir sie nicht schon vor Jahren zu Grabe tragen mussten. Und dann denke ich, wie schrecklich es für sie und für Nadja wäre, wenn sie ginge, bevor die beiden wieder vereint wären. Es kann einfach nicht sein, dass Nadja nach Hause kommt, nur um ihre Mutter auf dem Friedhof zu besuchen.

Trotz aller Rückschläge und aller Warterei glaube ich noch immer daran, dass wir am Ende Erfolg haben werden. Ich weiß, dass die Mehrheit der einfachen Leute hinter uns steht, weil sie es mir sagen. Im Lauf der Jahre hat es so viel Publicity gegeben, dass mich in Birmingham so ziemlich jeder kennt. Jedes Mal, wenn wir in die Medien kommen, wie zum Beispiel mit Nick Grays Dokumentarfilm, kommen völlig fremde Leute auf der Straße auf mich zu und wünschen mir Glück. Manchmal geben sie mir ihre Telefonnummer und sagen, ich solle sie anrufen, wenn es irgendetwas gäbe, was sie tun könnten.

Jeder normale Mensch kann die Ungerechtigkeit nachvollziehen, aber wir haben keine Möglichkeit, die Öffentlichkeit so zu mobilisieren, dass wir Druck auf Entscheidungsträger ausüben können. Die Leute haben ihr eigenes Leben und ihre eigenen Probleme. Wie wohlmeinend sie auch sein mögen, ihnen bleibt keine Zeit, für unsere Sache zu kämpfen.

Wir wissen, dass wir bei weitem nicht die Einzigen sind, die sich in dieser Situation befinden. Zu Anfang unserer Kampagne traten wir mit einigen Müttern, die eine Organisation namens Reunite gegründet hatten, in einer Talkshow im Fernsehen auf. Wir sprachen mit fünf dieser Frauen, die ihre Kinder an muslimische Länder verloren hatten. Sie machten später einen Dokumentarfilm, der zeigte, wie sie alle zusammen ihre Kinder besucht hatten, und ich habe gehört, dass die meisten von ihnen ihre Kinder wieder zurückbekommen haben.

In einer Statistik des Außenministeriums hieß es, im Durchschnitt würden drei Kinder pro Tag aus Großbritannien entführt. Das Ergebnis ist erschütternd und zeigt, wie viele Menschen es geben muss, die in aller Stille leiden und nicht in der Lage sind, so viel Aufsehen zu erregen wie wir.

Das Problem ist nicht auf England beschränkt. Wohin ich auch kam, um für mein Buch zu werben, habe ich Geschichten über Kinder gehört, die von ihren Vätern oder Müttern in andere Länder entführt wurden und ihre Familien nie wiedergesehen haben. Da die Welt immer kosmopolitischer wird und die Leute mehr und mehr reisen, wird dieses Problem wahrscheinlich noch zunehmen.

Solange es Mischehen gibt, werden Kulturen aufeinander prallen, und solange es zerrüttete Ehen und

Scheidungen gibt, wird es Streit um das Sorgerecht geben. Angesichts all dieses Durcheinanders und all dieser sozialen Veränderungen müssen wir dafür sorgen, dass wir den Kindern zuhören und sie nie ihrer Freiheit berauben. Kein Kind sollte je in die Lage geraten, in der Nadja sich nun befindet.

Mir scheint, dass dieses Thema unter den Teppich gekehrt wird. Wenn die Tierschützer den Export von Kälbern stoppen wollen, schaffen sie es, jeden Abend in die Nachrichten zu kommen. Wenn die Umweltschützer den Bau einer neuen Autobahn durch ein landschaftlich schönes Gebiet verhindern wollen, scheinen auch sie in der Lage zu sein, die Aufmerksamkeit der Nation auf sich zu ziehen. Warum gelingt es uns nicht, das gleiche Maß an Aufmerksamkeit auf das Elend versklavter Kinder zu lenken?

Da ich drei kleine Kinder habe, weiß ich, wie schön es ist, sie aufwachsen zu sehen, und wie viel es ihnen gibt, bei ihrer Mutter zu sein. Marcus und mir hat man all das genommen. Uns sind all die Tage und Wochen und Monate entgangen, die wir als Familie zusammen hätten verbringen sollen. Uns fehlen die Tage, an denen er krank aufwachte und einfach nur kuscheln wollte, und die kleinen Auseinandersetzungen über Hausaufgaben, die er hätte machen sollen, oder Teller, die er hätte leer essen sollen.

Er weiß nicht, wie es wäre, mit seinen kleinen Brüdern und seiner Schwester zusammenzuleben. Und Liam, Cyan und Mark wissen nicht, wie es wäre, einen großen Bruder zu haben, der mit ihnen spielt, mit ihnen kämpft und sie beschützt.

Manchmal denke ich, dass Marcus, sobald er alt genug ist, ein Flugzeug besteigen und nach mir suchen wird. Doch dann wird mir bewusst, dass er vielleicht nicht einmal etwas von meiner Existenz weiß. Die Familie seines Vaters könnte ihm weiß Gott was über mich erzählt haben. Vielleicht haben sie ihm gesagt, ich sei gestorben oder ich sei eine furchtbare Person, die ihn aus egoistischen Gründen verlassen habe. Ich weiß es nicht. Ich kann nur hoffen, dass er so neugierig auf die Wahrheit über seine Mutter wird, dass er zu fragen beginnt und dass jemand im Dorf ihm erzählt, was wirklich mit mir passiert ist, als ich die Gefangene seines Großvaters war. Sollte er jemals beschließen, mich zu suchen, werde ich ihn mit offenen Armen empfangen.

Mir ist klar, dass wir dann mit unserer Beziehung wieder bei null anfangen müssten, und ich wünsche mir von Herzen, er würde zu mir kommen, solange er noch jung ist, und nicht erst als erwachsener Mann. Aber ich kann nichts weiter tun als warten und hoffen. Seit dem Tag, an dem ich ihn verlassen habe, träume ich von dieser Versöhnung.

Als Mo in den Jemen ging, gab ich ihm Fotos von meinen Kindern in England mit. Ich hoffe, Marcus kriegt sie eines Tages zu sehen. Ich frage mich, ob Nadja die Fotos genauso anstarrt wie ich die von Marcus, um irgendeine Familienähnlichkeit in den glücklichen kleinen Gesichtern zu entdecken. Bilder von uns allen zu sehen muss sie an unsere gemeinsame Kindheit erinnern. Ich hoffe, diese Erinnerungen machen sie nicht nur traurig, sondern sind ihr auch Trost.

Nadja kann sich noch an sämtliche Schulfreunde erinnern. Obwohl sie erwachsen sind und jetzt selbst Kinder haben, fragt sie bei den seltenen Gelegenheiten, wenn jemand von uns mit ihr reden kann, noch heute nach ihnen. Keiner von ihnen hat sich so verändert wie sie.

Wir leben in Birmingham in einer engen Gemeinschaft und sehen uns noch regelmäßig. Wenn ich mit meinen Freunden zusammen bin, habe ich nicht das Gefühl, wir hätten uns in den zwanzig Jahren viel verändert, trotz allem, was mit uns geschehen ist. Wir reden und lachen noch genauso wie damals, als wir Kinder waren und uns darauf freuten, die Schule zu verlassen und auf Abenteuersuche hinaus in die Welt zu gehen. Keiner von uns hätte sich je vorstellen können, was einige von uns erwartete. All unsere Freunde wissen, was Nadja und mir passiert ist, aber sie reden nie darüber. Hin und wieder fragen sie mich, ob ich von Nadja gehört hätte, aber die Antwort lautet immer gleich, sodass es nichts weiter zu sagen gibt. Wir leben einfach weiter. Ich hoffe, die Fotos zeigen Nadja, dass sie sich wieder problemlos in das Leben in England einfügen könnte.

Ich male mir gerne aus, wie sie sich abends, wenn sie all ihre Pflichten erledigt hat, in Aschube hinsetzt und sich vorstellt, wie ihr Leben aussehen würde, wenn es ihr jemals gelänge, dort wegzukommen. Ich vermute, dass das schmerzlich ist, aber ich bin mir sicher, dass sie ihre Vergangenheit nicht vergessen möchte, und ich wünsche mir, dass sie weiß, dass wir noch immer alle für sie da sind.

Ich erinnere mich, wie sehr ich mich gefreut habe, als Mum uns, sechs Jahre nach unserer Entführung, endlich fand und uns Bilder von den anderen gezeigt hat. Mein Heimweh wuchs noch, aber es bestärkte mich auch in meinem Entschluss weiterzukämpfen, bis ich frei war. Ich will die Hoffnung in Nadjas Herzen auf die gleiche Weise wach halten, obwohl ich weiß, dass sie die meiste Zeit kaum noch daran glaubt, dass wir je in der Lage sein werden, sie zu erreichen.

Mo hat mir erzählt, dass Nadja ihre vier großen Kinder mit in Ta'izz hatte und dass die Jungen wie die Kletten an ihm hingen und ihn ständig drängelten, mit ihnen Fußball zu spielen. Sie sprachen alle genug Englisch, um sich mit ihm verständigen zu können, und sie wollten alle mit ihm nach Birmingham kommen. Für sie klingt England wahrscheinlich wie ein exotisches gelobtes Land, voller Fußballspiele, Fernseher und Schokolade. Vielleicht erzählt Nadja ihnen Geschichten von dem Land, in dem sie geboren wurde, und vielleicht wissen sie, dass viele der Erwachsenen, die sie kennen, nach England gehen.

Mo fragte Nadja nach Marcus, aber sie wusste nichts über ihn. Obwohl ich mir einerseits wünsche, er hätte bei ihr bleiben können, nachdem ich fortging, bin ich andererseits froh, dass sie nicht wegen mir ein weiteres Maul stopfen musste.

Trotz aller Medienberichte und trotz der Entwicklung, die in den letzten zehn Jahren im Kommunikationswesen – ob Telefon, ob Satellit – stattgefunden hat, schaffen die Männer im Dorf es noch immer, Nadja manchmal für mehrere Jahre aus unserem Leben verschwinden zu lassen. Würde sie sterben, könnten sie uns die Nachricht jahrelang vorenthalten, und in meinen düstersten Stunden stelle ich mir vor, dass sie genau das gerade tun.

Wir schicken ihr an Nasser Salehs Adresse Briefe, wissen aber nicht, ob diese sie jemals erreichen. Sie schreibt uns nie zurück, und ich bezweifle, dass unsere Briefe weiter gelangen als bis nach Ta'izz. Vielleicht öffnet Mohammed sie und lacht, wenn er sie liest, über unsere Unfähigkeit, ihn zu besiegen.

Manchmal glaube ich, Nadjas Stimme hören zu können, so als würden wir telepathisch miteinander reden. Es ist nie etwas besonders Aufregendes. Sie schreit nicht, ich solle sie aus dem Jemen herausholen. Wir unterhalten uns nur über alltägliche Dinge. Manchmal sage ich mir, dass ich mir das nur einbilde, und versuche, es zu verdrängen. Doch dann merke ich, dass ich alles hören will, was meine innere Stimme mir mitteilen möchte, und antworte Nadja. Sie sagt mir, sie wisse, dass wir unser Bestes tun, und ermutigt mich weiterzumachen.

Tatsächlich haben Mum und ich das letzte Mal an ihrem Geburtstag 1996 mit ihr gesprochen. Mo war gerade erst zurückgekommen und wir erreichten sie noch in Ta'izz.

»Wie alt bist du, Nard?«, fragte ich.

»Einunddreißig«, sagte sie.

»Nein, bist du nicht, du bist zweiunddreißig.«

»Echt?« Sie klang überrascht.

Eines der letzten Dinge, die sie Mum sagte, bevor sie wieder in der Mukbana verschwand, war: »Mach dir keine Sorgen, Mum. Bleib ruhig. Mohammed hat versprochen, dass wir bald in England Urlaub machen.«

Mit Versprechen tröstet man Dummköpfe, aber ich bete, dass ihr das nicht bewusst wird. Sie kennt nicht das Ausmaß der Korruption, dem wir seit Beginn unserer Kampagne immer wieder begegnet sind. Sie glaubt noch immer, dass Männer wie Mohammed, die den Koran lesen, ihr Wort halten. Vielleicht ist das eine

Gnade. Vielleicht hilft genau das ihr, von einem Tag zum nächsten zu überleben.

Mum vereinbarte etwa einen Monat nach Nadjas Geburtstag ein weiteres Telefonat. Sie sollte zu einer bestimmten Zeit bei Nasser Saleh anrufen. Wir gingen zu Mum, um mit Nadja zu sprechen. Als wir alle versammelt waren, wählte Mum Salehs Nummer.

»Sie ist nicht da«, kam die Antwort.

»Könnten Sie sie bitte holen?«, fragte Mum. Wir wussten, dass die Wohnung, in der Nadja wäre, nur um die Ecke lag.

»Rufen Sie in einer halben Stunde noch einmal an«, sagte die Stimme.

Als wir das taten, erhielten wir die gleiche Antwort. Wir sollten es in ein paar Stunden noch einmal probieren. Doch beim nächsten Versuch sagte Nasser Saleh: »Sie ist mit ihrem Mann in Hodeidah.«

»Wann kommt sie zurück?«, fragte Mum.

»Ich weiß es nicht«, antwortete er.

Wir wussten, dass man sie zurück ins Dorf gebracht hatte.

Als Anfang 1999 die Geschichten über im Jemen entführte Touristen Schlagzeilen machten, verwendete der BBC-Reporter Peter Wilson sie als Aufhänger für ein Interview mit mir. Er rief auch beim Außenministerium an, um sich zu erkundigen, ob man etwas über Nadjas Verbleib wisse. Man sagte ihm, Nadja sei »ohne die Absicht zu verreisen« in der Botschaft gewesen, um Pässe für sich und sechs Kinder zu beantragen. Und man freue sich für Mohammed, dass er als britischer überseeischer Bürger nach England reise, da sein Vater die britische Staatsangehörigkeit habe.

Als Wilson die Beamten eingehender befragte, war

sich keiner von ihnen mehr ganz sicher, ob Nadja selbst in der Botschaft gewesen war. Sie gaben auch zu, ihr die Pässe »zugestellt« zu haben. Ich halte die Chance, dass sie sie erhalten hat, für sehr gering. Wahrscheinlicher ist, dass die Dokumente verkauft wurden und nun jemand anders mit ihrer Hilfe in England ist.

Ich habe in den letzten Jahren sehr viel gelernt, und es gibt viele Dinge, die ich jetzt anders machen würde, wenn ich noch einmal die Chance dazu hätte. Mum und ich haben beide Fehler gemacht, und jedes Mal waren Enttäuschungen der Preis, den wir dafür bezahlten. Aber ich weiß, dass wir immer unser Bestes getan haben.

Wann immer sich eine Gelegenheit bietet, ergreifen wir sie und stecken all unsere Energie hinein. Aber ich habe nie das Gefühl, wir hätten bereits alle Möglichkeiten ausgeschöpft. Ich bin mir noch immer sicher, dass wir einen Weg finden werden, wenn wir unseren Kampf fortsetzen. Tag für Tag frage ich mich, ob vielleicht morgen etwas geschehen wird, das alles verändert. Ich gebe die Hoffnung nicht auf, irgendwann werden wir den richtigen Leuten begegnen.

Vielleicht werden dieses Buch und die Publicity, die wir mit ihm erzielen, es uns ermöglichen, wieder zusammen zu sein. Vielleicht wird jemand mit dem nötigen Einfluss diese Zeilen lesen und sich daraufhin bei uns melden. Vielleicht kann ich dann das Versprechen einlösen, das ich Nadja gegeben habe.

Epilog

Paul weiß, dass ich regelmäßig von Gefühlen übermannt werde. Wenn er sieht, dass ich die Tränen nicht mehr zurückhalten kann, lenkt er die Kinder ab. Ohne ihn wäre es mir sicher nicht so gut gelungen, sie vor der Wahrheit zu schützen und ihnen zu helfen, glückliche, sorglose kleine Menschen zu sein.

Paul unterstützt mich sehr. Er gibt mir jeden Tag Gelegenheit, mich zurückzuziehen, um zu weinen und meine kleine Unterhaltung mit Gott zu führen. Danach schlafe ich ein paar Minuten, weil die Trauer mir meine Energie raubt. Wenn es mir nicht gelungen ist, den Schmerz durch Weinen zu lindern, spreche ich mit Paul über meine Gefühle. Er versteht nie bis ins Letzte, worüber ich rede, nicht auf die gleiche Weise wie die Familienmitglieder, die im Jemen gewesen sind und nachvollziehen können, welche Erfahrungen ich dort gemacht habe.

Paul hat weder *Noch einmal meine Mutter sehen* noch *Without Mercy* gelesen. Er hat sich den Dokumentarfilm nicht angeschaut. Ich glaube, er könnte es nicht ertragen zu sehen, wie sehr wir gelitten haben. Vielen meiner engen Freunde geht es so. Sie kennen die Grundzüge der Geschichte, erwähnen sie aber nie.

Wenn man nicht darüber redet, kann man die Sache immer mal für kurze Zeit vergessen, und diese Zeiten ermöglichen es uns, unsere Batterien für den fortdauernden Kampf aufzuladen.

Ich will nicht den Eindruck vermitteln, in meinem Leben gäbe es nichts als Traurigkeit und Verbitterung. Abgesehen von der Kampagne für Nadja habe ich, seit ich aus dem Jemen heraus bin, auch noch etliche andere Dinge getan. Ich habe zum Beispiel viele Kurse besucht, um mich auf das Berufsleben vorzubereiten. Paul und ich würden gerne Kinder in Pflege nehmen, sobald ich meine Ausbildung abgeschlossen habe. Man hat uns interviewt, unsere Verhältnisse überprüft und uns das Okay gegeben. Ich würde nur Kinder im Schulalter nehmen, keine Babys oder Kleinkinder. Ich weiß, wie schrecklich es sein kann, von der Familie getrennt zu werden, wenn man noch jung ist, und ich möchte Kindern helfen, über diese Trennung hinwegzukommen.

Kinder, die Pflegeeltern brauchen, haben oft eine Tragödie erlebt oder einen Verlust erlitten. Sie waren vielleicht Opfer von Gewalt, sexuellem Missbrauch oder Vernachlässigung. Sie hatten vielleicht Eltern, die nicht mit ihnen fertig wurden. Was immer sie erlebt haben mögen, ich weiß, dass ich ihnen die Liebe geben kann, die sie brauchen. Und meine Ausbildung soll mich so gut wie möglich darauf vorbereiten, ihnen dabei zu helfen, ihr Gefühlsleben wieder in Ordnung zu bringen. Ich möchte, dass sie wie ich die Chance bekommen, nach einem solchen Trauma ein normales Leben führen zu können, damit sie niemals so wie Nadja hilflos in der Falle sitzen.

Bis vor kurzem hätten die Behörden es nicht zugelassen, dass eine Alleinerziehende Kinder in Pflege nimmt, aber inzwischen ist die Nachfrage nach Pflegeeltern so groß, dass sie sogar nach Leuten wie mir suchen. Mein Traum wäre es, irgendwo in einem großen Haus mit zehn oder zwanzig Kindern zu leben. Natürlich würde ich die Sache nicht alleine durchziehen. Paul ist fast immer zu Hause. Er kommt großartig mit Kindern aus und ist viel geduldiger als ich. Wenn wir das nötige Geld hätten, würden wir heiraten, aber ich will es nur dann, wenn wir es uns leisten können, ein richtiges Fest zu feiern. Ich will keine große Hochzeit, nur mit engen Freunden und der Familie, aber ich möchte in einer kleinen Kirche heiraten und die Männer sollen Frack und Zylinder tragen. Vielleicht schon bald, wenn es uns finanziell wieder besser geht.

Obwohl er sich nicht wirklich vorstellen kann, wie unser Leben im Jemen aussah, hört Paul mir zu. Das hilft mir, nicht den Verstand zu verlieren. Er ermöglicht es mir auch, um Nadjas Freilassung zu kämpfen. Ich weiß nicht, was ich in den letzten Jahren ohne ihn getan hätte. Paul ist immer für mich da und unterscheidet sich damit grundlegend von all den Männern, mit denen ich es als Kind zu tun hatte. Er ist liebenswürdig, einfühlsam und fürsorglich, genau die Art von Mann, die jedes Mädchen heiraten würde, wenn sie frei wählen könnte. Obendrein ist er ein ausgezeichneter Koch und macht mir gerne etwas zu essen, wenn ich zu müde bin, mir auch nur eine Scheibe Brot zu toasten, und er bügelt und wäscht und bringt die Kinder ins Bett.

Paul und ich haben uns als Kinder nicht gekannt, denn er ist fünf Jahre jünger als ich – ein großer Altersunterschied, wenn man noch zur Schule geht, der im

Erwachsenenalter aber bedeutungslos wird. Wir kannten jedoch dieselben Leute, und sobald er die Schule verlassen hatte und sich in der Welt der Erwachsenen bewegte, liefen wir uns bei irgendwelchen Freunden immer öfter über den Weg. Zu der Zeit war ich allmählich so weit, die düsteren Stimmungen unter Kontrolle zu bekommen, unter denen ich nach meiner Rückkehr nach England litt, und wir fühlten uns sofort zueinander hingezogen.

Wir haben jetzt ein gemütliches, kleines Häuschen am Ende einer Häuserreihe in einem Stadtviertel von Birmingham, in dem ich mich sehr gut auskenne, da es nicht weit entfernt von dem mittlerweile ausgebrannten Fish-and-Chip-Shop liegt, in dem ich aufwuchs. Unser Haus hat zwei Wohnzimmer, eine lang gezogene Küche, die zum Garten hinterm Haus hin liegt, und oben drei Schlafzimmer. Wir haben einen Hund, einen Doberman-Rottweiler namens Saxon, der den ganzen Tag bellt und niemanden an die Kinder heranlässt. Wir haben auch einen Papagei, der in einer Ecke des Wohnzimmers zur Rückseite hin lebt. Er wetteifert mit dem Fernseher um die Aufmerksamkeit der Kinder, ihrer Cousins und Cousinen oder Freunde.

Abends breiten sich die Kinder auf dem Fußboden oder dem Sofa aus und machen ihre Hausaufgaben, zanken sich oder turnen auf den Erwachsenen herum. Wenn ich mir wirklich etwas im Fernsehen anschauen will, muss ich nach oben gehen, um Ruhe zu haben. Wir sind eine Familie wie Millionen andere in jeder Klein- und Großstadt Großbritanniens, mit vielen Mitgliedern, Streit und Liebe.

Wenn wir es uns leisten könnten, hätten wir gerne mehr Tiere. Ich hätte gerne ein Aquarium, ein paar Katzen und weitere Hunde, am liebsten eine Bulldogge, einen Schlittenhund und einen Schäferhund, aber Tiere sind genauso teuer wie Kinder, wenn man sich richtig um sie kümmert.

Ich verwöhne Saxon sehr, und Mark, unser jüngster Sohn, nimmt ihn mit ins Bett. Manchmal komme ich rein und beide sind fest eingeschlafen. Saxon hat dann das Bein über den Kleinen gelegt, als wolle er ihn beschützen. Es ist schön zu wissen, dass er gut auf Mark aufpasst.

Seit meiner Rückkehr nach England habe ich einen Englischkurs, einen Kurs für Kinderbetreuung, einen Mathematikkurs für Anfänger und einen Autowartungskurs besucht. Ich befürchtete schon, ich würde noch immer Kurse belegen und nach einem Beruf suchen, wenn ich das Rentenalter erreicht hätte. Dann hörte ich, dass die Stadt Schwimmlehrer suchte.

Ich war in der Schule immer eine gute Schwimmerin gewesen, und mich verfolgt noch heute das Bild eines kleinen Jungen, der in einem Brunnen im Jemen ertrank, weil er nicht schwimmen konnte.

Mir war nicht klar gewesen, wie schwer die Prüfungen sein würden und dass ich so viele Hausaufgaben würde machen müssen, aber es ist ein gutes Gefühl mitzuerleben, wie die Kinder den Beckenrand loslassen und sich zum ersten Mal ins Wasser wagen.

Es hat mir auch körperlich sehr gut getan. Das Schwimmen hat mich befreit, denn jahrelang konnte ich die Sorge und den Schmerz nicht aus meinem Kopf verbannen. Ich hoffe, dass ich, wenn Sie dieses Buch lesen, mein Schwimmlehrerexamen hinter mir habe und Mitglied des Instituts für Schwimmlehrer und -trainer bin.

Frauenschicksale

Sattareh Farman-Farmaian
Dona Munker
Schahsades Tochter
Die faszinierende Lebensgeschichte einer Frau im Iran
3-453-87744-6

Zana Muhsen
Andrew Crofts
Noch einmal meine Mutter sehen
Vom eigenen Vater in die Sklaverei verkauft
3-453-86935-4

Zana Muhsen
Andrew Crofts
Verschleppt im Jemen
Die verzweifelte Suche nach meiner Schwester Nadia
3-453-64500-6

Djura
Der Schleier des Schweigens
Von der eigenen Familie zum Tode verurteilt
3-453-87316-5

Sérénade Chafik
Gebt mir mein Kind zurück!
Eine ägyptische Mutter kämpft um ihre Tochter
3-453-64502-2

3-453-64502-2

HEYNE